国家能源大学发展

华北电力大学高等工程教育实践

胡光宇 著

清华大学出版社
北 京

图书在版编目(CIP)数据

国家能源大学发展：华北电力大学高等工程教育实践/胡光宇著. —北京：清华大学出版社，2018

ISBN 978-7-302-51135-9

Ⅰ. ①国…　Ⅱ. ①胡…　Ⅲ. ①高等教育—工科(教育)—研究—中国　Ⅳ. ①G649.21

中国版本图书馆 CIP 数据核字(2018)第 201904 号

责任编辑：刘　晶
封面设计：汉风唐韵
责任校对：王荣静
责任印制：李红英

出版发行：清华大学出版社
网　　址：http://www.tup.com.cn，http://www.wqbook.com
地　　址：北京清华大学学研大厦 A 座　　**邮　　编**：100084
社 总 机：010-62770175　　**邮　　购**：010-62786544
投稿与读者服务：010-62776969，c-service@tup.tsinghua.edu.cn
质量反馈：010-62772015，zhiliang@tup.tsinghua.edu.cn
印 装 者：三河市铭诚印务有限公司
经　　销：全国新华书店
开　　本：185mm×260mm　　**印　　张**：17　　**字　　数**：343 千字
版　　次：2018 年 11 月第 1 版　　**印　　次**：2018 年 11 月第 1 次印刷
定　　价：198.00元

产品编号：070756-01

目　　录

第二部分 电力工程教育的科研实践：对现代能源电力“承担国家责任”的认识

第四部分 高等工程教育家：对个人融入国家发展“为人师表”的再认识

绪　论

能源电力是现代化建设与发展的根本基础，也是中日特色社会主义现代化强国建设的工业基础。随着全球范围内能源危机的冲击、环境保护以及经济持续发展，开发利用新能源和可再生能源成为大多发达国家和部分发展中国家21世纪能源发展战略的基本选择。美国政府已明确提出，把“绿色能源计划”作为“美国复兴和再投资计划”的重要内容，将投入上千亿美元支持新能源技术的研发和推广。日本政府推出“日本版绿色新政”四大计划，其中在可再生能源方面的具体目标是对其利用规模要达到世界最高水平，即从2005年的10.5%提高到2020年的20%，计划太阳能发电2020年比现在增加20倍。法国还制定了一系列的扶持计划，包括国家电力公司和其他电力供应公司不得拒绝收购实业利用可再生能源，并制定了2010年全国可再生能源生产应占全国能源生产10%的目标。为解决日益严峻的能源短缺问题，印度政府制定了许多政策，鼓励本国可再生能源的发展目标是到2030年，通过利用水能、核能、风能、太阳能等可再生能源，大大降低对进口油气的依赖，最终实现能源的独立。我国自然资源非常丰富，开发潜力巨大。然而由于技术、资金以及政策引导等方面的原因，新能源的开发步伐明显滞后。我国风能、太阳能等新能源发电占我国电力装机总容量比例极低。因此，推动新能源产业的快速发展已成当务之急。

电力工业是涉及国家经济命脉的支柱产业，是国民经济发展中最重要的基础，不仅影响基本民生，更关系到国家安全、政治稳定。我国早在新中国成立初期就确立了电力工业先行的发展战略。从电力生产与经济增长的长期关系来看，大部分时期电力生产的增长超过了GDP的增长，并且往往在经济持续增长的年份，电力消费弹性系统要接近或大于1，电力工业作为国民经济的重要先行产业的作用十分明显。因此，经济要发展，电力要先行。为了推动中国电力事业的蓬勃发展，应该重视工程教育与电力人才培养。作为国内一流的电力高校和国内电力工程教育的战略重地，华北电力大学是培养电力工程师的摇篮，拥有一大批电力科技工作者和电力教育专家。他们不但为国家电力科研事业及技术应用刻苦钻研、埋头苦干，为经济社会的发展奠定电力能源基础，而且还扎扎实实地探索能源电力专业人才的教育培养方式，为国家高等教育的发展尽心尽责做贡献。

“创新是一个民族进步的灵魂，是国家兴旺发达的不竭动力。”当前，在能源现代化的背景下，要应对国家战略需求的可持续发展。国际经济、科技竞争是创造力的竞争，创造力竞争的实质是人才竞争。马克思主义认为，人是社会生产活动的主体，要推动社会的发展，关键在于充分发挥人的主观能动性，培养创新精神和实践能力。高等教育作为知识创新和技术创新体系的基础，其责任就是培育具有创新精神和实践能力的高级专业人才，将创新意识和创新能力的培养融入学校教育的全过程。这是时代发展的需要和社会发展的需要，更是教育自身发展的需要。创新精神和实践能力的培养是当代大学生素质教育的根本要求和核心内容。电力工业是以大容量、高参数、高自动化为主要特征的技术密集型行业，这些技术特点决定了这一领域的工程技术人员必须要有较强的实践能力。

华北电力大学作为一个行业示范性的工科大学，在探索扩大服务面向的同时，发挥出学校的优势和特色，通过构建实验和工程实践模式来强调工程与科学并重、强调工程设计贯穿始终、促进教学手段的改革、推动产学合作机制的形式等。从培养“知识面宽、基础扎实、实践能力强”的人才出发，学校改革传统的实验和实践教学体系，系统地设计工科院校新的实验和工程实践教学模式，稳定和保持传统教学中的有益内容；及时吸纳目前新的实践教学改革成果，并扩大新的教学模式的受益范围；尤其重要的是将科学技术的成果及时引入教学过程，适应不断发展的社会现实，从而实现培养拥有实践能力与创新精神的高质量人才的目标。

中央提出全面建设小康社会和实现中华民族伟大复兴的“中国梦”的战略规划，华北电力大学提出把学校办成一所有特色、高水平大学，能够培养出大批国家所需要的拔尖创新人才，推动国家能源科学技术的发展、进步，在推进能源革命的过程中做出应有的贡献的办学理念。

历史唯物主义告诉人们，尽管事物发展的总趋势是不断前进的，但发展的道路却是迂回曲折的，在这个过程中，人的主观能动性起到至关重要的作用。华北电力大学的发展历程也是前进性与曲折性的统一。为了满足我国电力工业和经济发展的需要，华电创建以来实行两地办学，其过程命运多舛，遭遇了校址搬迁、合并组建、资源流失、体制变更等困难，最终于2005年落定北京。“筚路蓝缕，以启山林”，在一代代华电人的艰苦奋斗下，它在逆境中崛起，在曲折中前进，终于成为了今日全国最高水平的电力大学。

可以说，华北电力大学六十年的发展历程，是一部自强不息、团结奋进的创业史，是一部与时俱进、勇于创新的改革史，是一部攻克艰难、追求卓越的拼搏史。在这条走向成功的道路上，电力人留下了历史无法掩埋的足迹。从建校初期的筚路蓝缕、开基立业，“文革”期间的命运多舛、辗转流离，到改革开放以后的艰苦创业、发展壮大，华电人走过了一段极不平凡的创业兴校、跨越发展之路。在华电人看来，办一所为国家和人民的利益服务，为经济社会发展服务的大学是自己最伟大和光荣的使命。“怎样才是对国家、社会、师生负责，怎样才能让人民满意”，这是华电教育实践所一直探索研究的，也是推动华电不断前进的不懈动力。因此，在多重艰难坎坷和严峻形势挑战面前，华电人坚守理想、执着信念、励精图治、上下求索，不断在曲折中前进、在困境中崛起，克服了一个又一个困难，战胜了一个又一个挑战，最终把学校带向光明的前景，并伴随着国家高等教育改革发展的步伐，迎来事业发展的春天。

新世纪以来，学校准确把握国家发展战略脉搏，顺应高等教育发展趋势，坚定不移推进高水平大学建设。通过划转教育部管理、校部变更等重大管理机制变迁，历经“211 工程”“985 工程优势学科创新平台”“双一流”建设等发展建设平台的不断跨越，解决了困扰学校发展的体制机制难题，办成了一系列对学校发展具有重大意义的大事。通过构建“大电力”特色学科体系，实施“大人才”发展战略，推进了学科转型，实现了师资队伍的快速提升；通过制定四个五年规划、制定大学章程、推进综合改革、完善治理体系、推进开放办学，确保了学校的快速科学发展。尤其是“十一五”以来，学校在人才培养、科技创新、社会服务、文化传承、国际交流与合作等方面都迈出了坚实的步伐，取得了令人瞩目的办学成就。今天的华北电力大学，已经发展成为一所办学实力雄厚、办学条件优越、校风学风优良的教育部直属高校中具有鲜明特色的知名大学，受到社会各界和国际的广泛认同，特别在能源电力行业享有盛誉，让每一个华电人为之自豪和骄傲。

特别值得指出的是，在推动高等工程教育发展时必须以唯物主义辩证法作为指导思想，坚持高等教育普遍性与特殊性的统一。高等工程教育是为国家培养德、智、体、美全面发展的高级工程技术人才，它同其他高等教育一样，都是坚持以人为本，培养全面发展的高级人才，其区别于其他高等教育的仅在于“工”的特点。工程师的培养不仅是理论与实践相结合的教育，应该更偏重于工程性的培养，工程性教育是科学性、系统性、协调性的统一。因此，首先要实现人的全面发展和特色发展，在抓住高等教育普遍性的同时不可忽视工程教育的特殊性，两者相互联系相互影响，要具体分析工程教育的特殊性，不断实现高等教育共性与个性的统一。其次，要侧重电力工程教育并构建大电力学科体系。电力人才的培养与其他专业相比有特殊之处，除了追求人的全面发展，还要适应未来科学技术发展、工程应用等趋势，具备与之相应的知识能力。这是一个不断发展的动态过程，实现这一点，就需要在大学阶段培养良好的科学素养，打下扎实的理论基础，并结合实践与创新来不断地历练和提升自我。再次，电力工程教育要以“能源电力”为核心，加快发展环境、核能、水电、风能、太阳能、生物质能等学科，同时注重机械、电子、材料、控制信息及文理学科与能源电力学科的结合，通过互相渗透、交叉融合，抢占学科制高点，凝练新的学科发展方向，全面构建起“以优势学科为基础，以新兴能源学科为重点，以文理学科为支撑”的“大电力”特色学科体系，率先踏上绿色新能源的战略高地，这一点正是华北电力大学不断努力与完善的前进方向。

国家提出“工匠精神”——精致精细，执着专一，在浮躁的时代坚守一种情怀。电力工程教育家在电力技术上刻苦钻研、精益求精、与时俱进的精神，也向我们展现了新能源时代背景下的工匠精神：专注、耐心、敬业。古往今来，“工匠精神”一直都在改变着世界，它是每个国家创新活力的源泉，当前中国的创新驱动发展正在急切地呼唤“工匠精神”的回归。教育是培养工匠的根本途径，是培育工匠精神的内在机制。在多年的应试教育思想指导下，人们关注理论，忽视实践，淡化工程。华北电力大学依托自身的专业优势和高素质人才的敬业精神，坚持以服务求支持、以贡献求发展的原则，不断满足国家能源战略需求的可持续发展。学校以“双一流”建设为主线，推进学科建设上台阶；以人才队伍建设为抓手，带动办学质量上水平；以教育教学改革为根本，着力提升人才培养质量；以创新能力提升为重点，完善科技创新体制机制；以深化改革开放为动力，挖掘办学资源，激发办学活力，等等。这种不竭的动力来自于学校对工匠精神的强化和重视，给予工匠专心研究的平台和奖励机制，为其创造适宜的科研环境，以充足的经费资助技术的开发和创新，大力营造包容失败、鼓励创新的文化环境和氛围。华北电力大学刘臻吉教授指出，要培养工匠精神，就要让技术教育在国家占据更高的社会地位，让工程教育在高等教育中拥有更大的分量，让实践教育理论贯穿国家高等教育的始终。事实证明，只有回归“工匠精神”，用实干与可靠的技术发明来扎扎实实地解决人类面临的难题、走出中国经济发展的困境、突破产业技术进步的瓶颈，才能为创新驱动发展提供内在核心和根本保障，也唯有如此，才能真正提高我国电力产业的核心技术。

巍巍学府，电力之光，经过数十年的风雨兼程和矢志拼搏，华北电力大学工程教育家用自己的一言一行向我们展示了科技工作者的默默无闻与工匠精神，爱国者的朴素情怀和实际行动，学校领导的办学理念与治校思想，教师的园丁精神与育人思想。探索、创新、严谨、稳重、担当、树人等都是他们在科研和教育方面最低调的爱国表达。他们用刻苦钻研、精益求精、追求卓越的工匠精神，实事求是、与时俱进、忧国忧民的教育思想，指导着华北电力大学站在一个新的历史台阶上，承载着新能源时代的光荣梦想，昂首向世界一流大学的目标迈进，不断谱写着高等电力工程教育更加动人的辉煌篇章。

作为华北电力大学工程教育家的学生、后辈和同事，我无时无刻不被他们崇高的科学精神、朴素的爱国情怀和博大的教育思想所感染。而这，应该也是每一个接触到华北电力大学工程教育家的人所共有的真切感受。与此同时，撰写本书也是出于对中国电力人才的敬佩之情，通过总结华北电力大学工程教育家电力教育思想，让更多的人感悟电力人背后的辉煌历程，并希望为中国电力事业的繁荣昌盛略尽绵薄之力。

第一部分

工程教育哲学：对科教兴国战略中“高等工程教育”的认识

第一章　哲学视角下的能源电力高等工程教育

第一节　电力在现代中国的地位

一、电力在现代中国的地位

转变经济发展方式、产业结构调整、绿色发展、供给侧改革、科教兴国、工匠精神、“一带一路”倡议、海洋能源经济、核电高铁走出去战略、核安全、雾霾、亚投行第一贷款业务、基础设施现代化、全球能源互联网、能源革命与新能源的兴起、国家经济命脉、国家安全，等等，阅尽各个领域，能同时在这些国家发展的重要领域发挥重要作用和占据关键地位的，唯独电力行业。

在中国，电力占能源供给的80%、占能源消费的60%、占贷款近50%、占政策性银行贷款的70%、占直接经济贡献的30%、涵盖90%的经济贡献，是全球信息化、大数据(数据红利)时代和未来世界的基础。这些数据充分体现了电力在中国的重要地位。

电力在现代中国的地位还体现在“用电量”是反映经济运行情况“晴雨表”上，它是反映经济运行的重要指标：全社会用电量的细微变化均成为经济走势的最直接反映。相当长一段时间以来，用电量指标不仅成为反映经济运行情况的晴雨表，也成为判断GDP等统计指标质量的重要参照系。如果这个指标变化与增加值指标的变化趋势或方向不一致，我们就会问一问为什么；即使两者变动的方向一致但是幅度不一样，也会有人问为什么。研究用电量与经济发展关系现在已经成为一门显学，大家也都认同“克强经济学”中对于经济发展的三个衡量指标：工业电力用量新增、铁路货运量新增和银行中长期贷款新增的结合来判断经济运行的形势。其中“工业用电量”是一个重要的指标。所谓工业用电量，就是以一定时段内工业用电量数值，衡量一个地区经济发展速度的快与慢、总量的多与少。一直以来，工业用电量都是主要经济指标的一项判断依据，李克强经济学成为显学以来，工业用电量更是成为大家判断经济形势的一个重要依据。

二、从先行发展到科学发展

电力工业是国民经济的重要基础工业，是国家经济发展战略中的重点和先行产业。我国早在新中国成立初期就确立了电力工业先行的方针。从各时期电力生产与经济增长的比较来看，大部分时期电力生产的增长超过了GDP的增长，并且往往在经济持续增长的年份，电力生产弹性系数要接近或大于1，电力工业作为国民经济的重要先行产业的作用十分明显。在“九五”前期，随着国民经济结构的调整，电力生产的增长速度开始下滑，并且低于GDP的增长，但在国家积极的财政政策的作用下，自1999年开始，电力生产的增长速度开始大幅回升，并且超过了GDP的增长，有力地支持了国民经济的增长。

新中国成立后，经过三年恢复期，中国的能源生产达到了原有的生产水平，开始着手制定并实施第一个五年计划(1953—1957)。中国的第一个五年计划是以“苏联援助”为基础的社会主义工业化进程，也是“苏联模式”的翻版。苏联帮助中国设计了156个大型建设项目和694个大中型建设项目。由于此时的中国实行计划经济，在计划经济体制下，中国的电力生产也是按照国家相关计划制定并实施的(见表1-1)。在这种计划经济体制下，电力企业基本无须考虑如何经营，只要按照国家计划生产，企业的生存就能保证。这导致中国的电力工业在起步之时就无竞争和可持续发展的理念可言。能源企业对能源的无度开采和低效利用，造成了资源浪费和环境破坏。

表1-1 “一五”期间主要能源产量

产　品	1952年产量	1957年 计划产量	1957年计划产量为 1952年的百分比/%	1957年实际产量为 1952年的百分比/%
发电量/亿度	72.6	159.0	219	264
原煤/万吨	6 649.0	11 298.5	170	194
原油/万吨	43.6	201.2	462	

资料来源：胡鞍钢：《中国政治经济史论(1949—1979)》，161页，北京，清华大学出版社，2008。

“一五”计划采取的是“苏联模式”，这种模式虽然不完全符合当时中国的国情，但“一五”计划后，中国经济确实得到很大程度的恢复和发展，特别是工业部门，其全要素生产率增长最高，这为中国的工业化之路奠定了基础。1956年9月召开的党的八大正式通过了由周恩来主持编制的《关于发展国民经济的第二个五年计划的建议的报告》。“二五”计划明确将党的工作重心转移到经济建设上来。但是，由于八大后冒进思想的影响，“二五”计划在制订和执行中出现了严重的冒进倾向，许多计划指标不断修正和大幅度提高。1958年8月，北戴河中共中央政治局扩大会议讨论并批准的《关于第二个五年计划的意见》，提高了奋斗目标，提出可以在第二个五年计划期间完成我国的社会主义建设，可以为向共产主义过渡创造条件，到1962年建成强大的独立完整的工业化体系，在若干重要产品和产量方面超过英国，赶上美国。在这种“赶英超美”的“大跃进”思想指导下，中国正常的经济秩序被打乱，不仅浪费了巨大的人力和资源，还造成了国民经济比例的严重失调。“大跃进”时期的中国电力生产也不得不搞“高指标”(见表1-2)。

表 1-2 "大跃进"时期能源产量

产　品	1952 年产量①	"二五"计划新指标②
发电量/亿度	72.6	3 000
原煤/万吨	6 649.0	90 000
原油/万吨	43.6	5 000

在"文化大革命"时期，中国电力产业脱离实际，电力产业和布局也不合理，电力产量的高增长也是以高投入、高消耗、高积累为代价，浪费了大量的人力和资源。电力管理部门也出现了产业和政策无法统一的现象。这些因素都制约了中国电力产业的健康发展。

1978 年十一届三中全会召开，结束了中国长达十年的混乱局面，中国共产党把工作重心重新转移到经济建设上来，而且将电力作为经济社会发展的战略重点。中国的能源政策开始从单一的计划指令形式，发展到国家监管与市场调控相结合的综合形式。

根据《中共中央关于制定国民经济和社会发展第七个五年计划的建议》，能源工业的发展要以电力为中心，积极发展火电，大力开发水电，有重点有步骤地建设核电站；在石油方面，加强油、气资源的勘探和开发，搞好老油田的完善配套和改建扩建；适当提高能源价格，逐步形成合理的能源价格体系。实行开发和节约并重的方针，争取五年内节约标准煤一亿吨。"七五"计划(1986—1990)时期，中国能源政策突出的特点是以发展电力为主，开始探索建立合理的能源价格体系。值得一提的是，此时中国能源政策开始关注节能问题。

《中共中央关于制定国民经济和社会发展十年规划和"八五"计划的建议(1990—1995 年)》中提出，该时期电力政策主要是：电力工业，实行因地制宜、水火并举和适当发展核电的方针，充分发挥中国水电优势，积极发展坑口电厂和热电联产，加强电网建设。该时期的能源政策特别提出要将国外资金引入中国能源行业。这预示着中国的能源政策将更加开放、灵活。

《中共中央关于制定国民经济和社会发展"九五"计划和二〇一〇年远景目标的建议(1995—2000 年)》中再一次强调，中国能源以发展电力为中心，以煤炭为基础，加强石油、天然气资源勘探开发，积极发展新能源，改善能源结构。这一时期中国能源政策的突出特点是开始关注新能源的发展，注重能源结构的调整。

从总体上看，在改革开放后至"十五"计划前的阶段里，"以电力为中心"的能源政策有效地缓解了中国能源供应紧张的局面；中国电力工业开始从计划经济转向市场

① 为了便于比较说明"大跃进"时期各种能源产量的"高指标"，故将 1952 年各种能源产量作为参照值。

② 资料来源：《中共中央关于一九五九年计划和第二个五年计划问题的决定》，载《建国以来重要文献选编》第十一册，426 页，北京，中央文献出版社，1992。

经济，逐渐尝试运用市场机制调节电力生产和消费；鼓励引进外资注入能源行业，如1982年颁布了《中外合作开采海洋石油资源条例》；开始重视节能与改善能源结构，先后颁布了《中华人民共和国节约能源法》《中国节能产品认证管理办法》等法律、法规。

2001年3月15日第九届全国人民代表大会第四次会议批准《中华人民共和国国民经济和社会发展第十个五年计划纲要（2001—2005）》，这就是"十五计划"。该计划将"优化能源结构"作为主要方向提了出来。这标志着中国电力发展开始向全面化和成熟化迈进，进入一个新的阶段。"十五计划"提出，能源建设要发挥资源优势，优化能源结构，提高利用效率，加强环境保护。电力方面，加强城乡电网建设和改造建设西电东送的北、中、南三条大通道，推进全国联网，进一步调整电源结构，充分利用现有发电能力，积极发展水电、坑口大机组火电，压缩小火电，适度发展核电，鼓励热电联产和综合利用发电。积极发展风能、太阳能、地热等新能源和可再生能源，推广能源节约和综合利用技术。

《中华人民共和国国民经济和社会发展第十一个五年（2006—2010年）规划纲要》提出，坚持节约优先、立足国内、煤为基础、多元发展，优化生产和消费结构，构筑稳定、经济、清洁、安全的能源供应体系。2013年2月国务院发布的《能源发展"十二五"规划》与"十一五"规划时期的电力发展一脉相承（见表1-3）。

表1-3　"十一五"时期与"十二五"时期的电力政策比较

	"十一五"时期	"十二五"时期
指导原则	节约优先、立足国内、煤为基础、多元发展，优化生产和消费结构，构筑稳定、经济、清洁、安全的能源供应体系	节约优先、立足国内、多元发展、保护环境、深化改革、科技创新、改善民生
电力	积极发展电力 以大型高效环保机组为重点优化发展火电。 适度发展天然气发电，加快淘汰落后的小火电机组 在保护生态基础上有序开发水电 积极推进核电建设 加强电网建设	高效清洁发展煤电 积极有序发展水电 安全高效发展核电
可再生能源	大力发展可再生能源 鼓励生产与消费可再生能源，提高在一次能源消费中的比重 大力开发风能 加快开发生物质能 积极开发利用太阳能、地热能和海洋能	加快发展风能等其他可再生能源 坚持集中与分散开发利用并举，以风能、太阳能、生物质能利用为重点，大力发展可再生能源 协调配套电网与风电开发建设，合理布局储能设施，建立保障风电并网运行的电力调度体系 稳步推进地热能、海洋能等可再生能源的开发利用

资料来源：《中华人民共和国国民经济和社会发展第十一个五年（2006—2010年）规划纲要》《能源发展"十二五"规划》。

中国电力发展经历了从先行发展到科学发展的过程。这与国家的科学发展演变历程相一致，甚至可以认为国家能否实现科学发展很大程度上取决于电力工业能否科学发展。党的十八届五中全会首次提出了“创新、协调、绿色、开放、共享”五大发展理念，这是科学发展在新的历史条件下的新体现，也为电力行业的发展指明了方向，是新时期电力改革发展的总纲领。具体来说，坚持创新发展，就是要加快电力科技人才队伍建设，推进电力科技创新，争取在新一轮能源科技革命中走在世界前列；深化电力体制机制改革，完善公平竞争的市场机制，为电力工业发展注入新的活力和动力。坚持协调发展，电力行业作为基础性产业，要摒弃过去简单追求规模和速度的发展路径，压缩投资规模，强化投资管控，与经济发展速度、经济增长方式、产业结构调整相协调、相匹配。坚持绿色发展，在发电环节，要提高清洁能源发电比重，提高煤炭等化石能源高效、清洁利用水平；在输电环节，要提高电能输送效率；在用电环节，要提高电能占终端能源消费比重。坚持开放发展，就是要落实“一带一路”倡议，深化与周边和沿线国家合作，推进核电、水电、特高压输电等电力技术“走出去”，同时带动装备、技术与服务贸易“走出去”。坚持共享发展，就是要让发展成果与人民共享，统筹城乡、区域电力发展，推进电力基本公共服务共建能力和共享水平，解决老少边穷地区用电问题，提高人民群众用电质量。

第二节 国家电力与国家能源的关系

一、人类的能源革命历程

十八届三中全会通过《关于全面深化改革若干重大问题的决定》，为能源领域全面深化改革指明了方向。2014 年 6 月 13 日，习近平总书记主持召开中央财经领导小组会议，就推动能源生产和消费革命提出五点要求。第一，推动能源消费革命，抑制不合理能源消费。坚决控制能源消费总量，有效落实节能优先方针，把节能贯穿于经济社会发展全过程和各领域，坚定调整产业结构，高度重视城镇化节能，树立勤俭节约的消费观，加快形成能源节约型社会。第二，推动能源供给革命，建立多元供应体系。立足国内多元供应保安全，大力推进煤炭清洁高效利用，着力发展非煤能源，形成煤、油、气、核、新能源、可再生能源多轮驱动的能源供应体系，同步加强能源输配网络和储备设施建设。第三，推动能源技术革命，带动产业升级。立足我国国情，紧跟国际能源技术革命新趋势，以绿色低碳为方向，分类推动技术创新、产业创新、商业模式创新，并同其他领域高新技术紧密结合，把能源技术及其关联产业培育成带动我国产业升级的新增长点。第四，推动能源体制革命，打通能源发展快车道。坚定不移推进改革，还原能源商品属性，构建有效竞争的市场结构和市场体系，形成主要由市场决定能源价格的机制，转变政府对能源的监管方式，建立健全能源法治体系。第五，全方位加强国际合作，实现开放条件下能源安全。在主要立足国内的前提条件下，在能源生产和消费革命所涉及的各个方面加强国际合作，有效利用国际资源。这五方面的革命将推动中国成为人类能源革命的引领者。

在人类社会的发展历程中，三次能源革命彻底改变了人类使用能源的历史，也改变了世界能源消费结构，这三次能源革命开启了人类历史一个又一个新时代。

发现火并利用火是人类文明的开端，以人工火代替自然火的利用为标志，柴薪能源成为人类社会生产和生活的主要能源，人类进入植物能源时代。第二次能源利用的变革开始于18世纪的英国，以蒸汽机的发明和19世纪煤炭的大规模使用为主要标志。第三次能源利用的重大变革是正发生于当下的新能源革命，持续使用了200多年的化石能源不仅面临战略性资源枯竭，而且给地球的生态环境造成极大的破坏。而新能源革命是利用可再生能源逐步替代化石能源。第三次能源利用的重大变革仍以开发不同电源的方式体现出来，从能源终端消费来看，电力将成为主导能源，其他化石能源在终端消费的比例会进一步下降。

回顾能源革命历史，展望其未来，是为了能看更清电力在能源革命的演进历程中的作用和角色，从而能从能源发展的历史长河中去把握国家电力与国家能源的关系。

二、 国家能源将更多以国家电力的形态呈现

高效、清洁、低碳已经成为世界能源发展的主流方向，世界能源将逐步跨入石油、天然气、煤炭、可再生能源和核能并驾齐驱的新时代。在这一国际背景下，中国控制能源消费总量，构建安全、稳定、经济、清洁的现代能源产业体系，保障经济社会可持续发展势在必行。中国《能源发展“十二五”规划》提出要优化中国能源消费结构，具体目标是非化石能源消费比重提高到11.4%，非化石能源发电装机比重达到30%。天然气占一次能源消费比重提高到7.5%，煤炭消费比重降低到65%左右。从中也可以明显看出，中国“十二五”时期能源装备的七项发展重点中，有四项是关于发展清洁能源的(见专栏1-1)。

专栏1-1 “十二五”时期能源装备发展重点

核电装备：以先进核电项目为依托，加快大型锻件、核主泵、关键材料、数字化仪控系统、核电泵阀等关键设备的自主制造。

燃气轮机：推进现有燃气轮机制造技术进步，研制小型燃气轮机发电机组，开发重型燃气轮机，提升高温部件制造和试验验证能力。

超超临界火电机组：研发600℃百万千瓦级(单轴)超超临界燃煤发电机组，研制700℃超超临界发电机组锅炉、汽轮机设备、辅机、高温材料和部件。

大型油气开采和长输管线装备：掌握压缩机、电机和变频控制系统等关键设备的设计制造技术；实现天然气长输管线大型球阀、电机驱动压缩机组、燃机驱动压缩机组等关键设备自主制造。

大型国产化水电机组：开展百万千瓦级大型水轮机组技术研究，实现35万千瓦、500米水头以上大容量、高水头抽水蓄能机组设计制造自主化，研制大型低水头贯流式水轮发电机组。

风电和太阳能设备：掌握7～10兆瓦级风电机组整机及大型轴承、变流器等关键零部件的设计制造技术，实现批量生产。研制兆瓦级光伏电站逆变、控制系统，培育太阳能热发电关键装备生产制造能力，发展10万千瓦级太阳能热发电技术装备。

储能设施和分布式能源设备：研发具有自主知识产权的高容量储能系统，实现核心部件制造和系统集成的国产化。实现多能互补分布式供能系统关键装备的系统集成。

资料来源：《国家能源"十二五"规划》

高效、清洁、低碳的清洁能源主要转化为电力形态，如电动车数量正不断增长就是清洁能源电力化的典型例证。这意味着，清洁能源在能源结构中的比重不断增长的趋势很大程度上将体现为能源的电力比重不断增长的趋势，也就是说电力需求的增长速度将会高于能源需求的增长速度。

中国发展经济需要能源的支撑，在未来相当长的时期内，能源消费总量仍将保持一定的增长速度。一方面，分析中国经济发展形势和未来趋势，今后二十年仍将是工业化和城市化进程双快速推进时期，以住房、汽车为主的消费结构升级将带动产业结构优化升级，工业化的持续发展将带动城市化的快速推进，而2030—2050年，经济仍将保持一定的增长，因此，需要足够的能源供应的支撑。另一方面，能源开发的资源、环境等约束又要求，中国必须以较低的化石能源增长率和大规模开发清洁能源来支撑较高的经济增长速度。

根据经济和能源发展的关系，国内外许多研究机构开展了中国能源需求预测研究(见表1-4)。同时，国内外诸多机构也对中国未来的电力需求进行了预测，与一次能源需求增长形势一致，电力需求也将在今后数十年内保持快速增长态势(见表1-5)。

基于已有的研究成果，横向比较发达国家相同发展阶段的产业结构和能源需求，并综合考虑目前中国经济发展形势和未来发展需求、环境和社会可持续发展的压力，以及节能减排等多项因素，预计2020年中国能源消费将达到45亿～50亿吨标准煤，2030年将达到55亿～60亿吨标准煤，而2050年将有可能达到65亿吨标准煤左右。

表 1-4　国内外机构所做的中国中长期能源需求展望结果(亿吨标准煤)

机构		情　景	2020 年	2025 年	2030 年	2040 年	2050 年
国际	国际能源署(IEA,2008)	基准	46.9	51.8	55.5		
	国际能源署(IEA,2007)	基准	/	/	54.6		
		政策	/	/	46.5		
		高增速	/	/	67.0		
	日本能源经济研究所(IEEJ,2007)	基准	36.0	/	44.7		
		先进技术	30.7	/	35.5		
	绿色和平和欧洲可再生能源委员会(2007)	能源革命	23.4	25.2	26.0		
国内	国家信息中心和国务院发展研究中心(2007)	基准	43.2		52.3	59.2	63.0
		低增速	38.0		43.9	49.0	51.5
		高增速	49.0		62.7	72.9	79.1
	国家发改委能源研究所节能优先课题组(2007)		36.8		41.4		
	国家发改委能源研究所低碳发展课题组(2008)	节能	47.7		58.5(2035 年)		66.9
		低碳	39.6		48.4(2035 年)		55.6
		强化低碳	38.5		46.0(2035 年)		50.2

表 1-5　2030 年中国能源和电力需求预测

研究机构/基年	情　景	一次能源需求(亿吨标准煤)	总发电量需求(万亿千瓦时)
国际能源署(IEA,2007) 基期：2005 年	参考情景	54.6	8.5
	可选择政策情景	46.5	7.4
	高经济增长情景	67.0	N/A
国际能源署(IEA,2008) 基期：2005 年	参考情景	55.5	8.2
日本能源经济研究所(IEEJ) 基期：2005 年	参考情景	44.7	6.4
	技术进步情景	35.5	5.3
国家发改委能源研究所 2050 情景研究 基期：2005 年	基准情景	57.78	8.2
	低碳发展前景	43.37	6.7
中国能源中长期(2030—2050)发展战略研究 基期：2007 年	规划方案	N/A	9.0
	高速发展方案	N/A	10.4
	低速发展方案	N/A	8.1

在电力需求方面，随着经济社会的发展，整个社会电气化水平将不断提高，电力需求的增长速度将高于能源需求的增长速度。预计 2020 年中国电力消费量将达到 8 万亿千瓦时左右，而 2030 年和 2050 年将分别达到 10 万亿千瓦时和 13 万亿千瓦时。① 可见，国家能源的电力化发展趋势将会越来越明显。

第三节　电力改革与供给侧改革的关系

一、 电力行业产能过剩

电力行业产能过剩的问题早在 2015 年就为人们所注意。在电力消费增长大为放缓，电力行业产能过剩问题没有得到解决的情况下，2015 年全年新增发电装机容量却创历史最高水平，全国净增发电装机容量 1.4 亿千瓦，创年度投产规模历史新高，其中风电新增投产超预期，达到历史最大规模。2015 年年底发电装机达到 15.1 亿千瓦，同比增长 10.5%。

据国家能源局发布的 2015 年全社会用电量数据显示，2015 年全社会用电量 55 500 亿千瓦时，同比增长 0.5%。其增速较去年同期回落 3.3 个百分点。“十一五”期间用电量较“十五”同期平均增长 11.1%；“十二五”前四年用电量较“十一五”同期平均增长 7.3%。2015 年用电增速可以说是创 1974 年以来年度新低。

第二产业用电量的下降，造成了全社会用电量的低速增长，是用电量增速大幅下降的主要原因。固定资产投资特别是房地产投资增速持续放缓，导致黑色金属冶炼和建材行业的用电量同比分别下降 9.3%和 6.7%，两行业用电下降合计下拉全社会用电量增速 1.3 个百分点，是第二产业用电量下降、全社会用电量低速增长的主要原因。从国家能源局公布的数据可见，分产业看，2015 年，第二产业用电量 40 046 亿千瓦时，同比下降 1.4%。

国家能源局发布的 2015 年全社会用电量数据显示，2015 年全国 6 000 千瓦及以上电厂发电设备累计平均利用小时为 3 969 小时，同比减少 349 小时。其中，水电设备平均利用小时为 3 621 小时，同比减少 48 小时；火电设备平均利用小时为 4 329 小时，同比减少 410 小时。

针对目前的电力行业的现实状态，业内普遍称这是电力行业的新常态。事实上，电力行业的产能过剩已经引起业内和政府的重视。进入新常态后，电力行业经营发展环境面临着新的困难和挑战，首先就是产能过剩。中国国电集团公司董事长乔保平预计，电力行业产能过剩在 20%以上，2016 年火电利用小时还要下降 300 小时。

从《能源发展战略行动计划（2014—2020 年）》要求可见，到 2020 年，非化石能源

---

① 国家发展改革委员会能源研究所、国际能源署：《2050 中国风电发展路线图》，国际能源署网站发布，2011。

占一次能源消费比重将达到15%,天然气比重将达到10%以上,煤炭消费比重将控制在62%以内。据此测算,截至2020年,留给火电机组容量的增长空间约为2亿千瓦。然而统计数据显示,目前我国在建、已核准、获路条火电机组合计将近4亿千瓦。由此可见,火电机组项目的建设已经远远超标。值得注意的是,近日国家能源局下发特急文件,督促各地方政府和企业放缓燃煤火电建设步伐,以应对日益严重的煤电产能过剩局面。此举波及13个省份暂缓、15个省份缓建,一大批煤电项目将被取消、缓核、缓建。首先要取消不具备核准条件的煤电项目,包括2012年及以前纳入规划的未核准煤电项目必须取消。其次鼓励取消其他不具备核准(建设)条件的煤电项目,暂缓核准2017年前(含2017年)的自用煤电项目,涉及13个省份;还有暂缓正在建设的、适当调整建设工期,包括15个省份。

不过,从现有已经建成的电厂和正在建的电厂来看,电力行业产能过剩的情况难以缓解。

二、 电力行业供给侧改革

2016年2月18日,国家能源局召开全面深化改革领导小组会议,会议的主要任务是落实党中央、国务院关于供给侧结构性改革的决策部署。会上提出,在能源消费增长减速换挡、结构优化步伐加快、发展动力开始转换的新常态下,做好能源工作,思维要调整,重心要转变。而破解新常态下能源发展面临的传统能源产能过剩、可再生能源发展遭遇瓶颈制约、能源系统整体运行效率不高等突出问题,必须创新能源体制机制,大力推进能源供给侧结构性改革。

下一步,国家能源局将在七个方面,重点推进能源领域供给侧结构性改革:化解煤炭行业过剩产能;化解煤电过剩产能;着力解决弃水、弃风、弃光问题;加快推进电改落地;稳步推进石油天然气体制改革;加强能源扶贫;提高能源系统整体运行效率。对于能源行业而言,仅仅着眼于化解过剩产能,很难解决供给侧的结构性问题。要解决能源供给侧的深层次问题,需正确厘清当下问题,通过理顺体制,促进企业形成自约束机制,打造产业良性循环新型生态圈,方能解决经济结构扭曲问题,最终以主动姿态引领能源大转型时代发展潮流。

中央提出要实行供给侧结构性改革,对能源行业而言,不光是要解决当下的产能过剩问题,更应该从全局层面着眼解决供给侧的深层次问题。

当下供给侧的不足表现在几个方面:一是不适应经济发展和环境保护的形势,突出表现就是结构性过剩:“有效供给”,特别是优质的、扩大有效需求的产品和服务不足;低效供给又过剩,带来突出的结构性问题。二是不适应国际国内市场变化和竞争要求,在国际市场的低价周期下,我国企业成本较高、效率偏低的问题尤其突出。三是不适应绿色低碳的要求,突出问题是发展方式粗放,不仅不能促进环境美好,反而会恶化环境。

要解决能源供给侧的问题，需通过结构性改革，理顺体制机制，让企业真正成为市场主体，让产业生态生机勃勃，最终解决经济结构扭曲问题。

从供给侧来看，最重要的是，让企业形成可持续的、健康的供应能力——无论是价格高峰还是低谷，供给能力都比较健康，而不是像我们现在这样，如同坐过山车一样——价格低了企业就濒临倒闭；价格高了就低水平扩张。所以，供给侧结构性改革从体制机制看，就是要注重建立自我约束机制，价格高的时候，增强危机意识，更多地投资科技研发；价格低的时候，因为已经未雨绸缪，自然就容易挺过去。

从政策层面，同样需要探究为什么没有及时修正供给侧的问题。出路还是在于，要引导企业把落脚点放在适应市场经济发展上。比如火电为什么出现相对过剩？就是因为过去电力不足时，电力企业大多是靠外延式的不断扩张产能，实现发展和盈利。如果在几年前，就从政策层面要求电力公司实行谨慎的、良性的扩张，或者减缓扩张，避免无效投资，致力于提升内功和盈利能力，以更好地适应市场变化，现在过剩问题就不会这么突出。

从深层次来看，供给侧不能适应市场、引领市场，这不仅是企业的问题，也涉及政企关系和机制问题，比如价格形成机制。以成品油价格为例，由于长期为国家控制，导致企业缺乏对价格的敏感度，给企业的信号就是要靠规划、靠政策引导，企业只能通过扩张实现盈利。如果能够早一点过渡到企业依据市场供求关系自主定价，企业就会更有动力约束自己的扩张冲动。所以，改革体制机制，也是供给侧结构改革一个很重要的内容。各种改革的目的最终是要让企业变成真正的市场主体，真正将创新落实。否则，企业不围绕市场竞争去创新，政府推着它创新也没用，效果也不好。

从组织形式上看，我国的能源企业以大型国企为主，大多体量巨大，体制机制不灵活，市场竞争力偏弱。能源是国民经济的基础，又是体量很大的产业，从产业生态角度来看，除大型国企之外，还应该有大量中小企业与其配套，才能形成良好的体制机制。

以油气行业为例，从国外经验来看，行业内既有个头很大的跨国石油公司，比如“石油七姐妹”，也有很多中小公司，通过不同类型的公司间的竞争，不断降低成本，推动技术进步，让产业步入良性发展的轨道。美国的页岩气发展更是中小公司逆袭的范例——不仅实现了勘探开发的成功，而且也催生了新的技术，同时还反过来推动大公司不断改革管理体制和运行机制。

对我国而言，能源国企体量庞大，能源发展又要惠及民生，更需要反思如何优化产业结构。混合所有制是一种形式，让大量的不同所有制的中小企业与国有企业形成良好的产业链上的协作互动，通过市场竞争，降低成本和价格，提升运行效率，结合行业特点打造适合的产业生态圈也是一个选择。

实际上，煤炭产业的供给侧问题，会造成经济发展的严重扭曲，这一点，更需要引起足够的重视。我国现在每年将近 40 亿吨的煤炭产量，大部分集中在山西、内蒙古、陕西、宁夏、新疆等地，内蒙古和山西的产量加起来占全国产量的近一半。这就容易造成煤炭资源大省的经济发展严重依赖煤炭，这种不健康的行业发展、经济发展方式，带来了很大的弊端。如产地的生态问题、采空区塌陷等问题，更严重的是造成了经济结构的不平衡和扭曲，过度的依赖煤炭资源产业，以致其他产业很难发展起来，遇到煤炭价格大跌和市场萎缩，或者资源面临枯竭时，就会导致地方经济发展面临极大困难。这种情况，在国际上也有很多案例，甚至被称为“资源诅咒”。

根据能源局的公开说法，“十三五”期间留给煤电的增长空间不超过 1.9 亿千瓦，但目前在建与核准的装机容量却高达 3 亿千瓦，远远超过用电需求量。因此，今后还需要进一步加大淘汰过剩产能的力度。不符合能效、环保、安全、质量等要求的火电机组将被逐步淘汰。其中一个硬性的要求是，30 万千瓦以下运行满 20 年的纯凝机组和运行满 25 年的抽凝热电机组，必须尽快淘汰。

相对于政策对于火电项目的诸多限制，从目前“十三五”能源规划内容来看，政策更倾向于新能源以及清洁能源。不过，由于新能源的发电需要看天吃饭，发电不稳定，因此，新能源发电也被称为垃圾电，往往会被放弃不用而浪费了。如果不能解决这个问题，新能源的发展将会受限。要想大力推广新能源，关键是先发展储能设备。只有将这些电提前储备起来，才能保证持续供电。这样就不会出现今天有电明天没电的情况了。但目前政府还没有出台关于储能的相关政策，因此，社会投资也无所适从。

第四节　气候变化给全球带来的新的能源观

一、全球气候变化对能源发展的要求

全球气候变化的事实从本质上宣告了西方自工业革命以来的高投入、高消耗、高污染排放的增长模式是不可持续的。根据世界气象组织的研究，工业革命之前全球二氧化碳在大气中的浓度大约为 280ppm（百万分之一），2008 年已上升至 385.2ppm。[①] 根据国际能源署（IEA）的最新研究，如果人类不加以有效控制，温室气体在大气中的长期浓度将超过 1 000ppm 二氧化碳当量，那么，全球温度将比工业革命前升高 6℃。2009 年 11 月 24 日发布的《哥本哈根诊断》报告指出，到 2100 年全球气温可能上升 7℃，海平面可能上升 1 米以上。

最近十多年来，全球为了促进减少温室气体排放的政治努力一直没有停歇。然而，现有的全球法律协议框架下的未来长期减排趋势却不容乐观。国际能源署（IEA）2010 年 11 月出版的《世界能源展望 2010》（以下简称《展望》）在进行了详细的

① 世界气象组织：《2008 温室气体公报》，2009 年 11 月 23 日。

计算后明确地指出：哥本哈根协议中各国所宣布的温室气体减排承诺，整体上与全球气温增长限制到2℃目标的要求相差甚远，并且其结果无疑使真正达到2℃目标的可能性减小。[①] 尽管哥本哈根会议上各国都宣布了大量的减排承诺，但是即便在这些承诺都得到兑现的“新政策”情境下，全球在2035年之前的减排形势仍将较大地偏离450ppm的目标。在“新政策情景”的趋势下，长期来看全球温室气体浓度将超过650ppm二氧化碳当量，导致气温上升超过3.5℃。

目前全球讨论的焦点是如何将全球气候变暖控制在上升2℃，温室气体浓度控制在400ppm以内，国际能源署（IEA）为之做了量化分析。450ppm情景需要全球的排放量在2020年以410亿吨作为上限约束，到2030年下降1/3，减排147亿吨/年。IEA的研究显示，65%的减排量需要在非OECD国家来取得，而能效提高是最有效的减排途径，占非OECD国家减排量的60%。因此，450ppm的情景需要OECD国家和非OECD国家的共同努力才能实现（见图1-1）。

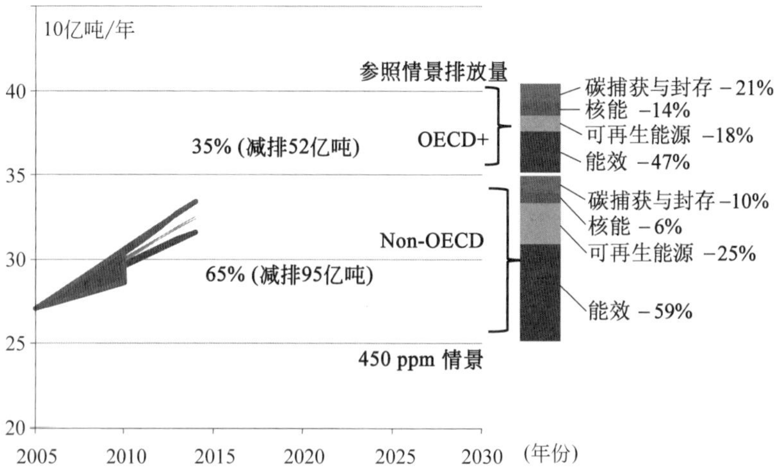

图1-1　IEA 2030年稳定450ppm温室气体浓度的全球碳减排情景

在该情景中，可再生能源与核能将得到大规模的推广，可再生能源占全球发电量的比例将从目前的18%上升到2030年的40%。

然而，这个450ppm情景尚未在发达国家形成共识，要求发展中国家在2020年以后落实65%的减排量也将是一个非常困难的问题。即使美国提出来2020年要在2005年基础上减少15%的排放量，这也仅相当于和1990年的排放量持平。对于在京都协议上做了很多努力的日本和欧盟国家来说，这是一个很大的倒退。新兴的发展中国家能否承诺一定量的减排义务具有很多的不确定因素。这些不确定因素给能源行业的发展带来了巨大的风险。

---

① IEA：World Energy Outlook 2010，pp. 53.

要实现将二氧化碳当量维持在450ppm之内的目标，全球与能源相关的二氧化碳排放量需要在2020年达到顶峰，从2005年的260亿吨上升至280亿～320亿吨，之后在2050年前下降到120亿～150亿吨。该轨迹要求自2020年起每年减少2%～3%的碳排放量。如果2020年之后的十年中碳排放量持续上升，那每年就必须减少4%～5%的碳排放量。然而，大多数国家实际上走的是高碳型发展道路，自2000年到2006年碳排放量每年以3%的速度增长，全球二氧化碳总排放量将超过政府间气候变化专业委员会(IPPC)预测的最差状况。

未来十年中新建的电站、建筑物、公路和铁路所用的技术将会在很大程度上决定2050年及以后的碳排放量。这是为什么呢？因为能源设施的周期很长，一个电站的能源设施周期是几十年，而城市基础设施的能源设施周期可达一百年。延迟行动会造成未来减排成本大幅上涨，而且全世界将陷入长达几十年的高碳型基础设施的困境。即使是现有的低成本清洁能源技术也得经过数十年才能充分进入能源领域。假设新技术发展需要一个很长的前置期，那么在2030年开始大规模应用先进技术要求现在就采取积极行动。

城市化的规模也为避免陷入高碳型发展模式提供了无可比拟的机遇。国家，尤其是发展中国家可以抓住机遇，做出重大决策，建设布局紧凑、建筑能效高、具有良好公共交通体系并使用清洁能源交通工具的低碳型城市。

能源基础设施滞后的好处之一在于，在新建基础设施中使用高效低碳技术促进低碳路径的形成。从现在到2020年，发展中国家将建设至少一半的长期能源设施。而在发达国家，更置住宅房还需要经过很长时间，因而这种机会比较少——2050年法国住宅房存量的60%已经建好了。这种情况不利于降低供暖和制冷需求，因为这需要改造或更换建筑外壳。在今后十年中，发达国家和发展中国家仍有很多机会建设使用清洁能源技术的发电厂，避免陷入更加依赖高碳型燃料的困境。①

能源消费总量及其碳强度(定义为每单位能源消费产生的二氧化碳碳量)共同决定了能源的二氧化碳排放量。能源消费随着收入和人口的增长而升高，但是经济结构(制造业和采矿业的能源强度高于农业和服务业)、气候(气候影响着制冷或供暖需求)以及政策(能源价格越高，法规越严格的国家往往能效越高)也会产生影响。同样，国内能源资源(国家潜在煤或水资源是否丰富)和政策也会导致能源的碳强度不同。因此，低碳型发展路径的政策措施包括提高能效和转向低碳型生活方式以降低能源强度(定义为1美元GDP所消耗的能源)，以及通过转向使用低碳燃料来降低能源碳强度。

从全球范围看，发电厂是最大的温室气体排放来源(26%)、其次为工业(19%)、交通运输(13%)、建筑(8%)，此外还包括土地利用变更，农业以及浪费(见图1-2)。

---

① 世界银行：《2010年世界发展报告：发展与气候变化》，200～201页，北京，清华大学出版社，2010。

但具体情况因收入群体而异。高收入国家的碳排放主要源自发电和运输，而低收入国家的碳排放主要源于土地利用变更和农业。在中等收入国家，发电、工业和土地利用变更更是主要的碳排放来源。土地利用变更产生的碳排放集中在少数几个国家（巴西和印度尼西亚土地利用变更产生的碳排放量占全球的一半）。发电仍可能是最大的碳排放源，不过估计交通和工业的碳排放量将迅速上升。

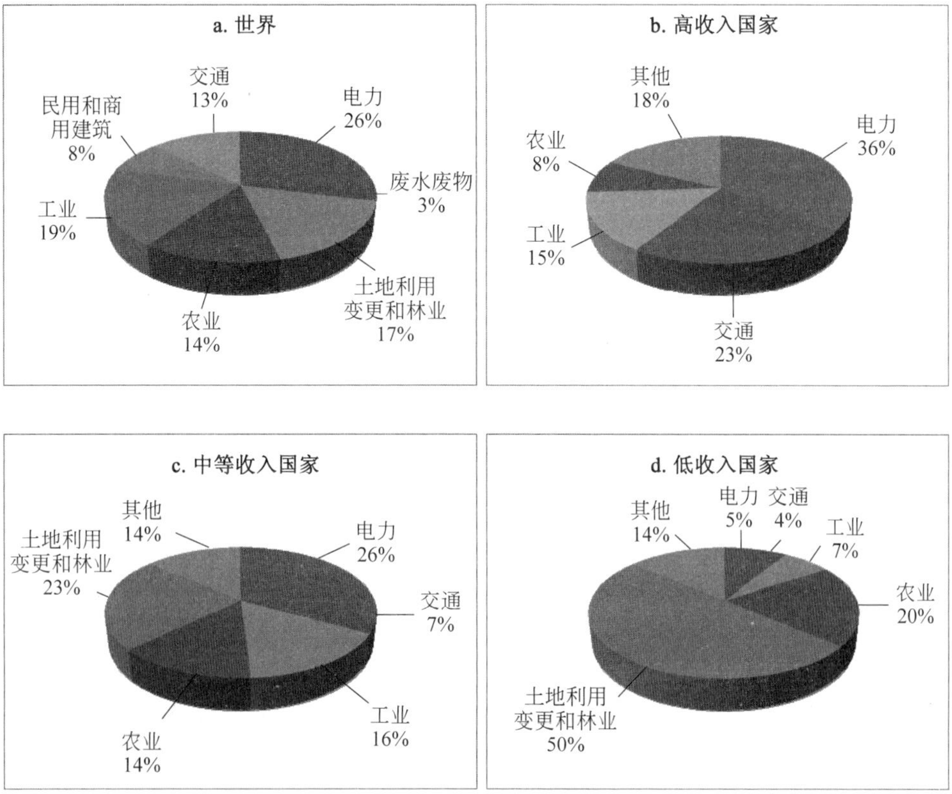

图 1-2　各部门温室气体排放量：世界、高收入、中等收入和低收入国家

资料来源：世界银行：《2010 年世界发展报告：发展与气候变化》，193 页，北京，清华大学出版社，2010。

注：图 1-2a 中为 2004 年全球排放量各部门比例。图 1-2b、图 1-2c 和图 1-2d 中的高、中、低收入国家的各部门排放比例，基于 2005 年能源和农业部门的排放量，以及 2000 年土地利用变更和林业部门的排放量。在图 1-2a 中，电力部门的排放量包括了建筑用电的排放量，图 1-2b 中未包括土地利用和林业的排放量，因为高收入国家这方面的排放量可以忽略不计。

城市是人们的生产生活中心，消费了全球 2/3 以上的能源，排放了 70% 以上的二氧化碳。在未来 20 年，城市将经历空前的发展，人口将从 30 亿增长到 50 亿，并且主要集中在发展中国家。从现在到 2050 年，世界建筑最可能会翻一番，大多数新建筑将由发展中国家建造。如果城市以扩张而非提高密度的方式发展，公共运输将难以支撑持续增长的交通需求。

汽车拥有率随收入增长而迅速增长。汽车会增加交通运输业能源需求量和碳排放量,因而价格政策(比如道路收费、高额停车费)、公共交通基础设施和城市类型将发挥重要作用。

将气候变暖保持在2℃左右要求将大气中的温室气体浓度控制在450ppm的二氧化碳当量之内。目前温室气体浓度已经达到了387ppm二氧化碳当量,而且正在以每年2ppm的速度增长。因此将气候变暖控制在2℃左右所允许的碳排放量增长空间已经不大了。多数模型假设,将二氧化碳当量维持在450ppm,然后在21世纪末回落到450ppm以下。加速减少甲烷、黑炭等短期性温室气体的排放量,只能减少而无法避免超额排放量。此外,维持450ppm二氧化碳当量的目标,必须依靠基于生物质的碳捕获和封存技术实现负排放。但是考虑到粮食生产和碳储存对水土资源的争夺,生物质的可持续供给难以得到保证。因而要想将气候变暖限制在2℃以内,就必须从根本上转变全球能源机构。①

多数能源—气候模型计划将化石燃料占能源供给的比例从目前的80%削减为2050年的50%～60%。在将来碳受到限制的世界中,广泛使用碳捕获和碳封存技术(CCS)能支持化石燃料(特别是煤和天然气)的使用。假如未来十年或二十年碳捕获和碳封存从技术上和经济上都适合广泛应用,截至2050年,80%～90%的火电厂将安装碳捕获和碳封存技术(见表1-6)。

表1-6　将二氧化碳当量维持在450ppm的能源结构可能不同,但我们必须利用所有的选择

能源类型	目前的能源构成	2050年的能源构成全部的百分比/%				
	全球	全球	美国	欧盟	中国	印度
煤(未安装CCS)	26	1—2	0—1	0—2	3—5	2—3
煤(安装CCS)	0	1—3	1—12	2—9	0—25	3—26
石油	34	16—21	20—26	11—23	18—20	18—19
天然气(未安装CCS)	21	19—21	20—21	20—22	9—13	5—9
天然气(安装CCS)	0	8—16	6—21	7—31	1—29	3—8
核能	6	8	8—10	10—11	8—12	9—11
生物质(未安装CCS)	10	12—21	10—18	10—11	9—14	16—30
生物质(安装CCS)	0	2—8	1—7	3—9	1—12	2—12
非生物质可再生能源	3	8—14	7—12	7—12	10—13	5—19
总计(百万焦耳每年)	493	665—775	87—121	70—80	130—139	66—68

资料来源:世界银行:《2010年世界发展报告:发展与气候变化》,197页,北京,清华大学出版社,2010。

① 世界银行:《2010年世界发展报告:发展与气候变化》,190～194页,北京,清华大学出版社,2010。

我们需要以可再生能源和核能来补充部分大幅度减少的化石燃料。可再生能源的增幅最大，将从目前（主要是传统生物燃料和水能）的13%上升到2050年的30%至40%，到那时现代生物燃料（包括已安装和未安装捕获和碳封存技术的）将占据主导地位，其次为太阳能、风能、水能和地热能。此外还要促进核能使用——从目前的5%上升到2050年的大约8%至15%。

为此我们必须加大工作力度，未来40年每年新增17 000个风电机（每个为4兆瓦），2.15亿平方米太阳能电板，80个集中的太阳能发电厂（每个为250兆瓦），以及32个核电站（每个为1 000兆瓦）。要率先实现切实减排，工业和建筑业要紧跟其后（见表1-7）。

表1-7　到2050年实现能源相关的排放量减少一半，要求发电部门深入开展脱碳行动

2005—2050年期间，该部门应降低的减排量的预计百分比/%		
部门	能源—气候模型 IEA	能源—气候模型 MiniCAM
发电	−71	−87
建筑	−41	−50
交通	−30	+47
工业	−21	−71
总计	−50	−50

资料来源：世界银行：《2010年世界发展报告：发展与气候变化》，197页，北京，清华大学出版社，2010。

二、应对全球气候变化的新能源观——全球能源互联网

2015年9月26日，习近平主席在联合国发展峰会上发表了题为《谋共同永续发展，做合作共赢伙伴》的重要讲话，倡议探讨构建全球能源互联网，推动以清洁和绿色方式满足全球电力需求。全球能源互联网已经成为引领全球发展的重要议题，不仅对能源发展具有革命性意义，而且有助于塑造全球应对气候变化的新格局。

全球能源互联网是有效应对气候变化的“中国方案”。中国已建成的全球规模最大的统一大电网、特高压技术、超超临界技术等使得全球能源互联网的新能源观具备了现实基础。

全球能源互联网是“特高压电网＋泛在智能电网＋清洁能源”，是安全可靠、经济高效、互动性好的能源优化配置平台。传统的能源发展模式，随着人类大量开发和使用化石能源，导致能源安全、生态环境、气候变化面临严峻形势。要解决这些问题，必须大力调整能源结构，促进太阳能、风能、水能等可再生能源替代化石能源。

由于可再生能源绝大部分以电的形式被利用，且分布不均衡、出力不稳定，随着可再生能源发电的增加，需要增加电力配置传输基础设施，实现在更大地理空间范围

内的消纳，提高能源输送的安全和效率，最终推动全球能源发展方式的转型，从根本上解决气候问题。

对人类而言，风能、太阳能等清洁能源取之不尽、用之不竭，随着全球能源互联网的建设，到2050年清洁能源发电有望满足人类社会80%的用能需求，比2010年增长近10倍。而且，全球能源互联网可以充分发挥网络的规模效益和经济性，通过现代信息通信技术，实现清洁能源生产、输送和分配系统的整体优化，大幅提高清洁能源利用效率。

长期以来，全球气候合作在胶着中艰难前行，目前仍然难以满足温升不超过2℃的目标要求。各国出于各自的利益，难以形成步调一致的行动方案。全球能源互联网则打开了全球气候合作的新思路，统一规划全球的清洁能源资源，共同开发、共同受益，可以有效满足全球应对气候变化的控制目标，降低减排成本，形成可落地的行动方案。

由于在新能源开发、利用过程中既有共同利益又有各自利益，在全球能源互联网框架下，各国相互依存、相互合作、相互促进的程度可以进一步加深，推动全球能源互联网成为聚合人类共同利益的平台，进而推动国际能源秩序基础变革，改变世界地缘政治格局，促进世界向多极化发展。遏制全球变暖，改善生态环境，提高人民福祉，均衡财富分配，这些全人类的共同利益超越了社会制度、发展水平、民族宗教和意识形态分歧，成为不同国家的共同关切。全球能源互联网的新平台，将有助于建立起更好的能源气候利益分享机制，达成并落实统一的行动方案，合力解决气候问题。

全球能源互联网重在坚持全球性、开放性，促进国与国的合作、人与人的分享，增强每个人参与能源、信息合作的动力，激发人类命运共同体意识，推动可持续发展从理念落实到行动。经过全球化和全球能源观的洗礼，多元包容的理念将被广为接受。人类文明多样性将进一步增强，在全球协同发展的时代背景下，兼容并蓄的各种文明将彼此尊重、保持特色、共同进步，最终推动人类文明迈上新台阶。

第五节　基于国情的能源电力高等工程教育的发展

一、认识国情是能源电力高等工程教育的基础

正确认识国情，是能源电力工程教育的基础。能源电力工程教育是否成功，取决于是否符合国情。中国领导人一直很注重了解国情、研究国情，并在实践中形成了科学认识国情的基本方法。毛泽东早就指出：“认清中国的国情，乃是认清一切革命问

题的基本的根据。"[①]毛泽东主张："没有调查研究就没有发言权。"[②]他还形象地讲，"调查就像'十月怀胎'，解决问题就像'一朝分娩'。"[③]陈云同志也有类似的提法，曾提出"九一开"的调查研究与决定政策的方法，他说："我们做工作，要用百分之九十以上的时间研究情况，用不到百分之十的时间决定政策。所有正确的政策，都是根据对实际情况的科学分析而来的。"[④]

在不同时期，毛泽东总是亲自研究中国基本国情。例如，在七届二中全会上作出"一九开"的基本国情判断(1949)，[⑤]在《论十大关系》中指出的"一穷二白"的国情特点(1956)，[⑥]在《正确处理人民内部矛盾》中指出关于中国工业化道路的"发展工业必须和发展农业同时并举"的基本思路(1957)[⑦](1959—1960)，[⑧]在"七千人大会"上指出"人口多、底子薄、经济落后"的国情特征(1962)。[⑨] 如何在世界现代化进程中，认识中国这样落后的东方大国的基本国情，始终是中国领导人和学者研究的重大课题。1987年党的十三大报告曾指出，"在中国这样落后的东方大国中建设社会主义，是马克思主义发展史上的新课题。我们面对的情况，既不是马克思主义创始人设想的在资本主义高度发展的基础上建设社会主义，也不完全相同于其他社会主义国家。照搬书本不行，照搬外国也不行，必须从国情出发，把马克思主义基本原理同中国实际结合起来，在实践中开辟有中国特色的社会主义道路。在这个问题上，我们党做过有益探索，取得过重要成就，也经历过多次曲折，付出了巨大代价。这种情况教育我们，

---

① 毛泽东：《中国革命和中国共产党》(1939年12月)，《毛泽东选集》(第二卷)，633页，北京，人民出版社，1991。

② 毛泽东：《农村调查的序言和跋》，1941年3月、4月，《毛泽东选集》(第三卷)，791页，北京，人民出版社，1991。

③ 毛泽东：《反对本本主义》，载《毛泽东选集》(第一卷)，110页，北京，人民出版社，1991。

④ 陈云：《做好商业工作》，1956年11月19日，《陈云文选》(第三卷)，34页，北京，人民出版社，1995。

⑤ 毛泽东指出：第一，中国已经有10%左右的现代性工业经济，这是进步的，是和古代不同的。第二，中国还有90%左右的分散的个体农业经济和手工业经济，这是落后的，是和古代没有多大区别的。我们还有90%左右的经济生活停留在古代的落后状态。毛泽东：《在中国共产党第七届中央委员会第二次全体会议上的报告》(1949年3月5日)，《毛泽东选集》(第四卷)，1430页，北京，人民出版社，1991。

⑥ 毛泽东指出："我们一为'穷'，二为'白'。'穷'，就是没有多少工业，农业也不发达。'白'，就是一张白纸，文化水平、科学水平都不高。"毛泽东：《论十大关系》(1956年4月25日)，《毛泽东文集》(第六卷)，43～44页，北京，人民出版社，1999。

⑦ 毛泽东：《关于正确处理人民内部矛盾的问题》(1957年2月)，《毛泽东文集》(第七卷)，241页，北京，人民出版社，1999。

⑧ 毛泽东指出，在优先发展重工业的条件下，工农业同时并举。我们实行的几个同时并举，以工农业同时并举为最重要。毛泽东：《读苏联〈政治经济学教科书〉的谈话(节选)》(1959年12月—1960年2月)，《毛泽东文集》(第八卷)，121页，北京，人民出版社，1999。

⑨ 毛泽东指出："中国的人口多、底子薄，经济落后，要使生产力很大地发展起来，要赶上和超过世界上最先进的资本主义国家，没有一百多年的时间，我看是不行的。"毛泽东：《在扩大的中央工作会议上的讲话》(1962年1月30日)，《毛泽东文集》(第八卷)，302页，北京，人民出版社，1999。

清醒地认识基本国情，认识中国所处的历史阶段，是极端重要的问题。”①

毛泽东的《论十大关系》就是调查研究的成果，成为毛泽东关于中国国情分析的代表作。从1956年2月24日毛泽东开始调查研究，到4月24日结束，先后共听取了国务院34个部门的工作汇报，还有国家计委关于第二个五年计划的汇报。他是边调查，边研究，直到4月19日，毛泽东提出了三个关系，4月20日提出了五个关系，4月24日归纳出“六大矛盾”，不久又提出四个关系，最后成为十大关系。②

研究中国国情必须要关注重大矛盾和重大关系。③ 毛泽东讲：“世界是由矛盾组成的。没有矛盾就没有世界。我们的任务，是要正确处理这些矛盾。”④中国是一个充满矛盾又不断变化的社会，但并不是所有的社会矛盾都对中国的社会发展产生重大影响。中国必须抓住那些关键性的、影响全局的重大矛盾，抓住这些矛盾也就抓住了认识中国国情和发展问题的关键。毛泽东所讨论的十大关系中，把重工业、轻工业和农业作为中国工业化初期的第一大关系⑤；1995年江泽民讨论十二大关系，其中把改革、发展、稳定作为经济转轨期的第一大关系⑥；2007年胡锦涛在党的十七大报告中提出，要正确认识和妥善处理重大关系，其中把城乡关系作为21世纪初期的第一大关系。⑦

基于国情的能源电力高等工程教育的发展同样必须要关注重大矛盾和重大关系，包括：塑造和重塑国家经济命脉的关系、科学发展驱动关系、高价值人力资源的供给关系、工匠精神的发展关系、全民科普的关系、服务国家战略的关系、稳定与福祉来源关系、制度建设的根本保障关系、参与全球治理的责任关系。这些关系将在第四章中展开详细论述。

二、 国情的发展及能源电力高等工程教育的适应性跟进

习近平总书记对国情的认识集中体现在关于新常态的阐述中。习总书记第一次提及“新常态”是在2014年5月考察河南的行程中。当时，他说：“中国发展仍处于重要战略机遇期，我们要增强信心，从当前中国经济发展的阶段性特征出发，适应新常态，保持战略上的平常心态。”在2014年11月9日的亚太经合组织工商领导人峰

---

① 赵紫阳：《沿着有中国特色的社会主义道路前进——在中国共产党第十二次全国代表大会上的报告》，北京，人民出版社，1987。

② 中共中央文献研究室编：《毛泽东传(1949—1976)》(上)，471～483页，北京，中央文献出版社，2003。

③ 胡鞍钢：《中国领导人如何研究国情》，中国科学院—清华大学国情研究中心：《国情报告》，2012(3)。

④ 毛泽东：《论十大关系》，1956年4月25日，《毛泽东文集》(第七卷)，44页，北京，人民出版社，1999。

⑤ 毛泽东：《论十大关系》，1956年4月25日，《毛泽东文集》(第七卷)，23～44页，北京，人民出版社，1999。

⑥ 江泽民：《正确处理社会主义现代化建设中的若干重大关系》，1995年9月28日，《江泽民文选》(第一卷)，460～475页，北京，人民出版社，2006。

⑦ 胡锦涛：《高举中国特色社会主义伟大旗帜，为夺取全面建设小康社会新胜利而奋斗——在中国共产党第十七次全国代表大会上的报告》，新华社北京2007年10月24日电。

会上，习总书记进一步系统地阐述新常态有几个主要特点：一是从高速增长转为中高速增长。二是经济结构不断优化升级，第三产业、消费需求逐步成为主体，城乡区域差距逐步缩小，居民收入占比上升，发展成果惠及更广大民众。三是从要素驱动、投资驱动转向创新驱动。新常态将给中国带来新的发展机遇。

国情不断发展，新常态是当前国情的总体面貌，在新常态下需要与之相应的国家发展战略。大体上可以把新中国成立以来的国家发展战略划分为三代，第一代是计划经济时期(1950—1977 年)；第二代自改革开放从摸着石头的探索到科学发展观的形成(1978—2011 年)；第三代以步入新常态为标志(2012 年至今)。通过比较，可以看出新常态下国家发展战略的变化(见表 1-8)。

表 1-8 三代中国发展战略的变化

发 展 轴	第一代战略	第二代战略	第三代战略
平均速度	6.23%(1953—1978)	9.8%(1979—2012)	7%左右
增长波动性	大起大落	小波动	更趋平稳
市场作用	无	基础性作用	决定性作用
驱动因素	要素、投资驱动为主	从要素、投资驱动转向创新驱动	创新驱动为主
生产能力	供给不足	供给过剩	产能走出去
积累与消费的关系	高积累、低消费 强调生产性投资	较高积累、刺激消费 强调硬件、软件、人力资本投资	内需拉动 强调软件、人力资本投资
消费形态	抑制消费	模仿型、排浪式消费	个性化、多样化消费
产业发展结构	优先发展重工业 优先发展军事工业	利用比较优势 重视产业结构调整 科教兴国战略 知识信息发展战略	战略新兴产业、服务业、小微企业作用凸显
市场竞争	缺乏竞争	低成本优势	质量型、差异化为主
国内与国际市场的关系	自给自足、进口替代 主要依赖国内资源和市场 高度国内保护主义	资本净输入 对外开放 出口导向增长 利用两种资源、两个市场 低水平的自贸区建设	资本净输出 全球互联互通 重塑全球供应链、全球制造网 高水平自贸区建设
收入分配关系	平均主义	从先富论到共同富裕论	共同富裕论
经济、社会、政治、文化、生态发展	注重社会发展	经济优先发展到经济社会协调发展	经济、社会、政治、文化、生态五位一体发展

从表 1-8 可以看到，国家发展战略沿着市场、驱动因素、生产能力等各发展轴而

不断演进并日趋全面性和科学性。在这过程中，能源电力工程教育不断适应、服务和推动国家发展战略前进(见专栏 1-2)，正如华北电力大学校长杨勇平所指出："要把个人奋斗同国家战略需求相结合，学好专业知识，关注学术科技前沿，在服务国家能源电力事业发展中建功立业。"①在市场发展轴上，能源电力工程教育的市场化主要体现在更紧密的产学研战略合作的构建，从而促进更多的科研成果转化、更广泛的教育资金来源、更广阔的学生就业空间、更多机会的实践教育。在驱动因素发展轴上，能源电力工程教育要从服务于要素、投资驱动为主的传统电力产业转向服务于创新驱动为主的新能源产业。在生产能力发展轴上，能源电力工程教育从满足国内电力需求到助力中国电力走出去，实现全球能源互联网。

专栏 1-2　以服务国家重大战略需求为己任，实现学校事业又好又快发展

学校把服务国家能源战略需求作为发展目标，加强"大电力"特色学科体系建设，为科技创新、人才培养、社会服务等各方面工作注入了可持续发展的活力，使学校各项事业朝着又快又好的方向发展。在短短几年中，学校的办学实力大幅提升，社会声誉显著提高，实现了学校事业的跨越式发展。

1. 聚焦能源电力，积极参与国家科技创新体系

学校以大电网安全、可再生能源技术等研究领域为重点，着力提升服务国家能源战略及电力事业发展的能力和水平。学校参与的国家"973 计划"超超临界机组的国产化建设项目，加快了我国大容量、高参数、环保型机组的国产化进程；获国家科技进步二等奖的"火电厂厂级运行性能在线诊断及优化控制系统"，是学校具有自主知识产权的重大标志性成果，已广泛应用于大型发电企业的大型机组；国家"973"计划项目"大型燃煤发电机组过程节能的基础研究"进一步提高大型燃煤发电机组的综合能源利用效率，满足燃煤发电的深层次节能需要；参与"太阳能热发电技术及系统示范"国家 863 计划重点项目，在太阳能热发电控制关键技术方面取得突破；学校积极参与国家电网公司特高压示范工程，获得"国家电网公司特高压交流试验示范工程特殊贡献单位"称号。

近年来，学校先后主持和承担国家"973 计划"项目 10 项、"863 计划"项目 17 项、"国家科技支撑计划"项目 12 项、国家自然基金和社科基金项目 78 项、国际合作及相关部委重点项目近 300 项。学校承担国家科技任务项目的经费每年均以近 100%的速度增长，科研经费由 2001 年的不足 2 000 万元上升到 2009 的 3.3 亿元。学校的科研实力大大增强，产生了一批自主创新的科研成果，成为能源电力工业的科技储备基地。

① 《我校隆重举行纪念"五四"运动九十九周年表彰大会》，华北电力大学官网，2018 年 5 月 14 日。

2. 积聚优秀人才,实现队伍建设的突破

学校的良好发展也为优秀人才的积聚奠定了坚实的基础。近年来,学校培养和引进长江学者讲座教授、国家自然科学基金杰出青年基金获得者、中国科学院"百人计划"等高端人才20余人,"电力系统保护与安全防御""电站设备状态监测与失效预防"两个团队入选教育部创新团队,"大电网保护与安全防御"项目列入"高等学校学科创新引智计划"。在新兴能源领域,学校先后引进国家"863计划"重大工程项目"中国实验快堆工程"副总工程师陆道纲教授及其团队、"973首席科学家"黄国和教授及其团队等,在核电、风电、水电、太阳能等领域建立了高水平的学术队伍,有力地支撑和推动了新兴学科的发展建设。学校大力推动青年教师"博士化、国际化、工程化"培养工程,积极选派优秀青年教师赴国际知名大学深造,促进人才快速成长,为学校发展注入强大动力。

3. 加强产学研合作,拓宽社会发展平台

学校在发展历史上先后隶属电力工业部、水利电力部、能源部和国家电力公司等行业部门,与能源电力行业具有共生共荣、唇齿相依的鱼水关系。学校充分发挥这种行业的资源优势,以国家电网公司、中国南方电网有限责任公司和五家大型发电集团公司组成的校董事会为桥梁,先后与国电电力发展股份有限公司、大唐国际发电股份有限公司、华北电网公司等十几家大型能源电力企业达成战略合作创新联盟。学校成立了"校企合作办公室"和"重大项目管理办公室",把服务国家能源产业转型作为提高学校科技自主创新能力的重要途径。同时,学校还不断拓展合作领域,与煤炭、电信等20多家企业深度合作,共同组建"节能研发中心""可再生能源研究中心""光电信息技术产业基地"等研究机构,积极参与绿色煤电、环境保护以及国家新能源大工程、大项目建设,加快科技成果转化,服务资源节约型、环境友好型社会建设。

学校坚持以服务求支持、以贡献求发展的原则,大力推动科技成果的创新与转化,助推国家产业基地的快速发展。学校与北京市昌平区政府合作,共建"国家能源科技产业基地",促进区域能源科技产业集群区的形成;与河北省保定市政府联合,重点在新能源与能源制造业等方面开展合作,支持了保定"中国电谷"的繁荣发展;与新疆维吾尔自治区建立了长期的战略合作关系,着眼于未来中国西部能源电力的开发,等等。几年来,学校在所在区域逐渐形成了具有"能源电力"特色的产业群体,凸显出强劲的发展和竞争优势,对区域经济、政治、社会和文化等产生了积极影响。五年来,学校产学研合作经费达到12亿元,董事会筹资1.935亿元,各类培训经费近3.5亿元,科技合作经费超过7亿元。"华北电力大学科技园"于2006年9月被教育部、科技部批准为国家级大学科技园,科技成果转化率达到85%。

4. 大力实施“产学研”合作教育，培养高素质创新人才

学校将人才培养与国家新能源发展重大需求相对接，大力实施“产学研”合作教育，为能源建设领域输送高素质人才。学校积极实施教学改革，加大课程建设力度，突出“厚基础，重实践，强能力”的人才培养特色，构建了以“四模块”为框架的实验与工程实践教学体系。学校利用校企合作平台，建立了100多个实习基地，通过与企业、科研院所共建研究生工作站，实行双导师制，培养了学生的工程实践能力和创新精神。学校与中国广东核电集团合作构建“3＋1”人才培养模式，为中国核电事业输送了大批优秀人才。能源电力、光电信息、IT行业等30多家大型企业集团纷纷在学校设立奖学金鼓励优秀毕业生加盟。近三年来，学校就业率一直稳定在97％左右，毕业生因“作风扎实、动手能力强、有较强的创新精神”博得了电力企业及其他用人单位的广泛赞誉。

新能源、新产业、新希望。几年来，华北电力大学以优势特色学科体系为基础，以服务国家战略需求为目标，以产学研合作为契机，大力推动科技创新，满足国家和行业发展对人才和知识的需求，形成了多方位、多层次、多领域的开放办学格局，取得了行业、产业及社会各界的支持，赢得了学校可持续的跨越式发展，有力地推动了高水平大学建设的步伐。实践证明，只有把国家的发展需求转化为学校的办学目标，才可以保持良好的发展势头，使学校成为引领科技不断发展的源头与高素质人才的摇篮，为建设创新型国家提供有力的支撑。

资料来源：刘吉臻：《构建大电力学科体系，服务国家低碳能源发展战略》，载《中国高等教育》，2010(2)。

第二章　工程教育哲学的理论与实践

第一节　认识工程教育和工程教育哲学

一、认知工程教育

（一）工程的含义

“工程”的定义经历了从军事的艺术（科学）到造福人类的艺术（科学）的历史演变过程。1779年《大不列颠百科全书》将工程师定义为“一个在军事艺术上，运用数学知识在纸上或地上描绘各种各样的事实以及进攻与防守工作的专家”。英国工程师、作家 Thomas Tredgold 在1828年提出：“工程是一种引导自然资源的伟大力量为人类所用的艺术。”《科学和技术百科全书》认为工程是“利用丰富的自然资源供人使用并提供方便的技艺”。《简明不列颠百科全书》认为工程是“应用科学知识和自然资源最佳地为人类服务的一种专门艺术”。《韦伯斯新世界词典》将工程定义为“关于将科学知识转化为实际用途的科学”。英国机械工程师学会理事长 Andrew Ives 在2006国际机械工程教育大会上明确提出：“工程是为了一种明确的目的，对具有技术内容的事物进行构思、设计、制作、建立、运作、维持、循环或引退的过程及其过程所需的知识。”美国工程教育协会（ASEE）将工程定义为一种运用科学和数学原理、经验、判断和常识来造福人类的艺术，一种通过生产技术产品或系统以满足具体需要的过程。《韦伯斯词典》将工程定义为：①操作器械的艺术；②一种改造物质和能源的属性为人类所用的科学。

上述众多的定义普遍认同工程造福人类的社会目的性，而主要分歧则徘徊在科学与艺术之间，那么工程究竟是科学还是艺术呢？Ralph Johnson 在《科学还是艺术》一文中指出：“工程是艺术与科学的桥梁”；Jane Grimson 在2000世界工程师大会中也提到“工程介于科学与社会之间”。

工程交融于科学、艺术与社会，但不等于三者的叠加。作为一个独立自主的范畴，工程具有鲜明的社会目的性，即创造赫伯特·西蒙所说的“人工物”以造福人类。换言之，它是一个运用科学与数学的原理，通过艺术的手段改造自然、造福人类的社会活动过程。[①]

---

① 林正、林凤：《从工程的本质看工程教育的发展趋势》，载《高等工程教育研究》，2007(2)。

（二）工程的性质和特征

（1）社会性。工程旨在造福人类，工程实践过程受社会政治、经济、文化制约，工程的产物满足社会需要。可见，工程的出发点离不开社会、过程离不开社会、最后归宿也离不开社会，社会属性贯穿于工程的始终。

（2）创造性与艺术性。创造性是工程与生俱来的本质属性。“工程”一词来自拉丁语“ingeniator”，意思是独创性（ingenuity）；美国国家工程院院长 William Wulf 对此做了进一步的阐释，他说：“工程师所做的”就是“在限制条件下设计”（design under constraint），“工程是非常具有创造性的活动，而追求精致的设计则是最具创新性的活动之一”。Ronald E. Graham 则认为，“工程是运用科学最佳地转化自然资源以造福人类的艺术”。工程与艺术的最大共性有三：①追求独创；②满足人对和谐的审美需求；③遵从道德上向善或曰人文关怀的引导。工程的艺术性即在于此。

（3）综合性与复杂性。工程的产出是技术及其产品，但是技术上最优并不等于工程上最优。工程在确保能源消耗低、环境污染少、设计与生产可持续发展的前提下寻求低成本的技术最优，因而它是在众多边界条件的制约下追求最佳折衷点的极具综合性和复杂性的过程。美国学者 K. Eric Drexler 认为，科学家一般不需要通过合作的方式整合他们的结论，他们是在描述同一样东西的不同方面，他们的结论最终能汇聚成一个单独的图景。然而工程却不同，它的设计过程实际上是一个信息递增和信息综合的过程，即将简单的东西创造性地复杂化的过程，因此通常需要团队合作。需要一个能够致力于把工程师完成的各个部分衔接整合起来，形成共同图景的团队，这是工程综合性和复杂性的另一个方面。

（4）道德制约性。工程的最终目的是造福人类，因此，为了确保工程的力量用于造福人类而不是摧毁人类，工程在应用的过程中必须受到道德的监视和约束。法国剧作家 Marcel Pagnol 早在 1949 年就告诫人们要小心工程，因为它“始于缝纫机，止于原子弹”。工程是市场行为，时刻都会受到来自各方面的利欲诱惑以及人类认识能力局限的蒙蔽，因此，尽管工程对人类做出了巨大贡献，但是如果缺乏道德制约，它对人类生活也会产生破坏性的乃至毁灭性的影响。

（5）全球性与开放性。工程现在已经成为一种全球事业，现代工程的全球性首先是因为经济竞争的全球化，而不仅仅是因为工程师使用的是国际性“语言”（数学、科学与技术）；其次，由于现代科技的迅猛发展，工程满足不断扩大的市场需求的努力及其在能源、环境乃至社会文化方面的后果也变得无远弗届。美国工程研究院（NAE）George Bugliarello 在《工程与人类的十字路口》一文中指出，工程实际上是无边界的，工程师寻找改造宇宙与生命的方法，目的在于延伸我们的生命，提升我们的生活品质，改善我们的生存环境，所以工程就是关于“怎样”（how）的学问——怎样快点或慢点、高点或深点；怎样战胜疾病；怎样提供水、食物与庇护；怎样保护自己；怎样更好地相互沟通；怎样扩展我们的记忆、感知与肌肉等。美国《2020 工程师：新世纪工程的愿景》也提到了“没有边界的工程”(engineering without boundary)，工程从最初的两个分支(军事与土木)向着矿业、机械、化学、电子以及工业工程等延伸，一直扩展到人类物质生活的几乎所有领域。

(三) 工程教育的含义

工程教育作为教育的一个类别(科类)，广义而言，是指培养工程人才的社会活动；狭义而言，是指培养工程人才的学校教育。或者说，工程教育是根据一定社会要求和受教育者身心发展规律，由工程教育者有目的、有计划、有组织地对受教育者身心施加全面系统影响以达到预期目的的社会活动过程，它除了具有一般教育的共同特征外，还具有自身独特的属性。

(四) 工程教育的性质与特征

(1) 实践性。工程的社会性决定了工程教育的实践性。工程是一种特定的社会实践活动，工程师是从事这种造福人类的实践活动的主体，因此以培养这种工程人才为目的的工程教育在本质上也必须具有实践性。

(2) 复合性。如前所述，工程创新具有复杂、综合、交叉的特征，这意味着以培养创新人才为本的工程教育必然具有复合性，就是说，工程教育应当培养具备复合性的知识背景和在工程创新实践中整合各种知识的能力的工程人才。所谓复合，其知识形态是学科综合与学科交叉，其实践形态是工程创新中的知识整合与知识跨越。哲学家奥特加·伊·加塞特(José Ortega y Gasset)在《大学的使命》一书中预言了今天工程教育面临的挑战：“创造综合和系统化知识的必要性……将会唤起一种科学天才：综合性的天才。有必要的话，就像所有创造性的努力一样，也可以叫做专门化，但是这次，他们是在整体建造上的专门化。”Joseph Bordogna 在《进行连接：工程师与工程教育的角色》(*Making Connections: The Role of Engineers and Engineering Education*)一文中也提到，在竞争日益激烈的环境中，工程师必须做出“好”的决策，他们不仅应该知道怎样把事做正确，而且要知道做正确的事，这就需要他们要有广阔、整体的知识和经验背景，为了培养具有综合与整体能力的工程人才，工程教育也需要具有综合性与整体性。同时，Joseph Bordogna 还指出，工程的本质，从一种角度来说，就是为了某种目的而整合所有知识。这意味着，工程教育应该将重点从狭隘的课程内容转移到一个更加全面广泛的视野，即提供一种注重人类资源发展以及将个人经验与课程相连接并加以整合的广博教育。

(3) 伦理性。工程活动对社会和环境的影响是显而易见的，工程师的职业行为关系到人类自身的前途和命运，因此，工程师需要打破技术眼光的局限，对工程活动的全面社会意义和长远社会影响建立自觉的认识，并为此承担相应的法律与道德责任。不言而喻,工程教育必须注重伦理道德教育,使培养的工程师能够在工程活动与伦理道德产生冲突时做出正确的选择。

(4) 全球性。工程的全球性特征决定了工程教育的全球性。工程的目的在于造福全人类,使自己的国家在全球经济竞争中立于不败之地,这就要求工程教育要有全球的视野,培养能够在全球大环境中进行工程实践的人才。

二、 工程教育哲学

工程教育哲学的实质就是实践哲学。实践的演进规律遵从实践、认识、再实践、再认识的螺旋式上升过程。毛泽东说过:“人的正确思想是从哪里来的?是从天上掉下来的吗?不是。是自己头脑里固有的吗?不是。人的正确思想,只能从社会实践中来,只能从生产斗争、阶级斗争和科学实验这三项实践中来。”明确地指出理论从实践而来。那么,实践又是从何而来?从实践条件不充分而来,从认识不充分而来,甚至从一片空白而来。工程的演进过程也是如此。虽说“工欲善其事必先利其器”,但从整个人类的进化史来看,“事”与“器”呈不断相互促进的辩证发展关系,其“善”与“利”是渐进的,而不是一步到位的。“器”经历了从石器、金器到今天各种高科技器物,它不断地把“事”做得越来越完善,越来越大,同时“事”的发展反过来不断地革新“器”。所以工程的演进过程并非如康德所言:“在进行工作以前,必须对于用来工作的工具,先行认识,假如工具不完善,则一切工作,将归徒劳。”[①]康德的这一观点被黑格尔嘲笑为“在没有学会游泳以前,切勿冒险下水。”[②]辩证唯物主义的实践哲学认为“工作”与“工具”是在实践中不断地相互促进,逐渐走向完善的。

由此可见,工程教育的实践哲学的内在逻辑就是从有限、片面、局部到无限、全面、全局的演进过程。任何人或事物在一定的历史条件下都会由于自身的有限认识和该时期历史条件所制而存在局限性、片面性。同时,其自身的矛盾又驱迫其不断突破自身局限而趋向无限、全面、全局。因此,工程教育的实质就是不断地克服人的有限性、片面性、局部性,而实现人的全面发展,而且通过人的全面发展进而促进事物的全面发展。正如《国家中长期教育改革与发展规划纲要(2010—2020年)》所指出的:“衡量教育质量的根本标准,一是促进人的全面发展;二是适应社会需要。”“从这一意义上讲,人的全面发展是一种最终指向,而适应社会需求是人才培养的重要前提,是实现人的全面发展的主要途径。”[③]

① 黑格尔:《小逻辑》,贺麟译,66页,上海,上海人民出版社,2009。

② 黑格尔:《小逻辑》,贺麟译,66页,上海,上海人民出版社,2009。

③ 刘吉臻:《对全面提高人才培养质量的再思考——标准、规律、机制》,载《中国电力教育》,2013(2)。

第二节 工程教育是干出来的

一、 工程教育在于实践

工程的本质特征决定了工程教育实践教学的理念。我们可以通过比较科学、技术与工程的本质特性及它们之间的关系，深入理解工程教育的实践性。工程教育的实践性源于工程的特殊性以及工程教育的背景环境。正如毛泽东在《矛盾论》中所言："如果不研究矛盾的特殊性，就无法确定一事物不同于他事物的特殊的本质，就无法发现事物运动发展的特殊的原因，或特殊的根据，也就无从辨别事物，无从区分科学研究的领域"[①]。

工程与科学或技术相比，在于它是实用性发展项目的设计、组织实施的统一活动过程[②]。一般来讲，科学讲求理论和系统知识的构建，工程则更多的关乎实际经验，实践性是工程所特有的。马克思在谈到人类的实践活动时指出："全部所谓世界史不外是人通过人的劳动的诞生，是自然界对人说来的生成。"[③]实践是人类改造世界、解决自身生存与发展问题的活动。

总体上看，科学是认识世界的活动，技术是如何改造世界的认知活动，而工程则是改造世界的造物实践活动。无论是科学还是技术，对工程问题的解决都起到了重要的作用，但不是唯一的作用。任何一个工程问题的解决，还要考虑政治、经济、文化和生态等因素的作用。所以把某一项工程做好，要采用综合的办法来解决综合的工程问题。工程需要运用科学、技术、经济和人文等多领域的知识，工程具有系统性、综合性、实践性、复杂性、情境性、动态性、创新性等特点。

马克思主义与旧唯物主义、唯心主义的根本区别，就在于实践的观点。实践是马克思主义哲学的基本观点。人的实践活动表现为相互影响的两个方面：一方面，人通过创造人工物来改造世界；另一方面，在改造自然世界的同时也改造了人自身。实践活动，就是人的自我发展的创造活动，在此意义上，实践活动过程就是人的自我实现过程，就是一个基本的人的价值生成过程，就是作为整体的人创造自身、生成自身的过程。[④] 人的认识，主要依赖于物质的生产活动，逐渐地了解自然的现象、自然的性质、自然的规律性以及人与自然的关系；而且经过生产活动，也在各种不同程度上逐渐地认识了人与人之间的相互关系。一切这些知识，离开了实践活动是不能得到的。

---

① 《毛泽东选集》(第一卷)，299 页，北京，人民出版社，1991。

② 关西普、沈龙祥：《同科学、技术、工程概念相关联的几点思考》，载《科学学与科学技术管理》，1992(8)。

③ 马克思：《经济学——哲学手稿》，84 页，北京，人民出版社，1979。

④ 贺来：《现实生活世界》，68～69 页，长春，吉林教育出版社，1998。

从人类认知长河的角度上看，从创新的角度上看，的确是实践—认识—再实践—再认识，以至于无穷。但从教育过程、人才成长过程的角度上看，整体上应该是认识—实践—再认识—再实践，以至无穷。[①] 实践和认识之间的每一次循环，都使得人的知识、能力和素养进步到了高一级的程度。这种形式，表现在工程教育上，即为理论学习与实践训练之间的关系。从马克思主义认识论来看，理论学习与实践训练作为教学活动的组成部分，对于人才培养，都是不可或缺不可割裂的。理论课程与实践课程之间也没有必然的先后次序，它们是一体融通的。

二、 从实践中来并回归实践的工程教育

人类早期工程一般认为是军事和土木，这些工程领域在原始社会毫无理论和科学可言的，都是经实践的不断摸索和积累，并口口相传的。所以从根源看，工程以及工程教育是干出来的，这是毫无疑问的。

在实践—认识—再实践—再认识的螺旋式上升演进过程中，工程教育才不断增加了理论、科学的成分。

按照毛泽东的实践论来理解，就是从实践到理论，再到实践再到理论，以至于无穷。经过实践，总结提升为理论，认识了这些理论以后，再去指导实践，这样就会提高到一个新的层次。从整个实践与理论的演进长河中看是如此。但在具体的某个时期、某个领域、某个人的工程教育过程中，则可能是这个一般认识过程的一个特殊截面片段，甚至体现为一个倒置的顺序：从理论到实践再到理论。不管如何，实践在工程教育中都占有相当比例。如美国的机械类专业，斯坦福大学总学分为189，其中实践学分为68，占总学分比例为36%；伊利诺伊大学总学分为132，实践学分为45，占总学分比例为34%。

工程教育作为为经济建设和社会发展提供工程技术人才的一种教育类型，在世界范围内素来强调人才培养过程的实践性。在美国，1989年麻省理工学院首度提出工程教育“回归工程”的新观念，强调工科学校必须要加强实践训练和系统能力的培养，造就一批现代工程领军人才（见专栏2-1）。1994年麻省理工学院院长乔尔·莫西斯提出了“大工程观”的工程教育改革实践的理念，指出工程教育中必须强调工程的实践内容。同时，美国工程与技术认证委员会制定的现代工程人才评估标准中也侧重强调工程实践能力。由德国大陆公司（Continental AG）成立“八校项目联盟”，在实施“全球工程教育卓越计划”项目中曾提出共同研究观点：工程实践正在全球化，但工程教育尚未做出反应……尤其是工业在全球范围内为工科学生提供实习机会具有重要意义。在我国，高等工程教育也在“大工程观”的教育理念指引下，强调工程技术人才实践能力的培养。2010年6月，教育部为贯彻落实《国家中长期教育改

---

① 杨叔子、吴昌林、张福润：《三论创新之根在实践》，载《高等工程教育研究》，2003(2)。

革与发展规划纲要》启动了“卓越工程师”培养计划，目标直指建设创新型国家所需的高素质工程技术人才，强调加强工程技术人才的实践能力培养，实现工程教育大国向工程教育强国转变。由此可见，世界范围内对工程技术人才培养的标准都强调人才培养过程的实践性。

专栏 2-1 课程目标的转向：工程的而不是学科的

20 世纪末，由美国康奈尔、斯坦福、加州伯克利等 8 所大学联合发起的高等工程教育改革运动，引领了世界工程教育领域“回归工程”的潮流，由此，高等工程教育的“工程化”改革方向成为国际工程教育改革的共同选择。“工程化”是一种全新的视角，意味着在审视工程教育的人才培养模式时，用工程实践活动的本质和特点来对其进行衡量、要求和评价。从这个视角出发来重新认识和思考工程教育改革的重中之重——课程设置，会得到许多有异于传统课程模式的新启示，帮助我们拓宽和创新高等工程教育改革的选择路径。

课程是学校教育的核心，从某种意义上说，所有教育目的都要以课程为中介才能实现。因此，如何把教育目的转化为课程目标，进而用来指导课程设置，这是学校教育的重要问题。

从普遍的意义上说，课程目标取决于人们课程选择的价值取向。关于课程选择的价值取向，有学者把它归结为三种：社会本位的价值取向、个人本位的价值取向以及知识本位的价值取向。社会的价值取向代表着社会的政治、经济、文化因素对课程的要求，个人价值取向往往以学习者个人成材与发展的目的为基本要求，而知识的价值取向则以学科的知识体系为追求的基准。这三种价值取向都有着合理的内涵，但在确立课程目标时，三者的地位和意义绝不可能是均衡的。

著名的课程论学者施良方认为：“确定课程目标，首先要明确课程与教育目的、培养目标的衔接关系，以便确保这些要求在课程中得到体现。其次要在对学生的特点、社会的需求、学科的发展等各个方面进行深入研究的基础上，才有可能确定行之有效的课程目标。”任何学校教育都是为了促进人的发展，学校的培养目标规定着课程的价值取向的确立，因此，人的价值取向应该代表着目的性的方向，在三种价值取向中占据着核心位置，而社会的价值取向和知识的价值取向只能作为前提的或条件的因素，为人的培养和发展服务。20 世纪末期，国际化课程改革运动的主流是课程结构趋于“整体课程范式”的发展方向，其基本目标就是“在处理学生、社会、学科知识三者关系时，把知识的学习和掌握作为学生成为完整的人、获得全面发展的基本途径和手段，把社会发展的需要看作是学生发展的方向，有机整合学生、社会、学科知识三者的发展需要”。

工程教育的目标是培养合格的工程师，因而高等工程院校的课程目标应为培养优秀的工程师而确立。关于优秀的工程师目标要求，各国工程教育界有着比较一致的认识，主要有三方面："一是工程实践能力，二是综合的知识背景以及整体性的思维方式，三是职业道德及社会责任感"。工程院校要紧紧围绕这一目标来设计、组织课程体系，课程教育要为实现人才培养目标服务。其中，一个突出的核心问题就是：工程教育的课程应体现出工程的本质，而不是完备的学科，因为，作为学校教育，课程的第一目标是造就掌握工程科学技术的"人"，而不是展示学科的知识，知识的目的并不等同于人的目的。

我国高等工程教育受苏联影响，习惯于从系统性和科学性出发组织课程及内容，而较少从需求出发进行考虑，体现了一种典型的学科课程观。这种传统的思维模式在人们的头脑中根深蒂固，几十年没有得到根本转变。纵观我国近 30 年的课程体系改革，基本的思路还是在原有课程体系下的改善，而没有从根本上变革。表现在：①大部分工程教育依然维持公共基础课程、专业基础课程、专业课的三段论模式；②没有打破学科的壁垒，课程的思维仍在学科内单向进行；③工程实践课与理论课的矛盾仍未解决。

从本质上说，课程的最终目的是使学生吸收、掌握和运用所学习的知识，课程知识应符合人才培养目标和学生的学习规律。一方面，学生的学习规律并不完全遵循知识产生的规律，而是遵循个体的认识规律；另一方面，工程师的培养目标是多种因素综合实现的结果，必须按照工程化的规律去设计、组织和运作，单凭学科发展的逻辑进行课程设置不会达到这个目的。随着科学技术的发展，新知识越来越多，如果不转变课程改革的视角，只会使学校的课程有增无减，不断增加学生的负担。这样，课程体系是向着越来越完整的方向发展，但是学生的发展——工程师的培养却并不必然随之正向进展。因此，必须转变课程目标的方向，用工程化的视角组织课程设计。

资料来源：刘吉臻：《认真落实〈规划纲要〉 加快行业特色型大学的发展》，载《北京教育(高教)》，2010 年总第 543 期。

第三节 国家发展是中国工程教育的基础

中华人民共和国 60 多年的历史，是进行中国特色社会主义现代化建设的光辉实践历程，在此进程中的各个历史时期，我国的工程教育一直提供着强有力的人力和智力支撑，而国家发展也是中国工程教育的基础，两者相互促进，相得益彰。新中国百废待兴，中国工程教育从不具备条件情况下发展起来，服务和适应中国社会主义建设实践，也随着"大跃进""文化大革命"等实践而走过曲折的道路。改革开放以来，中国国家发展重新步入正轨并向全面复兴迈进，中国工程教育在经济社会的实践浪潮中不断实现全面的发展。而今，中国特色自主创新之路的开辟，建设创新型国家宏伟目标的提出，为工程教育更全面的发展提供了宝贵的实践机遇。历史证明，工程教育来自国家发展的实践，同时为国家发展提供强有力保障。

一、新中国成立初期为实现工业化而发展的中国工程教育

当时的新中国“根本不具备发动现代化的基本条件”[①]。就实现工业化、现代化的人力资本和人才资源而言，1949 年时全国 80%以上的人口是文盲，全国共有高校 205 所，在校生 11.7 万人，大学毕业生占总人口比率仅为 0.034%，其中直接服务于工业化发展的工科院校仅有 28 所，占全部高校的 13.7%，工科学生共计 30 320 人，占学生总数 26.2%，而文科类共 59 所，共计 53 323 人。规模严重不足和结构不合理的局面远不能适应国家发展新形势的需要。[②] 周恩来在第一次高等教育会议上指出：“现在我们国家的经济正处在恢复阶段，需要人‘急’，需要才‘专’，这是事实。”[③] 1951 年 8 月他又提出：“人才缺乏，已成为我们各项建设中最困难的问题”“只要我们的工作开展了，中国的知识分子就不是太多，而是太少了。任何一个部门工作一开展，马上就会提出专门人才、技术人才不够的问题……拿我们明年的工业建设计划来说，短缺的人才就不是几千几万，而是一二十万技术人员和熟练工人。”[④]1949 年 10 月中央财政经济委员会主任陈云对苏联大使罗申说，恢复国民经济的一个重大障碍是缺少既懂专业而又忠于人民政府的技术干部。[⑤]

随着新中国成立后国民经济的恢复和发展，国民经济的第一个五年计划也即将制定实施，高等教育发展与社会主义建设之间的矛盾日渐显著，尤其是工程教育的发展已经不适应国家工业化发展的战略要求。在此背景下，在按照苏联模式改造建立哈尔滨工业大学的先期试点的基础上，全国范围内的高等教育院系调整工作全面铺开。

按照中共中央 1955 年修订国民经济第一个五年计划时的要求，高等教育建设必须符合社会主义建设的要求，必须与国民经济的发展计划相配合。学校的设置分布应避免过分集中，学校的发展规模一般不宜过大，高等工业学校应该逐步地和工业基地相结合。[⑥]

---

① 胡鞍钢：《中国政治经济史论(1949—1976)》，63 页，北京，清华大学出版社，2008。

② 中国教育年鉴编委会：《中国教育年鉴(1949—1981)》，965 页，北京，中国大百科全书出版社，1984。

③ 中央教育科学研究室：《周恩来教育文选》，9 页，北京，教育科学出版社，1984。

④ 中央教育科学研究室：《周恩来教育文选》，34 页，北京，教育科学出版社，1984。

⑤ 沈志华：《苏联专家在中国(1948—1960)》，72 页，北京，新华出版社，2009。

⑥ 郝维谦等：《高等教育史》，93 页，海口，海南出版社，2000。

“一五”计划所发展的重工业项目以苏联援建的156个重工业和军工项目为中心进行，这些项目分布在东北地区50个，中部地区32个；军工企业44个，21个安排在四川、陕西两省。[①] 工科院校布局调整也体现了这一工业布局，西安市在1951年有高校8所，1957年增加到22所，西安交通大学、西安建筑工程学院、西安动力学院等工科院校即在此间成立。服务于国家现代化战略的新中国工程教育体系建立之初即呈现了独特的面貌。

1957年至1965年是我国开始独立自主地探索建设社会主义道路、全面建设社会主义的时期，同时也是中国高等教育开始摆脱苏联模式、进入独立自主地探索社会主义教育的时期。

二、 中国工程教育在“大跃进”“文革”中曲折发展

1958年5月，在中共中央八届二中全会上，毛泽东提出了“鼓足干劲，力争上游，多快好省地建设社会主义”的总路线。声势浩大的“大跃进”和“人民公社化”运动在全国展开，高等学校开始了“教育大革命”运动。这一时期的高等教育和工程教育的发展表现在两个方面，一是教育与生产劳动相结合的人才培养模式改革；二是教育规模和发展速度的超常规扩张。在培养模式方面，工程教育院校纷纷进行改革探索，清华大学提出“真刀真枪地进行毕业设计”，建立“教学、科研、生产三连基地”的改革措施，其中水利系设计了包括密云水库在内的17个水库，总库容量达68亿立方米。[②] 在发展规模和速度上，呈现了超常规的“发展”局面。人们不久就认识到，高等教育尤其是高等工程教育的畸形发展导致了质量下降。纠正了“教育革命”中的某些错误做法后，工程教育的发展才逐步进入正轨。

1966年5月至1976年10月的中国经历了“文化大革命”。“文革”期间高等教育成为教育领域里的重灾区，工程教育的发展同样受到严重影响。[③] 从另一方面讲，与文科相比，理工科教育与意识形态的关系相对间接一些。在“文革”时期，国家现代化的进程并未完全中止，第三个五年计划的实施，按照“备战、备荒、为人民”战略开展的三线建设，也使得我国工业和科技事业在此期间取得了一些突破性的成就，因此服务于现代化的工程教育，在发展模式和规模速度上，呈现出这一特殊时期的特殊历史特点。

客观地讲，“文革”时期，国家基础工业和国防工业得到了一定的发展，以三线建设为中心，建立起一大批钢铁、机器制造、煤炭、汽车工业基地和成昆、湘黔、川黔等重要铁路干线。在科学和工程技术方面，取得了核技术、人造卫星、运载火箭等尖端科

---

① 刘庆日文：《第一个五年计划与156项建设工程》，载《文史精华》，1999(11)。

② 金一鸣主编：《中国社会主义教育的轨迹》，240页，上海，华东师范大学出版社，2000。

③ 胡鞍钢：《中国政治经济史论(1949—1976)》，507页，北京，清华大学出版社，2007。

学技术和大型工程的丰硕成果。原子弹、氢弹的成功研制、人造地球卫星的成功发射、返回式卫星的成功试验等，今天仍然令我们为之自豪。[①]

三、 中国工程教育在改革开放后的大变革大发展

改革与发展是改革开放 40 年来我国高等教育的两大主题，中国高等教育实现了大变革、大发展、大跨越。工程教育的发展呈现出新的面貌。

1978 年 12 月召开的十一届三中全会作出了把工作重点转移到社会主义现代化建设上来的战略决策，现代化建设再次成为党和国家的中心任务。新时期国家现代化战略的调整与确立，使得高效率地培养科技人才成为国家发展的重中之重，工程教育的地位和作用再次受到关注。邓小平在考虑社会主义现代化建设的伟大战略时，深刻阐述了"科学技术是第一生产力"这一马克思主义基本观点，强调"必须打破常规去发现、造就和培养杰出的人才"，提出"尽快培养出一批具有世界一流水平的科学技术专家，作为科学、教育战线的重要任务"。1977 年 9 月中共中央《关于召开全国科学大会的通知》明确提出"四个现代化的关键是科学技术现代化""科学人才的培养，基础在教育……必须真正搞好教育革命，尽速改变教育与社会主义事业严重不相适应的情况"。[②] 1978 年 4 月召开全国教育工作会议，邓小平就提高教育质量、教育事业必须同国民经济发展的要求相适应等问题发表了讲话。

从当时高等教育发展状况来看，全国高等院校数由 1976 年的 392 所，增加到 1980 年时的 675 所，增加了 283 所，而工科始终占有绝对优势：工科院校增加 77 所，工科在学学生一直呈持续增长状态，工科学生占全体在学学生的比例最高时达到了 56.6%(1969 年)。而新中国成立后 32 年间文科总共毕业 20.1 万人，仅占总毕业生数的6%；政法类毕业生 2.8 万人，仅占毕业生总数的 0.8%；财经类 10.4 万人，仅占毕业生总数的 3.2%。在工科内部，服务于重工业和军事工业的科类仍然占优，适应第二、第三产业的诸如轻纺、食品等专业在 1953—1980 年间共有毕业生 3.55 万人，仅占同期工科毕业生的 3%，[③]出现了"同经济建设之间的比例关系也严重失调"[④]的局面。

因此，教育战线调整教育发展的比例和结构工作成为这一时期的中心工作。时任教育部长蒋南翔指出："教育进行调整，首先要调整好教育外部的比例关系，主要是同经济的比例关系。要逐步做到教育能同经济协调发展。"这实际上是对教育发展的规模速度提出的要求；另一方面，"要调整好教育事业内部的各种比例关系，包括各级各类学校之间的各种纵向与横向的比例关系，使各级各类学校能够有计划按比例

① 参见胡绳主编：《中国共产党的七十年》，478 页，北京，中共党史出版社，1991。

② 刘光主编：《新中国高等教育大事记》，243、316 页，长春，东北师范大学出版社，1990。

③ 中国教育年鉴编辑部编：《中国教育年鉴(1949—1981)》，87 页，北京，中国大百科全书出版社，1984。

④ 国家教育委员会：《十一届三中全会以来重要教育文献选编》，48 页，北京，教育科学出版社，1992。

地发展。"[①]

1978 年 8 月《关于进行高等学校专业调查和调整工作的通知》提出高等院校要"培养又红又专的专门人才，迅速改变'四人帮'破坏所造成的教育与社会主义事业发展严重不相适应的状况。努力体现专业的先进性和适应性，专业面窄的应适当加宽，基础理论力求加深，以加强适应性"。1980 年 1 月，教育部在《关于直属高等学校工业学校修订本科教学计划的规定》中提出全面发展的培养目标："高等工业学校应当培养德、智、体全面发展的高级工程技术人才。"1980 年新的培养目标继承了 1962 年的工程师训练和 1964 年的德智体共同发展的思想，由原来的培养工程师转变成了获得工程师的基本训练，突出了扎实基础、专业内容少而精的思想。

1985 年《中共中央关于教育体制改革的决定》的公布，是中国高等教育进入新的发展阶段的重要标志。《决定》指出，当前高等教育改革的关键是"扩大高等学校的办学自主权，加强高等学校同生产、科研和社会其他各方面的联系，使高等学校具有主动适应经济和社会发展需要的积极性和能力"。[②] 改革由教育体制入手，开始了以扩大学校办学自主权的系统性体系变革。同时，《决定》对增强高校的科研能力提出了更高要求，这也昭示着高校办学理念的新变化。工程教育在前一阶段改革的基础上，也进入了全新的发展时期。[③]

第四节　华北电力大学的工程教育与哲学

一、特色——从电力到"大电力"的全面拓展

华北电力大学创建于 1958 年，原名北京电力学院。长期以来，学校由电力工业部主办并管理，服务面向明确，办学特色鲜明，为能源电力事业的发展做出了应有贡献。1998 年，国务院机构改革正式启动，电力工业部被撤销，组建国家电力公司。华北电力大学由国家电力公司主办并管理，成为高等教育管理体制改革中的一个特例。

2002 年，电力体制改革进一步深化，核心是"厂网分开、主辅分离"和"引入竞争"，国家电力公司一分为七。这意味着学校的归属将发生重大变化，最大的可能是被拆分划归地方管理。无疑，这是一个大家都不愿意接受的结局。广大干部和师生员工的思想进入了一个非常迷茫的时期。

经过反复研讨，学校领导班子取得了共识：国家的发展需要多层次、多类型的高水平大学的支撑。在教育部直属高校序列中，既需要有一批能够跻身世界一流水平的综合性大学，也需要有一批高水平的行业特色型大学。电力作为国民经济基础性、

---

① 《蒋南翔文集》(下卷)，1016～1018 页，北京，清华大学出版社，1998。

② 中国教育年鉴编辑部：《中国教育年鉴(1985—1986)》，992 页，长沙，湖南教育出版社，1988。

③ 详见王孙禹、刘继青：《从历史走向未来：新中国工程教育 60 年》，载《高等工程教育研究》，2010(4)。

先导性行业，需要一所身处国家层面、实力强大的高校为其提供人才和科技支持。作为当时电力部门管理的全国唯一一所电力类高校，华北电力大学如果被拆分或划转地方，将很难在国家层面上汇集电力类的优势学科和人才，这不仅是电力行业难以挽回的损失，也是高等教育事业的重大损失。

基于上述原因，在教育部等国家部委和省市有关部门的大力支持下，国务院电力体制改革领导小组《电力体制改革方案》中确定了华北电力大学的管理体制——由电力部门管理调整为国家教育部直接管理。这标志着在此次高等教育管理体制改革中，华北电力大学作为最后一所高校，跻身于教育部直属高校行列。与此同时，国家电网公司、南方电网公司和各发电企业集团组成校董会，与教育部共建。这种以公办校董会与政府实施共建的办学模式在全国高校中尚属首例。

作为教育部直属高校中唯一一所电力类高校，建设高水平大学是历史赋予华北电力大学的崇高使命和神圣职责。任何一所大学，不论其办学历史长短，发展起步早晚，技术是否雄厚，只要坚持不懈地努力，完全有可能建设成为特色鲜明的高水平大学。

建设高水平大学，既不能照搬西方发达国家一些高校的模式，也不能照抄国内其他兄弟院校的经验，而是要在深刻认识高等教育规律，广泛吸取国内外先进办学思想的基础上，结合学校实际，走出一条特色鲜明的强校之路。（见专栏 2-2）

专栏 2-2　高校特色化发展是建设高等教育强国的重要举措

经过 30 多年的发展，我国已当之无愧地迈入高等教育大国行列。但必须清醒地认识到，我国虽已是高等教育大国，但还不是高等教育强国，与世界高等教育强国相比还有很大差距。我国有世界最大规模的高等教育，2009 年高等教育在学总规模已达到 2 979 万人，其中在校生 2 826 万人，但拔尖创新人才严重不足。我国有 2 000 多所高校，但没有能与世界一流大学比肩的高水平大学。我国是世界上最大的论文产出国，以 SCI 数据库统计，2007 年我国作者发表科技论文共 11.67 万篇，占世界份额的 9.8%，排在世界第 2 位。按 EI《工程索引》数据库统计，2007 年我国科技人员发表的期刊论文共 7.82 万篇，占世界论文总数的 19.6%，首次超过美国，居世界第 1 位。但是，我们的科研水平并没有随着科研成果数量的增加而同步提高，科研水平还不尽如人意。2009 年 9 月 20 日，瑞士洛桑国际管理学院 IMD 公布的《全球竞争力报告》中，中国大陆排名第 20 位；在世界经济论坛 2009 年 9 月 8 日发布《2009—2010 年全球竞争力报告》中，中国竞争力排名第 29 位。因此，从高等教育大国走向高等教育强国，不仅是国家和民族对高等教育的期待，也是中国高等教育自身发展和走向强大的必然选择。

首先，建设高等教育强国，就要建成一批国际知名、有特色高水平的大学，若干所大学达到或接近世界一流大学水平。通过重点建设，以点带面，带动整体发展，推进我国高等教育水平的全面提升。当今世界称得上高等教育强国的国家，都拥有一批国际公认的高水平大学，这些大学以其拔尖创新人才的培养和科技文化创新方面的重要贡献在高等教育强国建设过程中发挥了重要作用。

其次，建设高等教育强国，除了建设具有标杆作用的世界一流大学，还要构建一套具有世界先进水平和中国特色的现代高等教育体系。这套高等教育体系包括不同层次、不同类型的大学，而且每一层次、每一类别都应该有一批走在前面的、起到引领和示范作用的大学，这是我们建设高等教育强国进程中必须遵循的路径。

最后，高等教育强国不是一蹴而就的，它需要不同类型、不同层次的大学从自身实际出发，扎扎实实地建设。

行业特色型大学是一个特定的概念，是“以行业为依托，围绕行业需求，针对行业特点，为特定行业培养高素质人才的大学或学院”。在“人无我有，人有我优，人优我特”成为大学实现跨越发展、提升核心竞争力的主要路径的今天，特色成为高水平大学建设的主要抓手。“鲜明的行业背景和学科特色、独特的办学风格、优势明显的特色学科、明确的服务面向以及稳固的社会地位”铺就了行业特色型大学得天独厚的优势，奠定了行业特色型大学在中国整个高等教育体系中的不可替代的重要地位。《规划纲要》的实施为行业特色型大学提供了难得的发展机遇，因此，合理认识，科学定位，充分发扬自己的特色，突出自己的优势，就成为建设高水平行业特色型大学的重要命题。

资料来源：刘吉臻：《认真落实〈规划纲要〉 加快行业特色型大学的发展》，载《北京教育(高教)》，2010 年总第 543 期。

学科建设紧紧围绕“电”字做文章。“电”同时具有哲学、科学、技术、工程的属性，是人类使用能源最便捷、最清洁的方式。电力不是夕阳产业，而是一株常青藤。面对化石能源枯竭、环境污染、气候变化等人类共同面对的难题，大力开发新能源、推进节能减排、保障能源供应，必须依靠科技进步，必须依靠大批创新型人才。有鉴于此，2002 年，学校设立了核工程与核技术专业，成为我国培养核电人才的第五所高校；2004 年，增加水利水电工程专业；2006 年，筹建国内第一个风能动力专业；2007 年，成立国内首家可再生能源学院，大力发展新兴能源学科。学校明确了学科建设的目标是：构建“以优势学科为基础，以新兴能源学科为重点，以文理学科为支撑”的“大电力”特色学科体系。①

① 刘吉臻：《走强校之路，圆强校之梦》，载《中国电力教育》，2013(30)。

围绕“大电力”学科体系建设，学校建立了电气与电子工程学院、能源动力与机械工程学院、控制与计算机工程学院、经济与管理学院、可再生能源学院、核科学与工程学院、环境科学与工程学院、数理学院、外国语学院、人文与社会科学学院，促进学科的交叉融合和优势互补，努力形成独具优势与特色的学科体系。

经过多年的建设，学校的“大电力”特色学科体系已初见端倪。学校由一个单纯的工科院校，发展成为理工渗透、电与非电交融，理、文、经、管、法协调发展，具有鲜明特色的学科专业布局，学科体系由单一的以电力为主的传统优势学科发展成为具有鲜明特色的“能源电力”优势特色学科群，成功地实现了学科的转型，进一步增强了服务国家战略和社会经济发展的能力，显示出强大的学科综合优势和交叉渗透潜力。（见专栏 2-3）“大电力”特色学科体系的构建为建设可持续的高水平大学学科打下了良好的基础，成为学校把握时代机遇，实现跨越发展的根本动力。①

专栏 2-3 行业特色型大学定位中的“高水平”在于对行业发展的引领

什么是高水平大学？高水平大学中的“高水平”体现为大学职能的什么特征？这是高等教育理论与实践领域一个值得深入探讨的问题。

高水平行业特色型大学是中国在特定的历史时期发展形成的一个类群，其特征是：具有显著行业背景和专才型人才培养理念，学科分布相对集中，科研重点是行业共性技术，具有密切相关的行业领域产学研合作历史等。这类大学多是依据新中国工业体系的成长，体现国家意志、承载国家使命而诞生和发展起来的。多年来，行业特色型大学为新中国工业经济的发展培养了一大批高素质的专业技术人才，为推动行业的发展与进步做出了杰出的贡献。

随着社会经济的发展与高等教育形势的深刻变革，行业特色型大学与行业的关系也发生了重大变化。特别是 21 世纪以来，科学技术的迅猛发展与经济信息化、全球化的格局使国家产业经济结构发生了巨大的变化，国力的增强从依靠劳动密集型的人口大国转向建设与发展人力资源的强国，各个行业领域核心技术的结构、内容、需求都发生了深刻的转型与变革。对于行业特色型大学而言，“依托行业而产生、服务行业而发展”的基本格局面临着新的挑战，大学自身的发展以及对行业的支撑与服务都需要重新思考定位。而要高水平地履行社会服务职能，就必须从对行业的依托服务转向走出行业、实现对于行业的引领与超越，这是高水平行业特色大学进一步发展的必由之路。

---

① 刘吉臻：《构建特色学科体系，提升学校办学水平》，载《中国高校科技与产业化》，2011(1)。

何为引领？引领是高水平大学作为社会发展思想库与产业变革智力库的显著标志。首先，未来行业创新最关键的在于人才，产业的核心竞争力也集中在高端人才的竞争，因此，高水平大学应瞄准国家战略需求，培养一大批能够支撑行业发展的自主型创新人才或领军人物。其次，在科学研究的主题和方向上，高水平大学应着力解决行业发展“源头”的基础性、原创性问题以及与行业产业密切相关的共性技术问题，要建设能够站在国际、国内前沿的学科，保持与行业适度的张力与距离，并进一步对行业产业的转型催生新的经济生长点。也就是说，在大学的工作室或实验室里，要探索那些在当下行业产业技术上尚未应用的领域，使之能够鸟瞰行业产业的发展、超前于行业产业的发展，而不是跟在行业的后面仅仅支持现实的问题。最后，在产学研方面，高水平大学承担的职能要以政府为主导，着力推动产学研合作体制机制变革，加强高校、各类科研院(所)与企业之间的协同创新，充分整合优势资源，构建高水平的产业技术创新联盟。只有这样，才能够真正实现对于行业的引领，高水平地完成大学服务社会的职能。

资料来源：刘吉臻：《依托、服务、引领、超越——高水平行业特色型大学发展定位的战略思考》，载《大学(学术版)》，2013(1)。

二、终极标准——促进人的全面发展与适应社会需要

提高质量是教育的核心任务，是每一所大学所面临的重大问题。解决这个问题，必须对教育质量的根本标准有一个清晰的认识，把握人才培养规律，找准人才培养的着力点，从人才培养的全过程和全方位构筑促进人才培养质量提升的完整体系。

《国家中长期教育改革与发展规划纲要(2010—2020)》指出：衡量教育质量的根本标准，一是促进人的全面发展；二是适应社会需要。这也是华北电力大学认识和把握教育质量标准的重要思想依据。人的全面发展不可能脱离一定的社会需求而独立存在；但是过分强调适应需求，人的全面发展就会成为“无源之水”。从这一意义上讲，人的全面发展是一种最终指向，而适应社会需求是人才培养的重要前提，是实现人的全面发展的主要途径。

长期以来，由于过分强调教育对社会经济发展的作用，忽略了“人”的发展，人的片面发展和教育“工具化”的倾向，成为中国高等教育的一个弊端。改革开放以来，高等教育“国际化”进程不断加快，在吸收国际先进办学经验的同时，也存在一些盲目的所谓“国际对接”“国际标准”的倾向，这种所谓的“国际标准”，忽略了中国经济社会发展的实际和需求，导致了高等教育与社会需求契合度降低，使人才培养失去了科学的目标定位和评价尺度。

人才培养标准的确立，既要遵循人才培养的一般规律，又要体现中国特色发展的

特殊要求。中国大学的人才培养必须符合中国国情、中国实际，形成中国特色，才能为国家兴盛提供强大支撑。[①]

三、干出来的工程教育实践——全面的实践教学体系

华北电力大学在人才培养过程中始终坚持以社会需求为导向、以学生全面发展为根本，针对高等工程教育的特点，不断探索人才培养规律，抓住工程人才培养中的主要矛盾，强化实践教学，构建了基本实验模块、校内实践模块、仿真实践模块、校外工程实践模块所组成的“四模块”工程教育实践教学体系。

基本实验模块为学生提供一般基础实验、专业基础实验和专业实验，夯实学生的基础实验能力。华北电力大学大力加强基础实验室建设，实验开出率达到100%；减少验证性实验，增加综合性、设计性实验，后者所占比例达到85%以上；加大实验室开放力度，鼓励学生开展创新设计实验。

校内实践模块可供学生进行工程训练、课程设计和毕业设计。学校加大投入，建设了一批现代工程训练中心、校内专业实习基地、校内创新实践基地，重点培养学生的创新精神和实践能力。例如，国家级实验教学示范中心——工程训练中心，能够为学生提供三个层面四年不断线的工程实践，一、二年级学生在其中进行认知实习、工程基础实习和实训，三、四年级学生可进行先进制造技术、电力工程实际工程项目的训练。同时，中心还能为学生提供创新性实践。

仿真实践模块将仿真技术引入实践教学，建立火电、核电机组仿真、电力系统仿真、电网调度仿真等仿真系统，为学生提供了一种系统化的与现实十分接近的实践环境，供学生进行综合性的实践训练，强化学生的岗位能力培养。学校开放仿真训练基地，学生通过实践并考核合格，可获得电力企业联合会颁发的《电力行业仿真培训证书》，具备电力行业上岗资格。

校外工程实践模块供学生进行认知实习、生产实习、毕业实习和社会实践。学校充分利用与能源电力行业的密切联系，在电力企业等单位建立校外实习基地100余个。对教学计划内的校外实习与实践环节，学校始终坚持统一组织与集体安排；主干专业学生全部到电力行业企业和科研院所进行实习，学生到达现场后，由实习基地统一安排到相应岗位，进行现场实习与实践锻炼。

工程教育实践教学体系的构建，在培养学生创新精神和实践能力方面起到了关键作用，促进了学生知识、能力、素质的协调发展，进一步凸显了“厚基础、重实践、强能力”的人才培养特色。[②]（见专栏2-4）

---

① 刘吉臻：《对全面提高人才培养质量的再思考——标准、规律、机制》，载《中国电力教育》，2013年2月20日。

② 刘吉臻：《对全面提高人才培养质量的再思考——标准、规律、机制》，载《中国电力教育》，2013年2月20日。

专栏 2-4 “厚基础、重实践、强能力”的人才培养特色

3 月 24 日,第六届第六次教职工代表大会暨工会工作会议在保定校区隆重召开。校领导周坚、杨勇平、何华、李双辰、郝英杰、孙忠权、王增平、汪庆华、郭孝锋、律方成出席了开幕式,与广大教职工代表共商发展大计。校长杨勇平作了题为《喜迎“甲子年” 聚焦“双一流” 开启高水平研究型大学建设新征程》的工作报告。下面我们用 60 年校庆、“双一流”建设、立德树人三个关键词解读教代会精神。

60 年校庆

从 1958—2018 年,60 年的华电办学史就是一部自强不息、团结奋进的创业史,是一部与时俱进、勇于创新的改革史,是一部攻坚克难、追求卓越的拼搏史。从建校初期的筚路蓝缕、开基立业,“文革”期间的命运多舛、辗转流离,到改革开放以后的艰苦创业、发展壮大,几代华电人走过了一段极不平凡的创业兴校、跨越发展之路。

甲子校庆,母校情深。2017 年 10 月 28 日,60 周年校庆一周年倒计时仪式举行,校庆相关事宜提上日程,各项筹备工作进入落实与推进阶段。2018 年 1 月 15 日,“点亮新时代的电力之光”的 60 周年校庆主题与标识发布,校庆工作方案尘埃落定,学校向全球校友发出邀约,欢迎大家于 10 月 28 日回家共庆盛典、共襄华诞。

60 年校庆是本次教代会绕不开的话题,总结过去的办学成就,瞭望未来发展的前景,每位代表都有诉说不完的心里话,为成绩点赞、为补充短板出谋划策,大家讲述的是华电故事,诉说的是华电情怀。教代会确立了学校按照隆重简朴的原则,举行建校 60 周年系列庆祝活动,再次诚邀四海宾朋相约华电,共话历史共谋发展。教代会也明确了学校将以“甲子之年”为起点,以崭新的精神状态和奋斗姿态书写好新时代的“奋进之笔”。

“双一流”建设

2017 年,学校成功入选国家“双一流”建设高校名单,重点建设“能源电力科学与工程”学科群。这是继“211 工程”“985 工程优势学科创新平台”建设高校之后的又一大重要发展成就,是建设高水平研究型大学的一个重要里程碑。

学校先后多次召开专题会议,研究“双一流”建设的时间表、路线图,制订建设方案,“双一流”建设全面有序开展。本次教代会报告 22 次提到“双一流”一词,就如何推进“双一流”建设做出了再动员、再部署。“以‘双一流’建设为主线,推进学科建设上台阶”“建立健全与‘双一流’建设相适应的制度体系”“实施‘双一流’人才培养项目”“启动以院系为中心的‘双一流’国际合作平台建设”……教代会部

署的每一项工作都紧紧围绕“双一流”建设这一主线，服务这一主线。分团讨论中，代表们讨论最多的也是“双一流”，纷纷为“双一流”建设建言献策。

聚焦“双一流”建设，是华北电力大学发展的必然趋势，更是全体华电人的人心所向。教代会上代表的热情展示了华电人努力打造与高水平大学相适应的一流的师资队伍、一流的科学研究、一流的人才培养、一流的社会服务，推动优势特色学科和学校整体迈向世界一流的信心和决心。

立德树人

学校历来坚持立德树人的根本任务不偏移不动摇，把培养一流人才作为应尽的责任和使命，把人才培养质量当作头等大事来抓，突出教育主题，创新教育思想，形成了“厚基础、重实践、强能力”的人才培养特色。本次教代会安排部署制定“加强全员全过程全方位育人格局建设实施方案”，一体化构建课程、科研、实践、文化、网络、心理、管理、服务、资助、组织等十大育人体系，明确要以教育教学改革为根本，着力提升人才培养质量，巩固和加强人才培养在学校工作的中心地位。要以迎接本科教学评估为契机，扎实做好迎评工作，出台《本科人才培养质量提升工程实施意见》，实施“双一流”人才培养项目，完成学位授权点合格评估等工作。要加强人才培养内涵建设，创新人才培养机制改革，巩固教育思想大讨论成果，深化教育教学改革，构建具有华电特色的创新人才培养体系，着力培养担当民族复兴大任的时代新人。

第三章 现代国家电力高等教育哲学的践行者、奠基者

第一节 深化改革对现代国家电力高等教育的影响

一、 新时期国家电力高等教育的不适应

经济新常态的呈现、电力系统环境的复杂变化、能源革命等，决定了国家电力高等教育范式的演进。能源革命产生与发展的过程，也是电力工程与电力工程教育发展价值观与模式发生变化的过程。在知识经济、能源革命时代，创新竞争日趋激烈，创新知识不仅需要科学技术领域的学科交叉，更需要市场研究、社会文化等社科人文学科的知识融合，知识需求图谱明显拓展，创新素质和能力要求也显著提升，这些因素和需求，将要求和导致电力工程教育范式、电力教育体系进一步变革和转型升级。

党的十八届三中全会讨论通过的《中共中央关于全面深化改革若干重大问题的决定》成为推进电力高等教育全面深化改革的政治依据和战略契机。它对电力高等教育的影响是全面的，包括教育理念、人才培养目标、教育体制机制、知识体系等。

二、 国家电力高等教育的适应性变革

（一）政府要进一步加大对高等工程教育的经费投入

长期以来，办学经费不足一直是我国高等学校为之困扰的问题，以至于成为阻碍教育改革发展的一个瓶颈。

高等工程教育更是处于一个困难的局面。工科院校和工科专业由于其固有的特点，建设周期长、成本高，很难依靠市场机制和吸引民间、社会资金的投入建设，而工程教育教学体系的运转需要庞大的资金投入，如果没有一定的经费保障，会直接影响教育教学水平，导致人才培养质量的下滑。因此，迫切需要政府切实重视高等工程教育的发展，在重点投入一批高水平、综合性大学（如“211”“985”）的同时，一定不能忽视高等工程院校的建设任务，要高度关注高等工程教育的改革和发展，加大投入力度。在可能的条件下，除了增加工科院校的生均经费投入之外，应在各级各类院校中分别选拔一定数量有特色、水平高的工科院校或专业，建立示范基地，设立专项资金

重点投入，支持其改革与建设，使之进一步明确各自的办学层次定位与目标定位，强化改革，办出特色。[①]

（二）建立科学的院校评价体系和正确的社会舆论导向

高等工程教育的发展受到多方面因素的影响和制约，其中，政府的政策引导和社会的舆论导向发挥着重要的作用，对工科院校的办学产生着深刻的影响。

近十年以来，高等教育在获得飞速发展的同时，也滋生了一种不正常的“盲目求高”的风气，而且愈演愈烈。仔细分析其原因，与政府以单一的评价体系来衡量所有不同类别、不同条件、不同水平的高校有着直接的关系。国家以冲击“一流大学”为目标，导向所有学校向“综合”发展，以进入“重点”为荣，使一些学校丢掉了特色，影响了教学质量。与此相适应，社会上名目繁多的各种“排行榜”在层出不穷的同时，也形成着势头愈来愈猛的舆论导向。这些“排行榜”往往以单一的科研经费或项目作为主要评价指标，有的毫无科学根据，却对学校的发展造成了严重的影响甚至危害。特别是一些行业类工科院校或地方性工科学校，由于没有一个平等的竞争平台，致使学校的生源、办学条件、专业发展、教学质量等都受到了严重影响。

因此，国家一定要对这个问题高度重视，认真研究，切实采取有效措施改变这一局面。建议要进一步明确不同类别和不同层次高校的职能，建立分类分层的评价体系，对不同类别、不同特点、不同层次的学校进行分别评估与认证，根据国家需求、地方需求以及高等教育发展的不同需求进行分类投入、分类管理。这样，鼓励各种类别的学校都能找到自己的定位，瞄准发展的目标，最大限度地发挥自己的特色和优势，科学发展。[②]

（三）创设促进校企合作、共同培养创新人才的制度环境

针对我国目前的局面，需要建立起一个全国统一的工程院校的组织机构，加强高等工程教育的研究，协调和组织高等工程教育的行业性活动，通过研究、采取措施，来促进校企合作制度环境的形成。世界有些先进国家，学生在企业实习是要立法保护的，而且是企业非常主动积极争取的事情。如世界“合作教育”的发源地——美国辛辛那提大学，工学交替的合作教育有长达一百多年的历史，直至今天依然成为这个学校的传统。该校的学生到企业的实习实训长达一年以上，成绩计入学分，而且学生在企业的工作或劳动是付费的，学生除了在企业受到工程实践的训练之外，还能得到勤工俭学的助学机会。这些都给我们很大的启示。

一方面，要在全社会形成关注教育、营造创新的环境和氛围，探索企业与学校双

---

① 刘吉臻：《从行业需求看高等工程教育人才培养》，载《高等工程教育研究》，2008(3)。

② 刘吉臻：《从行业需求看高等工程教育人才培养》，载《高等工程教育研究》，2008(3)。

向联合、互利共赢的途径和机制，加强产学合作的研究和实践。要在政策层面上提出鼓励产学结合办教育的措施，要求具有一定规模的企业必须承担产学结合的任务，同时在税收抵扣和毕业生招收选择等政策上给予优惠。要有具体的措施指导高校做好产学结合工作，使学生在产学合作中既提高了能力，也为企业创造了价值，取得高校、企业、学生三方共赢的结果。

同时，作为高等工程院校来说，要根据社会经济的发展和自身的基础与条件，认真地研究与规划，实事求是地把握好学校自身的定位，以质量和特色谋求发展之路。在办学方向上，一定以人才培养为中心任务，本着为国家、为社会、为学生高度负责的精神，在人才培养质量上下大功夫，扎扎实实地在专业规划、课程设置、教学内容、教学方法上钻研和创新，加强师资队伍的建设，抓好学生知识、能力与品德的积累和养成，开辟多种途径，动用多方力量，促进工程科技人才质量的提高，为国家和社会输送更多更好的创新型工程技术人才。①

（四）促进协同创新

为应对日益激烈的国际竞争，我国实施了建设创新型国家的战略，提出要建立“以企业为主体，市场为导向，产学研相结合”的科技创新体系，鼓励高校同科研机构、企业展开深度合作，促进人才、资本、信息等创新要素的高度协同，形成强大的研究、开发、生产一体化的科技创新链条，促进富有生机与活力的科技创新体系的形成。大力推进产学研协同创新已成为提高我国综合国力和建设创新型国家的内在要求。

目前，我国电力行业拥有高校、科研院所、企业等庞大的创新队伍和丰富的创新资源，然而，由于协同创新的体制和机制不够完善，科技部门之间的利益分配机制、风险共担机制等不够健全，以及国家缺乏相应的政策及项目引导，导致科技资源长期以来自成体系、主体低层次分散建设；同时各主体、各部门之间由于思想不够开放（见专栏 3-1），受着“唯我所有”“唯我所用”的思维制约，导致产、学、研、政等各方之间树立起层层无形的壁垒，优势资源不能够形成交流与共享，无法建立起“共同市场”来促进多方的协同发展，严重地制约着科技创新能力的提高。

专栏 3-1　应如何理解大学“开放”的内涵？

开放是现代大学的重要特征。大学开放精神的内涵，要从大学所处的时代背景以及大学发展的精神理念来认识和理解。

首先，我们今天的大学处于一个开放的时代环境。今天的时代是一个高度发展的信息化、全球化的时代，整个世界处在一个开放的大环境之中，成为一个交流

① 刘吉臻：《从行业需求看高等工程教育人才培养》，载《高等工程教育研究》，2008(3)。

日益频繁、联系日益紧密的"地球村",开放已经成为了无可阻挡的时代特征与潮流。从中国社会来讲,更是在这改革开放的三十年中得到了快速的发展,从开放中迸发出了无限的生机和活力。因此,作为大学,只有融入这个开放的大环境之中,才能顺应时代的潮流,在开放中取得发展和进步。

其次,大学自身的职能与角色定位也在开放的时代中发生了变化。我们看到,在今天知识经济的时代,科学技术已经成为社会发展的第一生产力,而大学以其知识、人才以及在基础理论、高新技术方面的科技创新成果,成为新的经济增长点的重要源头,构成了第一生产力的重要组成部分,大学无可置疑地走向了社会的前沿和中心。大学的人才培养、科技创新、服务社会的职能已经与社会和时代紧密地联系在一起,体现出深刻的"公共性"的特征。在这种形势下,大学只有在适应社会、助推时代的使命中才会获取可持续的生命力,只有在积极参与社会发展的进程中才能有效地影响社会,贡献社会,引领社会。

最后,大学开放的核心是大学文化的开放。开放的大学,需要创建一种开放的办学模式,塑造一种开放的办学理念,更要孕育一种开放的大学文化和人文精神。开放的大学中,弥漫着学术自由的空气、追求卓越的风气、一往无前的锐气和兼容并蓄的大气,师生的创造力被激发出来,更多的奇思妙想迸发。同时,开放的大学文化不仅要渗透到大学管理者、教师、学生的思想行为中,而且要转化成为一种制度环境,真正促进大学人的成长与进步。有了这种制度环境,大学与大学之间、大学与社会之间才能够破除单位、部门的封锁与偏见,在真诚合作、资源共享、和谐共生中向前发展。

资料来源:刘吉臻:《依托行业开放办学,激发大学生机活力》,载《中国高等教育》,2011(2)。

要解决这些问题,需要深化改革、顶层设计、总体规划,以重大项目为引导,促进多个部门共同参与,并对协同创新的工作目标和机制、推进方式等进行统筹安排,从整体上推进各主体协同创新的开展。

(五)课程内容的转向:集成的而不是割裂的

课程的改革不仅仅是课程内容的变化和革新,更重要的是教育者组织课程的整体性思维方式要有创新和改变。从新世纪国际化发展的趋势来看,高等工程教育课程改革的一个重要特点就是集成化,体现在两个层面。

1. 工程教育的课程内容改革

科学的发展有其自身的轨迹,现代科学在知识高度分化的基础上,正在朝着知识综合化的方向发展,表现为各学科和技术领域之间的相互渗透、交叉和融合正成为知识形成和发展的重要途径,这一综合化的趋势在工业实践和工程学科研究中表现得尤为令人瞩目。所谓的大工程观,早已超越了狭义的科学技术范畴,而是包括人文社会科学在内的广大知识领域;工程正以工程链的形式呈现出集成化的面目,科学、技术、人文、社会、经济、管理、伦理、道德等内容无不包容在内。大工程观的提出是一种认识上的超越,也是人们对工程教育的认知进入成熟阶段的标志。在这种趋势下,工程教育的课程设置必须满足这样的需求,体现这样的内容,反映出学科综合化的本质和大工程的要求。这就需要工程学科的研究者进行统筹设计、整体优化,使各种类型的知识有机地糅合在一起,成为一个和谐有序的课程系统,而不是盲目地增加课程内容,把相互割裂的知识或内容简单拼凑成"大杂盘"。这样,工程教育就不再是一个被割裂的、孤立的学科教育,实施人文素质教育也不再是狭隘意义上的"对理工科院校学生教育的补充"。因为,工程的、科技的、人文的、社会的教育内容本身都是工程教育的组成部分。作为课程体系,应该完整、有机地把这些学科的知识和内容融成一体,形成一个科学的课程系统。

2. 工程教育课程组织的思维转向

集成化并不能简单地理解为学科内容的综合化,更重要的是,在理解工程教育、理解课程体系时要持有一种立体化、集合性的思维方式,这是课程体系得以根本改革的重要思想。所谓集成的概念,就像有的学者所强调的那样,是教学目标与过程的集成;在教学内容上知识与方法的纵向集成以及相关学科的横向集成;理论与实践的集成。从课程论的角度讲,这是课程思维在方法论上的重大进步,是用一种统合的思想对高等工程教育的整合性理解,要求在考虑课程设置时,打破传统的课程模式,打破固有的课程形态,打破学科壁垒的禁锢,打破理论与实践的隔离,这样的思维路向,才可能真正创新工程教育的课程体系。在这方面,发达国家为改革工程教育所做的努力已有范例。例如,日本筑波大学为实现"工程教育从单纯技术型向社会性综合大工程型"转变的思想,在大学里实行了新的学群和学类制度。学群好比一所小型的综合大学,涉及人文、社会、自然三个领域,以便使学生接受全面教育。学类相当于某所大学的学部或一所单科大学,学生在新的教学组织即学群和学部里,可以广泛地接触不同专业,并了解各专业之间的相互联系,不再是学文的不懂理工,学电的不懂机械,从而打破了过去大学专业之间的隔绝状态。另外,如德国大学开设的跨学科的系列课程讲座、美国 MIT 综合化课程改革等都体现了这个特点。[①]

(六)课程秩序的转向:多维的而不是单向的

一个课程体系要能够有效地行使配置课程资源的实际功能,不仅需要建立起课程间的逻辑关系和意义关系,还必须具备另一种很重要的结构化能力——序变能力。"序"是一种有规则地安排事物要素的联结方式,序变在课程体系中主要不是表示时

① 刘吉臻:《工程教育课程改革的思维转向:工程化的视角》,载《高等工程教育研究》,2006(4)。

间意义上的连续性变化，而是表示逻辑关系意义上的关联变化。如何合理地安排课程的结构，使之建立科学、有序、关联的秩序，形成一个满足人才培养需要的课程体系，并且在一定的条件下能够打破陈规、勇于革新，是学校教育课程改革中非常重要的问题。

工程教育中传统的课程结构往往是公共基础课、专业基础课、专业课的三段论模式，课程改革以后，有一些学校开始实行“平台＋模块”式的结构，但实际上，有很多“平台＋模块”的课程设计在很大程度上仍未摆脱三段论式课程的框架。这种课程设置基本上遵循着理论—实践、知识—技能、基础—应用的课程顺序进行、展开，这是延续了几十年的传统型课程模式。今天，我们对其进行逆向反思，会发现这种课程模式并非完全符合学生学习的规律和人才培养的认识规律。特别是对于工程学科来说，长期以来课程体系中理论与实践的矛盾得不到解决，学生的工程实践能力薄弱，与这种几十年一贯制的课程思维方法有着极大的关系。

1. 三段论课程模式的设定：一种单向思维

三段论式课程设置体现了一种单向、线性的思维方法，依据的是学科知识本身的逻辑而非工程实践活动的认识逻辑。其理论依据是，文化基础知识是学好专业技术知识的前提条件，专业理论知识的学习则是进入工程实践过程的先决条件，总之，理论知识是实践活动的准备和基础，学习遵循从理性认识到感性认识的过程和规律。

但是，从工程学科的特点来说，人的认知规律却并不绝对服从于这个次序，因为工程实践活动本身具有不依附于科学知识的独立性。对于工程学科的学习来说，“情境化”的认知方式更符合学习者的特点。在许多情况下，学习者在“情境化”的学习活动中，先认识到知识的实践形态，认识到了利用知识去理解、分析和解决真实世界中的问题的需要，然后再去学习理论知识，真正有效的学习就自然而然地发生了。著名的知识教育学家、工程学家罗杰斯(G. F. C. Rogers)认为：“如果不了解科学，就不可能研究科学，因为科学是知识。但是，即使不了解工程科学，也能够从事工程或技术活动，因为工程和技术是关于物品的制造。对理论一无所知时，实践知识也可以存在；在实践方面笨拙时，理论也同样存在。”正因如此，课程设置遵循理论—实践、知识—技能、基础—应用的课程顺序并不是一个恒定的、不可改变的规律，用工程化的视角对其审视，可以发现这种课程顺序并不是完全合理的结构。在这方面，我国著名工程学家茅以升先生最早具有独到的思想。茅以升先生在其《工程教育中的学习问题》中指出：“理论与实践，谁是基本，谁是工具，在学校的传统看法，理论是基本，然而在现场工作的人们看来，理论只是工具。这两种看法，对于学生学习，都是有妨碍的……理论与实践是互为基本，互为工具，而不应强分高下或各自孤立。正因为如此，在工程的学习里，理论即不一定要先于实践，倘若先实践的效果更好，便应放弃理论为基本的成见。”针对工程实践活动的特点，茅以升先生早在20世纪20年代就开始探讨工程教育的人才培养模式，反对我国的工程教育完全沿袭欧美，提出了著名的

“习而学”模式。

2. 茅以升的“习而学”教学模式

从方法论上讲，工程教育的理论课程教学与实践课程教学如何进行，理论课与实践课、基础课与专业课的设置顺序如何安排，这都是工程教育教学中非常重要也非常实际的问题。茅以升先生的“习而学”教学模式，是一种异于人们惯常思维的课程设计思想，即主张：为了遵从工程教学的特性，实践教学可以放在理论教学的前面，专业课程也可以在基础课程前面设置。它的精髓在于理论与实际的紧密结合，其本质特征是强调实践基础上的理论化：先习后学，再习再学，实习与理论相结合。所谓“习”，是指在现场作业，其主要任务为修习技能及培养工程意识，但同时也要学习相关理论；所谓“学”，是指在课堂作业，其主要任务是修学理论，但同时也要修习相关技能。他认为：“学的对象是理论，习的对象是实践。因此在学习里应求其统一。一个阶段里不能不有一定的次序，于是发生学和习的先后问题。这里主张的，是先习实践课程，后学理论课程，由‘知其然’达到‘知其所以然’……所学的以所习的为根据，所习的既是无法空泛，因此所学的理论，也就不会空泛。”“工程师对于科学理论，不但要能彻底了解，尤其要能牢固掌握……然而任何理论都是抽象的，一用到具体实物上面，便受实物的条件限制(譬如材料性质、四周环境、使用情况，等等)。这些条件限制，无一能从理论知道，必须从实践经验得来。因此，有了经验再学理论，方知理论可贵的所在，能善用而不误用。”在这样的思想指导下，茅以升先生提出了工程院校从一年级起，就要在课程上加入简易工程科目，如测量、工厂实习，请工程界名人作报告，外出参观等，用多种方式培育学生的工程实践意识，并主张从一年级起就将理论课与实习课并行实施。

“习而学”模式的一个重要指导思想是强调习、学交替，现通称为工学交替。自近代以来工程教育的长期实践证明，工学交替是工程师成长的必由之路。由于工程科技的高度复杂性、综合性、整体性和多约束性，实际的工程活动是无法整个地在课堂和实验室中展开的；但来自工程实践的、在书本和课堂里无法获得的大量经验形态的东西，不仅是学习专业理论的感性基础或进行毕业设计的必要准备，而且也是形成工程师所必须具备的各种素质的原料或媒介。因此，工程实践活动应穿插在工程教育的各个阶段中，与理论教学交替进行。现在，工学交替制已经成为高等工程教育的一种重要模式，在国内外得到了越来越广泛的应用。茅以升先生首次在国内提出工学交替模式，在今天看来仍具有重要的现实意义。就工程学科的课程设置顺序而言，“习而学”模式给我们打破传统的课程论思想、以新的视角重新审视教学改革和设置课程提供了方法论上的依据，提供了新的对策与思路，为从根本上解决我国高等工程教育长期存在的理论与实际脱节、科学与生产脱节的问题提供了一个独特的解决路径。

3. 工程教育课程设置的新思考：多维的路向

今天，大工程下的工程教育要求我们以多维的视野、角度和创新的思想来进行课程改革。

在一般意义上，基础课与专业课之间存在着逻辑上的纵向关系，但其中某些基础课与专业课之间并无这种严格的关系。因此，将某些专业课提到基础课之前学习，不仅无损于学生所学科学知识的系统性和完整性，而且对于学生了解专业、培养工程意识、树立职业理想十分必要。在最近十余年的教学改革中，我国高校的一些工科院系就提出了这种主张并进行了实践。清华大学土木工程系从20世纪80年代中期开始为大学一年级学生开设“建筑工程专业概论”课程，通过土木工程基础知识和土建事业现状和发展方向及大学学习原理的讲授，并结合现场参观、观看工程录像、观摩优秀作业展览等实际教学内容，综合组织教学，使学生在学习基础课之前就对所学专业内容、特点有了一个全景式的了解，为他们完成学习任务奠定了思想和认识基础，取得了良好的效果，受到了学生的普遍欢迎。近年来，工程教育界有些学者提出了一种新的工程教育模式——并行式工程教育。并行式工程教育的课程设置体现了一种多维的思维方法，它与传统工程教育的本质区别在于它把教育教学的各个活动作为一个集成过程，从全局优化的角度，对该集成过程进行管理和控制。他们针对传统的“串行式”工程教育（即基础课、专业基础课、专业课三大块依次进行）不利于工程意识和工程实践能力的早期培养等弊端，主张将学生在校学习的全过程设计成由多个“基础课—专业基础课—专业课—实践课”子过程循环往复、螺旋式上升的过程。从宏观上看，在这个模式中，部分专业课、实践课在基础课、专业基础课之前进行，而微观上不违反知识的逻辑和顺序，也就是采取在宏观上并行、微观上串行的方法，用多维的方法设计课程。这种方法不会影响知识的衔接，而有利于学生对知识的吸收，有利于工程意识的早期培养，有利于工程工具的掌握和创新能力的不断提高。[①]

第二节　现代国家电力高等教育的哲学认识

一、人的全面发展是第一因也是终极的果

国家发展的方方面面，归根到底还是人的发展。国家发展依靠人，这是人的手段属性；发展成果由人共享，这是人的目的属性。人同时具有手段和目的双重属性，意味着在国家发展中，人既是因，也是果。科学是国家发展的第一生产力，人作为科学的载体，因而就是国家发展的第一因了（见专栏3-2）。正因为人是国家发展的第一

---

① 刘吉臻：《工程教育课程改革的思维转向：工程化的视角》，载《高等工程教育研究》，2006(4)。

因,在国家发展的终极追求中,它始终伴随着人的发展,人的发展会促进国家发展,人的限制也会成为国家发展的制约,因此,人的发展就是国家发展终极的果。

专栏 3-2　人才资源开发作为第一推动力量

人才资源是高校的发展动力,是高校实现可持续发展的战略性资源,也是第一资源。一般学校与"强校""名校"的最主要差距就是人才的差距,因此,我们必须牢固树立以人为本的观念,始终把人才资源开发作为学校改革发展的第一推动力量,把促进人才健康成长和充分发挥人才的作用放在首要位置,引进和培养统筹考虑、协调推进,在积极引进高层次人才的同时,高度重视现有人才的培养和使用,特别是要注重优秀拔尖人才的引进和培养,努力为他们发挥聪明才智提供各种条件。

资料来源：刘吉臻：《全面把握科学发展观内涵,推动学校工作再上新台阶》,载《中国电力教育》,2005(1)。

国家发展过程是不同国家相互竞争、相互追赶的动态变化的过程。每一次成功的经济追赶都同时伴随着人力资本的追赶。[①] 以韩国为例,20 世纪 60 年代以来韩国花了 30 年时间追赶西欧国家。1965—1992 年期间,韩国 GDP 年平均增长率为 8.8%。1973 年韩国人均 GDP 相当于西欧国家(12 个国家)人均 GDP 水平的 24.3%,到 1992 年上升为 57.5%。与此同时,从 1965 年到 1992 年也是韩国人力资本对西欧国家加速追赶的时期。韩国在 1965 年人均受教育年限相当于西欧国家的 58.3%,到 1992 年相当于西欧国家的 84.9%[安格鲁・麦迪森(1996)数据]。许多分析人士认为,韩国在相当长的时间内保持经济增长,教育与培训起了非常重要的作用。

那么,成功的经济追赶当中是否有一般的规律呢？人力资本的追赶与经济追赶的相互关系上有一般的模式吗？人力资本积累有共同的规律吗？

考察和分析世界上现代经济追赶的成功案例,可以发现一些基本的规律。[②]

首先,人力资本快速积累是经济迅速增长的重要推动因素。战后关于经济增长研究的重要进展就是发现了人力资本对于经济增长的重要驱动作用。舒尔茨(1961)首先提出人力资本的概念;Denison(1962)在其关于增长核算中首次分析了人力资本的积累对于美国经济增长的贡献的份额;在"新经济增长理论"的相关研究当中,人力资本则是构造内生增长模型的一个重要的理论框架。

事实上,正如麦迪森所指出的"自 1820 年以来,表明时代特征的一个显著特点是

---

① 胡鞍钢、熊义志：《大国兴衰与人力资本变迁》,载《教育研究》,2003(4)。

② 参见胡鞍钢、熊义志：《大国兴衰与人力资本变迁》,载《教育研究》,2003(4)。

平均受教育水平的大幅提高”。也就是说，人力资本几乎与现代经济增长相辅相成、相互促进。在传统经济条件之下，人均经济增长的速度几乎为零，不可能有更多的剩余用于普遍地提高劳动者的素质上。只有在现代经济增长的条件之下，人力资本的积累才有可能。人力资本的积累反过来为进一步的经济增长创造了条件，使得技术创新和普遍应用成为可能，从而推动经济快速增长。图 3-1 所示经济增长与人力资本积累的数据进一步证明了这种关系。在现代经济增长当中，当人均 GDP 处于较低水平时，人力资本水平先是随着人均 GDP 迅速增长，而后随着人均 GDP 水平提高，人力资本增长速度有所下降。

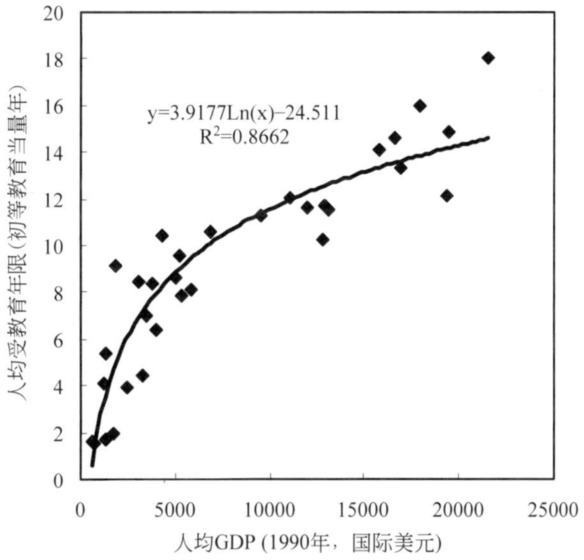

图 3-1 经济增长与人力资本积累的关系

资料来源：胡鞍钢、熊义志：《大国兴衰与人力资本变迁》，载《教育研究》，2003(4)。

第二，在人力资本积累与经济追赶的相互关系上，一般人力资本的追赶先于经济追赶，可称之为“人力资本先导模式”。

以追赶国人均 GDP 相当于先行国人均 GDP 的比例来衡量经济追赶的进程，以追赶国 15～64 岁人口平均受教育年限（初等教育当量年）相当于先行国的比例来衡量人力资本追赶进程，下面以此为基础来比较历史上成功的经济追赶案例中经济追赶进程与人力资本追赶进程之间的关系。如图 3-2 所示，对角线表示人力资本追赶进程与经济追赶同步的关系。历史上成功的追赶案例当中，人力资本追赶进程与经济追赶进程相互关系的拟合曲线表明，在经济追赶之前人力资本追赶已经开始，而当经济追赶启动时，人力资本追赶已经达到较高的水平。这说明成功的经济追赶一般以人力资本追赶为先导。一般而言，在追赶国人均 GDP 相当于先行国 20％水平的时候，追赶国人均受教育年限已经达到先行国的 40％以上的水平；到人均 GDP 达到

40%水平阶段时，人均受教育年限一般都在70%左右；人均GDP达到80%水平阶段，人均受教育年限已经很接近先行国的水平。①

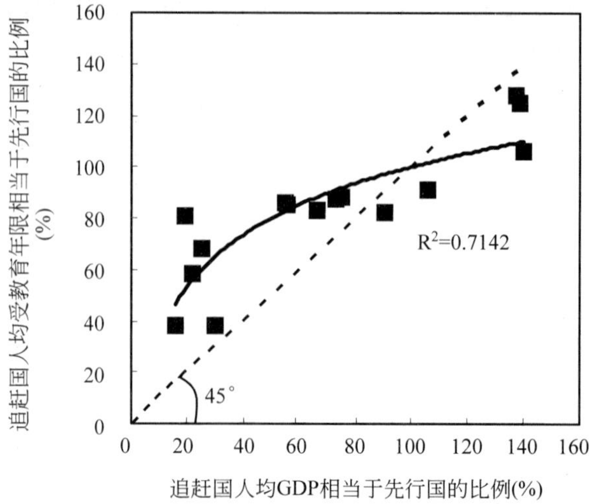

图 3-2　人力资本追赶与经济追赶进程比较

资料来源：胡鞍钢，熊义志：《大国兴衰与人力资本变迁》，载《教育研究》，2003(4)。

二、 百年电力工程教育

《管子·权修》："一年之计，莫如树谷；十年之计，莫如树木；终身之计，莫如树人。一树一获者，谷也；一树十获者，木也；一树百获者，人也。我苟种之，如神用之，举事如神，唯王之门。"管仲所说的"一树百获"就是投入产出比例，在管仲看来，投资于人能获得最大的收益，也是最长久之计。

按管仲这一说法，这里我们也可表达为"十年电力工程，百年电力工程教育"。如果一项电力工程可获益十倍的话，那么电力工程教育可获益百倍。我们正在实现两个一百年奋斗目标，即在中国共产党成立一百年时全面建成小康社会，这是中国梦的第一个宏伟目标；在中华人民共和国成立一百年时建成社会主义现代化国家，这是中国梦的第二个宏伟目标。百年之计，也莫如树"卓越工程师"之人。这也说明，电力工程教育关系"两个一百年"目标的实现。

工程师是我国社会主义现代化建设的生力军。为了实现宏大的现代化目标，我们需要强化对工程师的人力资本投资，培养德智体美全面发展的社会主义建设者和接班人，造就数以千万计的高素质工程师、数以千万计的专门人才和一大批拔尖创新人才。这是中国现代化的希望所在，也是决定中国未来的战略性任务。

电力高等教育是电力工程师生命周期过程中进行人力资本投资的黄金时期，也

① 胡鞍钢、熊义志：《大国兴衰与人力资本变迁》，载《教育研究》，2003(4)。

是受益最大化时期；反之，如果错过了这一时期的投资，那么带来的损失将是巨大的，并且终其一生也是难以弥补的。教育是工程师之基础，是未来发展之基石。投资电力工程师就是投资于未来，就是奠定中国电力工业未来可持续发展的基础。

中国是世界上电力工程师最多的国家，这是中国未来发展的巨大潜力来源，也是未来竞争的优势所在。中国要从工业大国走向工业强国，就必须开发这一潜力，就必须发挥这一优势。为此，开发电力人力资源是电力高等教育的第一责任，投资电力人力资本是电力行业的第一投资。

第三节 现代国家电力高等教育的社会责任

一、电力工程外部性

中国经济迅速崛起必然伴随电力工程的迅速发展，在拥有十几亿人口的中国，其电力工程会对社会产生极大规模的正外部性，即经济、社会、生态、国际等方面外部性相互作用、相互关联、相互叠加。

从经济学的角度来看，外部性是指在没有市场交换的情况下，一个生产单位的生产行为（或消费者的消费行为）影响了其他生产单位（或消费者）的生产过程或生活标准。依据作用效果，分为正外部性和负外部性。正外部性是指行为人实施的行为对他人或公共的环境利益有溢出效应。负外部性是指行为人实施的行为对他人或公共的环境利益有减损的效应。

电力工程的经济外部性：寻遍各行各业恐怕也很难找到跟电力没关的行业。电力占直接经济贡献30%、涵盖90%的经济贡献，这就是电力的经济外部性。电力的经济外部性在各行各业里是最大的，其覆盖面也是最广的。简单的一盏照明灯所发出的光就是该电器的外部性，它支撑起其普照范围下的一切活动。一项大电力工程可带动整个地区的经济发展，远远超出工程本身的成本价值。更有甚者，能源的电力化发展将促进整个经济的产业结构调整，成为新的经济增长点。

电力工程的社会外部性：电力行业给社会创造的就业、为各行各业输送人才、电力设备网络所联通的各社会成员、为社会发展进步所提供的动力等，这些都是电力工程的社会外部性。

电力工程的生态外部性：我国发电负外部性问题日益突出，电力行业排放的二氧化碳、二氧化硫、氮氧化物分别占我国排放总量的25%、50%和80%左右。作为消耗一次能源最多的行业，电力行业的生态外部性影响巨大。煤电产生的负外部性显而易见，就算是清洁能源的水电也会产生巨大的负外部性，包括人文景观、自然风光的破坏、造成地质断层导致地震等。

电力工程的国际外部性：当国家电力走出国门，走向世界，为各国人民建造电力工程、跨国输送电能、打造全球能源互联网、建立电力行业国际标准、国际电力学术交流等，就会产生国际外部性。其外部性来源可能产生自电力工程师的个人素质、国家电力科技水平、国家电力工业经济实力、国家电力软实力等。

二、 国家电力高等教育的社会责任

鉴于电力工程的巨大外部性，政府、市场和社会各方力量应积极对其外部性进行治理，提高其正外部性，降低其负外部性。在各方对电力工程外部性治理中，教育界的治理属于源头治理，更应发挥带头作用。由此可见，站在治理源头的国家电力高等教育的社会责任尤为重大。电力高等教育对电力工程外部性的源头治理，也是它的社会责任，体现在以下几方面：

首先是塑造全面素质的电力工程师。常云道，“做事先做人”，优质的电力工程首先需要高素质的电力工程师。电力高等教育工作者一方面通过自身的修养发挥榜样模范作用；另一方面通过对学生的全面素质培养为社会输送高素质电力人才，在“为人”的源头上把好关。对此，杨勇平校长指出：“大学、研究生阶段是关乎每个人未来发展最为重要的时期，是知识体系搭建、价值观塑造、情感心理成熟的关键时期。希望同学们牢记习近平总书记对当代大学生的殷切希望，胸怀理想、志存高远，以社会主义核心价值观为基本道德遵循，‘勤学、修德、明辨、笃实’，在实现中国梦的伟大实践中创造自己的精彩人生。”①

其次是在节能减排和新能源方面进行科技创新。高校是能源科技的主要创新基地，因而也是降低电力工程负生态外部性的关键所在。

再次是“规划先行”（见专栏 3-3）。“规划先行”是电力高等教育发挥其知识性、智库性的机构，基于国情认识和充分考虑电力工程外部性影响的集中体现。凡事预则立，不预则废，这就需要电力高校在电力工程整个建设过程中从规划开始进行源头把关，把一切负外部性风险和不良成本解决在萌芽状态。

专栏 3-3 机遇与跨越：大学战略规划的意义与实践——以华北电力大学为例

战略规划是一个组织寻求成长和发展机会的重要途径。新世纪以来，随着社会转型、经济发展及高等教育规模的迅速扩大，我国高等学校生存与发展的外部环境发生了巨大的变化，传统的“无目标”的、“模糊”的发展模式已经不适应高等教育快速发展的需要，大学战略规划的发展思想成为高等教育事业科学发展的重要选择。实践证明，只有按照科学发展观的思想，紧密围绕大学的核心价值，站在

① 《我校隆重举行 2017 级新生开学典礼》，华北电力大学官网，2017 年 9 月 9 日。

战略发展的高度上制定目标、规划措施、大胆决策、勇于创新，才能使学校抓住时代机遇，实现跨越式发展。华北电力大学近年来的发展历程正是沿着这条轨迹，大胆实践、开拓创新，实现了一系列重要的突破和跨越式的发展，为学校未来的发展奠定了良好的基础和更加广阔的空间。

面对世界能源发展趋势以及国家中长期能源发展规划，大力开发利用新型能源，提高能源利用效率，节约资源，保护环境已经成为人类共同面对的新课题。学校以国家战略需求为目标，认真规划学校的学科发展领域，积极拓展并优化学校的学科体系，构建能够支撑国家能源电力发展的"大电力学科体系"，形成了学校"以优势学科为基础，以新兴能源学科为重点，以文理学科为支撑"的大电力学科群的学科发展思路。几年来，学校在电气、动力等一批国家级重点学科的基础上，加快发展环境、核能、水电、风能、太阳能、生物能等新兴学科，同时，积极发展经济、管理、数学、物理及语言文学等文理学科，注重机械、电子、材料、控制信息及文理学科与能源电力学科的交叉融合，使各学科的内涵形成自身的特色。学校相继开设了"核工程与核技术"专业，开设了国内第一个"风能与动力工程"本科专业，成立了国内首家"可再生能源学院"，组建了"生物质发电成套设备国家工程实验室"等一批重点实验室，使"大电力"学科体系逐步建立并形成鲜明特色。依托新的学科体系，学校积极构建大平台，组建大团队，承担大课题，逐步形成了人才、资源、学科等方面所独有的优势，正向国家"985"优势学科平台的建设目标奋力拼搏。

科学规划和战略决策使华北电力大学的学科建设开拓了全新的格局。华北电力大学在新能源方面的捷足先登，异军突起，不仅为国家能源经济的成功转型做出新的贡献，而且对于学校抢占学科建设的制高点、进一步以特色学科建设构筑学校的公信力具有重要意义。

实践证明，大学的发展"有预则立"已是高等教育科学发展的必然逻辑。随着高等教育改革与发展向纵深处推进，大学战略规划、战略决策、战略实施、战略管理将更加成为高等教育加速发展的不可或缺的必要途径。对于我国大多数高等学校来说，加强战略发展研究且保证战略规划的常态性工作机制是一个应引起重视的重要问题。

资料来源：刘吉臻：《机遇与跨越：大学战略规划的意义与实践——以华北电力大学为例》，载《中国高教研究》，2009(1)。

最后是作为电力高等教育、电力工程、电力行业的代表，履行为国建言献策，为民生呼吁，为社会节能减排倡议的社会责任。同时，为电力的供给侧和需求侧的一体化作用以及电力学术概念在各领域的外溢性应用提供学术创新和支撑。

第四章 高等工程教育与国家发展的关系

第一节 塑造和重塑国家经济命脉的关系

一、 支撑国家经济命脉的系统工程

国家经济命脉指对社会经济发展具有重大影响的部门、企业和资源。关系国民经济命脉的行业包括：涉及国家安全的行业、支柱产业和高新技术产业中的重要骨干企业、提供重要公共产品的行业、重大基础设施和重要矿产资源行业等。在我国，国家经济的命脉主要控制在央企手里。

截至 2015 年 12 月 12 日，国资委发布的央企名录共有 106 家。这 106 家央企几乎每家都与工程有关。所以，我们考察国家经济命脉与工程的关系，只要观察这些央企的经营活动中的工程含量就能得到充分的认识。

实际上，国家经济命脉就是一项巨型系统工程。在我国，特色表现在百家央企上，国家经济命脉系统工程相当于细分成百个央企代表的国家经济命脉子系统，它们既相对独立的运营，又是有机的整体，并有党中央站在全局的高度统一协调。再往下细分，就是一个个具体的工程，如探月工程、大飞机工程、能源互联网工程等。由此可见，国家经济命脉系统工程是由众多复合的、相互依赖的大大小小工程所塑造，组成有机的整体。而推动并支撑着这些工程的建造、运营和更新换代的是数以千万计的工程师，他们所塑造的国家经济命脉与质量取决于工程教育，足见工程教育对国家经济命脉的重要意义。

二、 工程教育对国家经济命脉的塑造和重塑

新中国成立之初百废待兴，可以说毫无国家经济命脉可言，该时期重在塑造。发展到今天，已经具备了比较完备的国家经济命脉，此时重在重塑。

从哲学上而言，在任何时期，事物的发展都必经历新陈代谢的过程，国家经济命脉也是如此，已过时的部分需要重塑，出于新时期的需要却又缺乏的需要塑造。因此，国家经济命脉的塑造和重塑不是特定时期的议题，而是具有一般意义的议题，放在任何时期它都是适用的。

要认识工程教育对国家经济命脉的塑造和重塑关系，首先需要认识国家经济命脉与国家发展的关系。国家经济命脉就是国家发展的脊梁，国家发展硬不硬朗，健不

健康，顺不顺畅要看国家经济命脉。正常情况下，国家经济命脉对国家发展应该起到引领和支撑作用，但有时也成为国家发展的制约和包袱，如各个时期的国企改革就是因为它的滞后性。因此，重塑国家经济命脉就是为了变革其滞后性部分，恢复其对国家发展的引领和支撑功能，也就是重塑国家经济命脉的适应性发展。

国家经济命脉还是国家发展的主干载体，承载着国家发展的经济产值、科技创新、就业、文化、生态、国家安全等诸多要素，国家经济命脉所占GDP比重、研发投入比重、带动就业量等就是它的承载量。具备大承载功能的国家经济命脉体现为对国家创新、协调、绿色、开放、共享发展的促进作用。因此，重塑国家经济命脉就是为了拓展其承载能力，承载更多优质的国民经济产值，也就是重塑国家经济命脉的承载性发展。

理解了国家经济命脉对国家发展的适应性和承载性，也就理解了高等工程教育与国家发展关系，在这里体现为工程教育塑造和重塑国家经济命脉的适应性和承载性。在适应性方面，基于国情认识的高等工程教育能够准确把脉国家发展最前沿，从而能够培养前沿性工程人才，为国家经济命脉源源不断注入新鲜活力。杨勇平校长指出："要面对国家重大战略需求，面对经济社会主战场和世界科技前沿，结合学校的基础和特色，突出学科交叉和协同创新，突出与行业产业发展的紧密结合，深入开展校企合作和国际交流，探索出一条具有华电特色的'双一流'的建设路径，精心设计我校'双一流'建设方案，确保'双一流'建设深入推进，要打造'高峰'学科，培育'高原'学科，发展'支撑'学科，加强学科的交叉与融合，全面提升'大电力'学科体系的整体水平。"[①]这要求高等工程教育既要贴近实际，又要保持一定的超前性，始终走在国家发展的前列；同时为每一工程人才提供终身教育，使每一工程人才在国家发展中始终能保持自身的适应性发展。在承载性方面，基于国家发展战略的高等工程教育能够服务和引领国家发展战略。由于每一项国家战略都是载体，因而服务于国家战略的高等工程教育也具有承载功能，它通过将国家战略使命、规划、执行能力灌输到每一工程师，以此来推动国家的发展。

第二节　对科学发展的驱动关系

一、科学发展时代新内涵及其演进驱动力来源

十八届五中全会强调"实现'十三五'时期发展目标，破解发展难题，厚植发展优势，必须牢固树立并切实贯彻创新、协调、绿色、开放、共享的发展理念"。创新、协调、绿色、开放、共享这五大发展理念是"十三五"时期科学发展的指引，也是对科学发展观的继承和创新。这说明，科学发展理念在不同时期有不同的表现，随着时代的发

① 《教职工代表大会开幕，杨勇平校长作工作报告》，华北电力大学官网，2017年2月17日。

展，其内涵也随之演进。

那么，驱动科学发展内涵演进的动力来源又是什么呢？理解了这一点，我们就能认识和把握科学发展的内在本质。不管科学发展内涵在不同时期有何表现，它都有共同的内在驱动力来源，国家发展的矛盾运动。没有矛盾，就没有发展。不同时期的国家发展由不同时期的内在矛盾所驱动。因而科学发展内涵在各时期的演进实质上是各时期矛盾的不断解决又不断演生。因此，也可以说科学地发展就是科学地解决矛盾。

当前国家发展的主要矛盾是：新常态下需要创新驱动与创新动力不足的矛盾；各领域需要一体化发展与各领域仍处于相互分割的矛盾；人与自然的矛盾；需要发展高层次开放型经济与仍停留在低层次的矛盾；共同富裕与贫富分化的矛盾。这五大矛盾共同决定了当前科学发展内涵为创新、协调、绿色、开放、共享发展理念。

二、 高等工程教育对国家科学发展的驱动作用

理解了科学发展内涵的演进驱动力来源，就能理解高等工程教育对国家科学发展的驱动作用，其实质就是高等工程教育在解决国家发展过程中存在的各主要矛盾的作用。

从当前的科学发展内涵看，高等工程教育对国家科学发展的驱动作用体现在，通过培养创新型人才、加大科研投入、促进协同创新、构建产学研创新合作联盟（见专栏 4-1）等驱动国家创新发展；通过供给侧与需求侧一体化融合、国家工程硬实力与软实力并进、工程安全与发展兼顾等驱动国家协调发展；通过开发清洁能源技术、提高绿色工程人才比重、创造绿色知识、举办绿色学术交流、传播绿色生活理念、服务绿色产业等驱动国家绿色发展；通过加强对外学术交流与合作、工程师国际联合培养、发出中国工程界声音、建设“一带一路”相关工程学科等驱动国家开放发展；通过工程教育减贫、区域间教育机会公平和教育资源配置均等、科普等驱动国家共享发展。

专栏 4-1 工科院校与行业缺乏内在联系，缺乏创新，人才培养的联合机制

工程技术人才的成长过程有其自身的内在规律。一般而言，必须具有系统的专业学习经历和丰富的专业实践经验。所谓的成长过程，是学习与实践相互交织、互为补充的综合过程。但是，目前，我国高校与企业之间没有内在的机制联系，表现为学校教育与企业生产的双重“隔离”，学校教育往往以学科系统自成体系地实施，对现实的生产实际和人才需求缺乏了解，长期以来显示出“重学轻术”的教育倾向；而企业方面缺少参与学校教育的动机和体制，对人才培养的策略和过程没有投入和参与，对人才使用的信息也缺乏有效的反馈机制。这样，造成了

工科人才培养的途径缺乏完整的环节，学生的知识结构缺乏广泛的适用性，学生的工程实践能力的训练得不到有效保障，达不到对工科人才"厚基础"和"强能力"的目标要求。

需要强调的是，工程教育培养出来的毕业生只是工程师的"毛坯"，优秀的、成熟的工程师要经过实际工作的实践锤炼才能真正成长起来。而只有这个"毛坯"具有厚实的基础和充分的发展潜力时，才有可能在今后的工作实践中成长为优秀的工程技术人才。现行的工科院校毕业生在很大程度上不具备这样的条件和实力，也缺乏优秀工程技术人才成长的社会环境。目前，建立在利益互补基础上的产业与高校科技创新的横向联合很少，工业企业与高等工科院校在培养高层次工程人才和把科技成果转化为生产力等方面合作缺乏共同的基础，这使企业与高校缺乏创新的机制和环境因素。特别是像电力企业这样技术高密度且实践性很强的领域，学生从步入工作岗位到成长为一个合格的工程技术人员，常常需要很长的适应周期，而充分发展成为优秀的企业核心骨干，难度就更大。因此，不能很好地满足企业发展对人才的需要。

资料来源：刘吉臻：《从行业需求看高等工程教育人才培养》，载《高等工程教育研究》，2008(3)。

第三节　高价值人力资源的供给关系

一、新常态需要高价值人力资源

为了理解经济增长过程，经济学家一般通过增长核算来分析各种因素对于增长的贡献。传统上，一般认为影响经济增长的三个主要因素是：土地、劳动力和资本。由于在增长过程中假定土地不变，那么关键是劳动力和资本的增长。可以将劳动力和资本的增长率用它们各自对经济增长的贡献份额加权求和，得到要素投入增长率。产出增长率超出要素投入增长率的部分为全要素生产率(TFP，也称总和要素生产率)增长率。

丹尼森(Denison，1979)研究了 1948—1973 年美国的经济增长，认为劳动力对经济增长的贡献为 28%，其中劳动力教育的贡献为 11%，资本的贡献为 32%。其余 40%要由全要素生产率增长来解释，在这 40 个百分点当中又有 29 个百分点要归功于"知识和其他杂项"。丹尼森认为，从广义上讲，这种知识包括非正式教育、通过从有组织的研究到日常的观察和体验等一系列手段获得的技术和管理知识。因此，他将教育的直接贡献(11%)和知识进步的间接贡献(29%)，归结为人力资本对经济增长的贡献。也就是说，在 1948—1973 年，美国的经济增长大约有 40%来源于人力资本的贡献。

胡鞍钢等人分析1978—2000年有关中国经济增长来源的研究发现，有形资本的贡献在37.4%～38.5%，劳动力的贡献为16.5%～18.7%，全要素生产率(TFP)的贡献为42.7%～45.7%，成为经济增长的主要来源。在劳动力的贡献当中，劳动力教育的贡献大于劳动力数量增长的贡献，贡献份额达到8.6%～9.9%(表4-1)。教育对经济增长的直接贡献率同国际上其他研究的结论大体一致。未来20年，教育对于经济增长的直接贡献大体保持在7%左右，而劳动力数量增长对于经济增长的贡献则下降到4%以下。相比之下，劳动力教育成为劳动力贡献于经济增长的主要方式。

表4-1　中国经济增长来源估计　(%)

	1978—1995年		1990—1999年	2000—2010年	2010—2020年
	(a)	(b)	(c)	(c)	(c)
GDP	9.4	8.2	10.7	7.3—8.9	6.3—7.3
有形资本	8.8	7.9	12.4	11.0	9
劳动力教育	2.7	2.7	2.6	2.0	1.5
劳动力数量	2.4	2.4	1.0	1.0	0.7
TFP	4.3	3.5	4.7	2—3	2—3

注：(a)世界银行根据中国统计局统计计算；(b)为世界银行估计数据，参见：世界银行：《2020年的中国》(中文版)，北京：中国财政经济出版社，1997；(c)为胡鞍钢教授估计数。有形资本、人力资本、劳动力的权重分别为0.4、0.3和0.3。参见：胡鞍钢、熊义志：《事关全面建设小康社会成败应全面开发人力资源》，载《科学咨询(教育科研)》，2003(8)。

那么，人力资本对经济增长的总体贡献率水平如何呢？同丹尼森的分析一样，还需要进一步分析全要素生产率(TFP)。中国人力资本促进TFP增长的主要机制包括：一是支撑经济结构升级，使得社会资源由劳动生产率低的部门转向劳动生产率高的部门。例如，农业比重下降，工业和服务业比重上升，以及传统产业向新兴产业转型。二是促进劳动力的流动和转移，由农村转向城市，由农业转向非农产业等。三是促进技术普遍应用。在中国经济增长核算中，1978—1995年，TFP对经济的贡献率高达40%以上。未来20年，人力资本对于TFP的三种促进机制的作用强度还将持续保持较高水平。[①] 因此，如果考虑TFP中所包含的因素，那么中国广义的人力资本对于经济增长的贡献比重可能达到20%以上。[②] 正是从这个意义上，我们认为人力资源是经济增长的重要源泉。

① 胡鞍钢、熊义志：《事关全面建设小康社会成败应全面开发人力资源》，载《科学咨询(教育科研)》，2003(8)。

② 蔡昉、王德文：《中国经济增长的可持续性与劳动贡献》，载《经济研究》，1999(10)。

当前，中国已经进入经济发展新常态。2014年12月9日至11日的中央经济工作会议对经济发展新常态做出系统性阐述，提出要认识新常态，适应新常态，引领新常态。会议认为，科学认识当前形势，准确研判未来走势，必须历史地、辩证地认识中国经济发展的阶段性特征，准确把握经济发展新常态。关于人力资本方面的新走势，会议指出“从生产要素相对优势看，过去劳动力成本低是最大优势，引进技术和管理就能迅速变成生产力，现在人口老龄化日趋发展，农业富余劳动力减少，要素的规模驱动力减弱，经济增长将更多依靠人力资本质量和技术进步，必须让创新成为驱动发展新引擎”。如前面所分析，过去的经济增长中人力资本起着重要的作用。在经济发展新常态下，人力资本所要发挥的作用有增无减，需要做出更大的贡献，这意味着需要更多高价值人力资源提供支撑。

二、 高等工程教育对高价值人力资源的支撑

改革开放以来，我国大大加快了工业化建设进程，高等工程教育也驶入了快车道，取得了长足进步，已经形成了涵盖工学学士、工学硕士、工学博士以及工程硕士、工程博士在内的多层次、多类型的工程教育人才培养体系。1999年，高等教育实施扩招政策，进入大众化阶段，工科专业在校生人数大幅提高。截至2014年，我国开设工科专业的本科高校有1047所，占本科高校总数的91.5%；高等工程教育的本科在校生452.3万人，占高校本科在校生规模的32%。[①] 从数量上说，我国工程教育规模位居世界第一，成为工科生第一大国。

虽然我国工程教育人才培养体系已逐渐成熟，但与世界一流国家的工程教育相比还存在一定差距。在瑞士洛桑发布的《世界竞争力报告》中，中国合格工程师的数量和总体质量，在参加排名的55个国家中仅排第48位(见专栏4-2)。据美国《财富》杂志公布的数据，美国“适合全球化要求”的工程师有54万人，中国只有16万人，连全国工程师总数的10%都不到；而在印度，符合全球化需求的工程师超过总数的70%。更关键的是，对于创造单位国内生产总值而言，中国需要的科技工程师人员数量是日本的3.68倍。[②] 这反映出我国工程教育体系的构建与培养适应国家发展的工程技术人才的目标是不匹配的(见专栏4-3)。

专栏4-2　如何看待当前高等工程技术人才的培养质量?

与综合性大学相比，行业特色型大学具有自己的特点和优势，其发展水平在一定程度上体现了国家在本领域的产业水平和竞争力。体现在人才培养方面，更能贴近行业的需求，发挥比较优势，能够较好地承担起解决行业共性技术、关键技

① 赵婀娜、陈影：《中国1047所高校开设工科专业规模世界第一》，载《人民日报》，2013年8月26日。

② 倪军：《好的工程教育是教学生解决问题》，载《中国教育报》，2012年2月6日。

术，开展科技攻关、技术创新的重任。我们通过校企合作，可以在人才培养上把专业设置、课程体系、课程内容直到实践环节都与社会或业界紧密结合，真正形成开放的教育教学模式，使专业知识和工程实践在一种开放的格局中相互碰撞与交融，让学生在开放式的大环境中养成开阔的思维、综合的素质。

行业与学校在人才培养方面的结合度，在一定程度上决定了人才培养的质量。发达国家的成功经验表明，培养一名高层次工程技术人才，必须要经历工程知识的学习、工程实践的训练和工作实际的体验等环节。当前，我国工程教育改革面临着重重困难，集中体现在高等工程教育与企业需求之间的脱节，这已经成为制约提高高等工程教育质量与水平、阻碍技术创新的重要瓶颈。很多学生毕业的时候发表论文无数，却没有亲自深入过生产第一线，没有真正体验过实际的工程训练。

针对这些问题，我们主要通过三种模式为学生营造开放的学习环境：一是构建"四模块"实践教学体系。学校以校企合作为平台，在人才培养上积极实施教学改革，突出"厚基础、重实践、强能力"的培养特色，建立"平台＋模块"的课程结构体系，同时突出实践教学，强化工程教育，构建"以仿真实践为特色，以校内外实践基地为支撑，以开放管理为保障"的"四模块"实验与工程实践教学体系，有效提高了学生的创新实践能力。二是大力推行"订单式"人才培养模式。学校按照企业对人才的要求实行"订单式"联合培养方式，聘请行业专家和企业共同参与制定人才培养目标、进行课程设置、开展教学质量评估，让企业参与人才培养的全过程。第三是学校与企业校企共建研究生工作站。工作站实行"双导师制"，学生除拥有校内的学业导师外，还接受工程经验丰富的企业导师的悉心指导，校企联合搭建一个高水平、开放式的科学研究和教学实践平台，着力培养研究生的创新精神和创新能力。

同时，我们还非常重视教师的"工程化"培养。一名大学毕业的青年博士，要成为一名工程教育的合格教师，还需要有进一步塑造完善提升的过程。学校出台规定，没有实践经验的新进青年教师，都必须先输送到企业去挂职锻炼半年至一年时间，依托项目进行工程实践学习。如果连我们的教师都不具备工程师的素养，那怎么可能把我们的学生培养成为"卓越工程师"呢？一名优秀教师必须通过理论与实践的双重锻铸，才能达到高水平。这是教育的基本规律，却被许多人忽视。

可以说，正是人才培养的需要推动了大学的开放。大学作为引领行业技术创新、推动行业技术进步的知识库、人才库和助推器，面对建设创新型国家和提高自主创新能力的社会需求和行业发展需求，要加强与行业的契合程度，充分依托与行业的合作平台，了解并满足行业发展对创新人才和知识的需求，大力开展产学研合作教育，才能形成和强化特色学科的优势，不断提升人才培养的质量和层次。

资料来源：刘吉臻：《依托行业开放办学，激发大学生机活力》，载《中国高等教育》，2011(2)。

专栏 4-3　高等工程教育人才培养明显滞后于经济社会发展与技术进步

我国电力工业虽然存在着自主创新能力不足的弊端，但是，整体技术装备水平与世界先进水平相比并不落后。相比之下，高校的教学仪器设备更新速度缓慢，教材陈旧和教学内容落后的现象也比较严重。目前我国电力工业一个突出的问题是，能源消耗和环境污染的一些技术难题急需突破。如何降低能耗、实现“节能减排”的目标，这不是传统的电力专业人才培养能够解决的问题。同时，根据国家能源发展战略，电力行业近几年在新能源和可再生能源的产业发展迅速，如风电、太阳能发电、生物智能发电、核电等新能源发电。但目前这方面人才奇缺，高校的相关学科专业设置明显滞后；人才培养与社会需求存在脱节现象。

从目前电力行业人力资源的普遍现状来看，还存在一系列令人忧虑的问题。比如，由于电力行业人才队伍过于庞大，更新缓慢，造成队伍整体素质不高，缺乏创新活力；同时，电力企业的体制改革带来的电力企业重组、“厂网分家”，导致管理层增多、管理岗位细化以及直接生产人员减少等，使电力企业的管理工程师需求增加。电力企业的管理型人员在知识结构上需要既懂技术、又懂管理，既懂生产、又懂流程的专业人才，但现在的实际状况远远达不到要求。从工科院校方面来说，目前从总体上说也缺乏这种“复合型”型人才的培养。

资料来源：刘吉臻：《从行业需求看高等工程教育人才培养》，载《高等工程教育研究》，2008(3)。

2010 年 6 月，教育部联合有关部门推出了“卓越工程师教育培养计划”（以下简称“卓越计划”），开启了“卓越计划”的试点工作。“卓越计划”是贯彻落实《国家中长期教育改革和发展规划纲要（2010—2020 年）》和《国家中长期人才发展规划纲要（2010—2020 年）》的重大改革项目，其核心是着力打造一支既能满足中国经济社会发展的需要，又能参与国际市场竞争的创新型工程师，为实现我国经济社会的快速发展提供高价值人力资源保证。它的实施将推动我国从工程教育大国向工程教育强国的跨越发展。

第四节　工匠精神的发展关系

一、工匠精神的回归

“鼓励企业开展个性化定制、柔性化生产，培育精益求精的工匠精神，增品种、提品质、创品牌。”“工匠精神”首次出现在 2016 年政府工作报告中，让人为之振奋。

精益求精的“工匠精神”，对转型期的中国而言，既是在推进供给侧结构性改革、适应经济发展新常态下的必然选择，更是铸就制造高品质、把产品和服务做得更专业、更精致的必由之径。

提到“工匠精神”，人们总会想起瑞士手表，德国的机械、电器，日本的保温杯、马桶盖及精密加工……而我们虽然是制造业大国，但在品牌竞争中则与这些国家拉开了差距。2015年，中国人境外消费的总额达1.2万亿元人民币，买走全球46%的奢侈品。这些洋货质量和信誉的背后就体现了精雕细琢、精益求精的工匠精神。我国很多企业对产品的态度更多是追求“短、平、快”，造成了“工匠精神”的缺失。

如今提起“工匠精神”，一些人言必称德国、日本，殊不知中国更是工匠精神的老祖宗。秦国李冰父子主持修建的都江堰水利工程，布局精巧，历经2000多年沿用至今而不衰；鲁班更可说是工匠的祖师爷；中国古典家具制作中的工匠精神传承了几千年，其榫卯结构的精妙举世赞叹；许多延续至今仍然兴旺的“老字号”也正体现了“工匠精神”。不过到了当代，在追赶全球化和现代化的大潮中，我们的工匠精神慢慢失落了，低成本粗制滥造的产品变多了。当下，“中国制造”正在向“中国智造”强力迈进，我们要补上“工匠精神”这一课，让它为中国腾飞做出积极担当。

二、 高等工程教育对工匠精神的塑造

工程教育的塑造需要历史文化传承、高校培养、企业铸造、政府引导、市场价值导向、社会氛围陶冶、制度保障等诸多环节的共同努力。其中历史文化传承、高校培养是高等工程教育的分内责任，其他环节则可与企业、政府、社会组织合作。

高等工程教育对工匠精神的塑造在整个过程中属于源头性的。失之毫厘，差以千里，工匠精神需要在源头上开始培养，这是高等工程教育的责任。西汉贾谊在其所著《新书》的“胎教”一节中对胎教理念做过这样的阐述：“易曰：‘正其本而万物理，失之毫厘，差以千里，故君子慎始。’春秋之元，诗之关雎，礼之冠婚，易之乾坤，皆慎始敬终云尔。”同时列举了一系列典故以说明失之毫厘，差之千里的道理，以表明“慎始”的重要性。今天，“慎始”也应该成为高等工程教育的教育理念，为工匠精神的塑造在源头上把好关。

精益求精的工程都是在源头上下足功夫。如上海迪士尼景观工程，为了保障景观的最佳效果，在招标之前迪士尼方就已经对投标方的每位景观雕刻师傅进行了深入调查，提前两年根据上海的气候变化进行主要材质的模拟实验，从源头保证工程的质量。即便如此，在正式施工前，迪士尼方也要耗资数亿做景观模型，以确保每个细节都能还原主题公园所呈现的故事情景。相比之下，国内目前很多工程甲方在招标前只进行“简单”考察甚至毫无考察便将工程交给总承包方，而许多施工方的履约宗旨就是达到甲方的“质量验收标准”，至于工程使用的方便性以及使用年限等都不在考虑范围之内。

中国工程领域需要工匠精神。工匠精神在高等工程教育阶段的培养相当于工程

建设“慎始”的胎教阶段。工程师的工匠精神种子需要在求学阶段播种，在企业工作中养成，在良好的市场、社会环境土壤中茁壮成长。

工匠精神源自于“心”，而非技艺，属于“德”，而非“才”，而且是一种持之以恒的“恒心”。这份“心”需要在工程师的求学阶段就立下来，并且“不忘初心，方得始终”。

第五节　全民科普的关系

一、中国公民科学素质水平

2015年9月19日，中国科学技术协会发布了第九次中国公民科学素质调查结果，结果表明我国公民科学素质水平大幅提升。调查显示，2015年我国具备科学素质的公民比例达到了6.20%，比2010年的3.27%提高了近90%，完成了“十二五”期间我国公民科学素质水平超过5%的目标。上海、北京和天津最高，并达到欧美世纪之交的水平。

与发达国家相比，中国的公民科学素质水平仍有较大差距。2010年，我国具备基本科学素养的公众比例达到了3.27%，早在1989年，加拿大公众达到基本科学素养水平的比例就为4%。1991年，日本的比例为3%，1992年，欧共体的比例为5%。而美国在2000年时，公众达到基本科学素养水平的比例已经高达17%。

全面加强科普工作、促进公民科学素质跨越提升，是决定公民思维方式和行为方式、实现美好生活的前提，是奠定一个国家、一个民族的科学理性、社会和谐、社会共识的基石，是国家发展抢占先机赢得主动的核心竞争力，是国家综合国力的体现，是全面践行创新、协调、绿色、开放、共享的发展理念、奋力实现中国梦的群众基础和社会基础。进一步加强公民科学素质建设，不断提升人力资源质量，对于增强自主创新能力，推动大众创业、万众创新，引领经济社会发展新常态，注入发展新动能，助力创新型国家建设和全面建成小康社会具有重要战略意义。

二、高等工程教育服务全民科普

对于高等教育的功能，国内外学者尽管提出了各种功能观，但可以看出有一个共同之处，就是随着社会的发展，高校的功能已呈现出多元化发展趋势，服务社会的功能正日渐凸显。培养人才、发展科学和服务社会已成为比较公认的高等学校的社会功能，三者构成了现代高等学校的功能体系。其中，教学与科研应该是最基本的功能，社会服务实际上是教学与科研这两项功能的扩展和延伸，在现代显得更为重要，彰显高校的社会服务功能，确立其在高校功能体系中核心的地位是时代的要求。全民科普毫无疑问正是社会服务功能里的重要内容。

高等工程教育服务科普途径可以采取下列几种方法：

(1) 成立由高等学校和社区相结合的“新社区工程教育中心”，传递精神文明和现代化的科学技术知识，从独特的视角承担学习型社会和终身教育的建设和发展，提高社会就业的质量和再就业的技能培养。

(2) 通过知识讲座等方式为社会主义精神文明建设服务，发展社会主义文化服务。

(3) 把发展职业教育作为工程教育工作的一个战略重点，加快发展城乡工程教育和培训网络。职业教育是体现高等工程教育社会服务功能的最直接的方式。高等工程教育必须以科学发展理念为指导，坚持以社会服务为宗旨，以就业为指导，增强主动为经济社会服务的意识和能力。

(4) 开展多种形式的成人教育、函授教育、远程教育、继续教育。

(5) 高等学校的图书馆、工程实验室等可以不同程度地向社会开放。

如上海交通大学“海洋工程国家重点实验室”入选2014年上海市科普教育基地。目前，实验室设有海洋工程装备模型及科普教育展板展示，每年接待来自全国各地的中小学生和普通群众参观学习并进行专业性科普教育。又如无锡职业技术学院智能制造工程中心获得“2015—2019年江苏省科普教育基地”称号。智能制造工程中心整合了“工业机器人集成应用”等9项先进制造领域的主题科普教育资源，面向学生和社会公众开放，开展科学技术教育、传播与普及活动；同时，也为学校服务地方经济建设、提高技术服务能力搭建了示范平台。

第六节　制度建设的根本保障关系

一、国家发展的制度建设更加成熟、更加定型

1992年，邓小平同志提出，用30年的时间，在各方面形成一整套更加成熟更加定型的制度。[①] 这是一个富有远见的国家制度建设的战略设想。正是基于这一设想，中共十四届三中全会、中共十六届三中全会、中共十八届三中全会决定都从顶层设计了中国国家制度建设和体制改革，并先后实现了阶段性目标。习近平总书记在省部级主要领导干部学习贯彻十八届三中全会精神全面深化改革专题研讨班开班式上发表重要讲话时强调，“改革开放以来，我们党开始以全新的角度思考国家治理体系问题，强调领导制度、组织制度问题更带有根本性、全局性、稳定性和长期性。今天，摆在我们面前的一项重大历史任务，就是推动中国特色社会主义制度更加成熟更加定型，为党和国家事业发展、为人民幸福安康、为社会和谐稳定、为国家长治久安提

① 邓小平同志指出：恐怕再有三十年的时间，我们才会在各方面形成一整套更加成熟、更加定型的制度。在这个制度下的方针、政策，也将更加定型化。《邓小平文选》(第三卷)，372页，北京，人民出版社，1993。

供一整套更完备、更稳定、更管用的制度体系。”[①]邓小平同志讲的“再有三十年的时间”就是2020年，十八届三中全会的全面深化改革和十八届四中全会的全面推进依法治国正是落实邓小平同志所说的形成一整套更加成熟、更加定型的制度。

二、 高等工程教育制度建设历程

改革开放之后，中国高等工程教育得到长足发展。以1985年和2000年为界，30多年来我国高等工程教育的发展经历了三个阶段：以1978年10月《全国重点高等学校暂行工作条例(试行草案)》为标志，工程教育主要是恢复和整顿教育教学秩序，基本没有开展工程教育制度的改革；以1985年《中共中央关于教育体制改革的决议》为标志，工程教育制度改革进入探索期；以2000年“新世纪高等教育教学改革工程”为标志，工程教育制度改革开始大规模开展。

在第一阶段，《全国重点高等学校暂行工作条例(试行草案)》(以下简称《草案》)是对60年代“高校六十条”的修订，原则是“对其基本精神和主要内容基本不变，只做一些必要的修改”，因此仅在教学计划、教学大纲、教材和生产实习制度等几个方面进行了局部调整。

在这一阶段，我国经济体制改革逐渐影响到工程教育领域。针对过去专业划分过细，学生知识面过窄，不能适应各项建设工作和继续深造需求的问题，在1982年底对专业结构进行了历时5年的大调整，以加深拓宽学科基础。当时的教育制度改革以借鉴美国为主，美国工程教育在20世纪80年代正处于崇尚科学主义的后期，MIT提出的“回归工程”的改革主题尚未引起我国工程教育界的注意，因此，我国工程教育的专业结构调整仍在科学教育的轨道进行。通过修改学制、修订专业目录等形式一步一步对工程教育进行科学主义的改造。这种片面强调理论知识的工程教育导致了种种弊端，尽管人们对实践教学的重要性再次有了新的认知，甚至提出了实践教学独立设课、建立独立的实践教学体系的构想，但这种基于理科认知的对实践的理解与真正意义上的工程实践大相径庭，加之市场化改革导致企业实习越来越困难，因此尽管校内实践得到了加强，但也导致了理论教学与实践教学的分离。这种基于理论实践二元化的定位模糊的“实践”迄今仍在相当程度上影响着工程教育制度的改革。

在第二阶段，从1985年《中共中央关于教育体制改革的决定》开始逐步下放教学、科研、人事、财务等六项高校办学自主权，以人才培养目标为起点开始了工程教育模式改革，考虑到课程在人才培养过程中的重要性，相应的制度改革成为这一阶段模式改革的重点；在行动机制上，1985年开始下放高校办学自主权，高校校长在办学定位、教育模式等方面拥有了一定的决策权。不言而喻，高校办学自主权的下放需要一个较长的过程，在这一阶段，高校主要还是政府决策的被动执行者。

---

① 《完善和发展中国特色社会主义制度，推进国家治理体系和治理能力现代化》，新华网北京2月17日电。

2000年至今是我国工程教育制度改革的第三阶段。随着“大工程观”理念被引进国内，工程教育界开始对“理论教学与实践教学关系”进行深入反思。最初，人们大都认为“重理论轻实践”是问题的症结所在，但进一步的研究则显示，解决理论教学与实践教学两张皮的问题才是工程教育模式改革的关键。21世纪初PBL、CDIO等先进教育模式的引入促使工程教育改革将“理论教学与实践教学一体化”提上重要议程，并得到国家教育主管部门的积极支持和引导。与第一阶段的最大区别是，在新一轮一体化过程中，实践教学的地位发生了显著的改变：它不再是理论教学的附庸，而是扮演着引领者的角色。实践的引领作用，对理论知识的前沿性、综合性、宽广性以及理论学习的方法性都提出了更高的要求。这一阶段的工程教育模式改革逐步遍及全国，与国家政策的引导尤其是“卓越工程师教育培养计划”的出台息息相关。

这一阶段的制度转型呈现出以下特点：

第一，强调综合配套。2000年，教育部决定在“高等教育面向21世纪教学内容和课程体系改革计划”取得阶段性成果的基础上，实施“新世纪高等教育教学改革工程”，要求“继续深化本科人才培养模式改革，加强专业、课程教材和教学方法的综合配套改革”。这意味着工程教育模式改革不再只是课程制度改革，而是相应的学校管理制度、教师招聘和考核制度等配套协调，齐头并进。在此背景下，工程教育模式改革的外延进一步扩展。综合配套改革为“理论教学与实践教学一体化”搭建了新的平台，为工程教育模式的多样化奠定基础。

第二，强化项目引导。新世纪以来，以提高工程教育质量为目标，强调宏观调控，主要通过立项资助的形式进行项目管理。包括2001年实施“新世纪高等教育教学改革工程”，启动“高等学校教学质量与教学改革工程”，开展“高等学校名师奖”活动，建设“国家精品课程”；2007年启动“万种新教材建设项目”；2009年建立人才培养模式创新实验区；2011年实施“卓越工程师教育培养计划”。项目式的管理，摒弃了以往指向明确的各种行政命令，以评优的方式对工程教育模式改革进行政策引导，有利于激发改革者的积极性和创新意识。

第三，突出一体化建设。新一轮人才培养模式改革以实践教学改革为突破口，强调理论教学与实践教学的一体化。

产学研结合培养工程人才是一体化探索的开端。1998年起，国家多次提出“走‘产学研三结合’的人才培养道路的思想”。2005年《教育部关于进一步加强高等学校本科教学工作的若干意见》指出，“要加强产学研合作教育，充分利用国内外资源，不断拓展校际之间、校企之间、高校与科研院所之间的合作，加强各种形式的实践教学基地和实验室建设。”并制定政策，对产学研培养人才的方式和内容给予指导。2011年，根据《教育部财政部关于“十二五”期间实施“高等学校本科教学质量与教学改革工程”的意见》的安排，决定开展国家大学生校外实践教育基地建设，由参与共建的高校和企事业单位共同制定校外实践教育的教学目标、培养方案、课程体系和教学内容，共同实施，共同评价。2012 年《教育部等部门关于建设国家级工程实践教育中心的通知》要求，“充分利用企事业单位真实的工程环境，组织现场授课，学习新技术新装备，组织实训实习，参与研发工作，以企业问题做毕业设计，以工程环境和企业文化育人等”，教育部等 23 个部门决定批准中国建筑工程总公司等 626 家企事业单位为首批国家级工程实践教育中心建设单位。①

三、 国家发展与高等工程教育制度联动建设

上述高等工程教育制度建设历程表明，高等工程教育制度建设是在国家发展大变革下适应性联动，而且联动范围不断扩大并趋向全面。全面深化改革、国家治理体系和治理能力现代化给高等工程教育制度全面联动建设提供了契机，意味着高等工程教育制度建设已超出自身，并产生了广泛的制度外部性影响，为国家发展提供了制度保障。

高等工程教育能为国家发展提供制度保障，在于其自身及与国家发展方方面面的制度建设形成良性联动。在其自身，高等工程教育要在制度建设上树立内部服务理念，把学习型组织和服务型的思维理念注入工程教育中；平衡学术权力和行政权力，改变学术权力常常依附和服从行政权力的现状；理清学校和院系职责关系，在学校权力集中和院系自主灵活之间需找平衡；畅通上下级单位沟通；加强民主内部评价体系建设，要把多元主体引入民主评价体系当中，要重视评价的导向和反馈作用；重视教职工代表大会在高校管理建设中的积极作用；落实高校学术组织的参与决策机制。

在高等工程教育与政府联动方面，目前我国政府是由传统计划经济年代的“全能政府”转型而来的，因此在权力的配置和控制方面存在着一定的倾向。虽然一直以来国家对政府的职责范围和工作方式进行了多次的调整和限制，但是多数政府职能“越位”“错位”和“缺位”等不良现象依旧严重存在，政府和高校之间职能的错乱关系也没有从根本上改变。因此，理清高等工程教育和政府之间的职责是双方制度联动建设的重要环节。

在法治联动建设方面，要根据高等工程教育发展过程中的现实情况，推动高等工程教育法、高校工程教育法规和高校章程（见专栏 4-4）的修订工作，不断健全教育法律制度体系，“使依法行政成为管理行为的核心”②（见专栏 4-5）。发挥高校办学的自主性，应依法保障工程教育在党和政府法律法规范围下的办学自主性，根据高校自身发展的特殊性进行发展，由学校承担起相应的责任。只有在发挥高校自主性的情况下，才能激发高等工程教育的需求潜力和发展动力。

---

① 李瑾、陈敏：《30 年来中国工程教育模式改革政策分析》，载《高等工程教育研究》，2013(5)。

② 刘吉臻：《高校如何实现跨越式发展》，载《光明日报》，2001 年 12 月 6 日。

专栏 4-4　在依法治国背景下理解大学章程及制定

作为依法治校的重要起点，大学章程是构建中国特色现代大学制度的重要载体和法制基础，是“依法治国”基本方略在大学治理中的具体体现。从前一些大学也曾制定过治校纲领或者学校章程，但今天在依法治国的大背景下，大学章程已经发生了新的变化。

一是大学章程更突显了规则约定的意义。达成某种目标已不再是章程最优先考虑的问题，而是以规则为先，更加遵循高校办学规律、遵守治校规则。治校规则约定。一个学校的改革与发展目标、思路、措施都能在章程制定中得以规则化，进而从制度上减少大学发展中人为造成的不稳定和折腾，甚至倒退。可以说，这种变化是更加理智、更加符合规律的，这是我们在认识上的进步和提高。同时，学校里的所有人，包括党委书记、校长、教授、学生，都要在依法治校的框架内养成一种有法守法的意识和责任，推动大学的管理和运转向治理结构及其功能转变。

二是大学章程更突显了开放式监督的作用。以往的大学章程制定和颁布过程还仅仅是大学的内部行为。但现在是大学章程先由学校自主制定，而后由教育部做出批复、核准，然后公开公布。这样的制定程序，使得最终颁布的大学章程已经带有类似于政府条例的特征，更加体现了大学章程在国家法治体系中的严肃性。这种严肃性打破了大学章程在学校内部闭环的特点，使其具有了开放性监督的作用。依据大学章程的规则约束，高校内部的不同人群、高校外的政府人群以及社会人群，都可以对高校的办学活动进行不同范围与程度的监督，进而给高校的办学形成一个开放式监督的环境与氛围，促使高校办学对大学章程的依循和践行。

资料来源：刘吉臻：《在依法治国背景下理解大学章程及制定——访华北电力大学校长刘吉臻》，《大学(研究版)》，2014(12)。

专栏 4-5　依法治校，使依法行政成为管理行为的核心

社会主义市场经济是法制经济，依法治校是适应社会主义市场经济的必然要求。要以《高等教育法》为准绳，大力推进依法治校的进程。继续完善党委领导下的校长负责制，依法行政，组织指挥学校的日常行政工作。学校各级干部要树立明确的法制意识，不断探究新形势下依法治校的新思路、新途径和新方法。加强制度建设，根据依法治校的要求，建章立制；对过去的规章制度进行修改、完善，使管理工作有章可依、有章必依，杜绝工作中的随意性和模糊性。在学校日常管理、

干部、人事、校办产业、后勤社会化、招生就业以及学生日常教育管理等一系列工作中都要依法而行。要加强合约管理，使广大教职工根据合约完成工作，根据合约取得报酬，使依法行政成为管理行为的核心。

资料来源：刘吉臻：《加强管理，营造氛围，实现办学质量和办学效益的提高》，载《中国高等教育》，2002 年第 3、4 期。

在社会公众监督和工程教育质量保障联动建设方面，社会是检验评价的最佳试验场所，高等工程教育开设的专业课程、培养的人才、取得的科研成果，最终都要接受社会的检验。要加快建立社会监督和评价机制，吸收社会精英人员参加高等工程教育质量评估，把社会监督和评价作为衡量高等工程教育质量的一项重要指标。

在高等工程教育创新体系与社会创新体系联动建设方面，推动高校工程创新成果向产业化转化，构建产学研合作创新体系（见专栏 4-6）；整合高校和社会创新资源，打造开放式创新平台；克服创新孤岛状态，以创新中心网络化方式实现协同创新。

专栏 4-6　华电与企业共建科技创新平台

为切实促进企业的自主创新能力和核心竞争力的提高，学校广开渠道组织科技创新团队，与企业共建科技研发中心和实验研究中心等科技创新平台，共同争取国家重大科研项目，努力实现重大突破。获国家科技进步二等奖的“微机高压线路保护技术”开创了我国向英国等发达国家输送软件的记录，使我国在该领域由落后国际 10 年一跃达到国际先进水平；获全国十大科技成就之一的“工业过程系统仿真技术”，全面应用于电力工业过程仿真，并实现了中国仿真技术出口零的突破。STAR-90“固定基航天飞行训练模拟器”，为我国载人航天事业做出了重要贡献；获国家科技进步二等奖的“火电厂厂级运行性能在线诊断及优化控制系统”，是具有自主知识产权的重大标志性成果，已广泛应用于大型发电企业的大型机组。2007 年学校科研经费达到 2.5 亿元，其中 80% 的科研经费来自企业。

资料来源：刘吉臻：《适应社会需求，突出办学特色，走产学研合作兴校之路》，载《中国高校科技与产业化》，2009(8)。

第二部分

电力工程教育的科研实践：对现代能源电力“承担国家责任”的认识

第五章　电力科学不是奢华的科学

第一节　如何看待科学，对科学的态度

事实上"科学"一词应该是"现代科学"的简称，在现代科学产生之前，还没有对"科学"的讨论。科学首先应当是一种思维体系，笛卡儿是现代科学的鼻祖，他提出，只有通过对自然现象的观察、分析，并经过所谓的"逻辑推理"得出的结论才是可靠的、唯一的、泛普的，才有可能成为知识的一部分。所以，逻辑推理是知识的基础，一旦成为知识，便不可毁灭。但同时笛卡尔指出知识的有限性，进而提出所谓的"质疑说"。对未知真理的接近，就是对现有知识的不断质疑和对未知的探索。于是，质疑便成为从已知向未知推进的原动力，直到今天都被视为突破已有知识，不断进行创新的试点。自然科学与其他领域的最大区别就在于寻找真理的途径和方法。对于自然科学，求解或寻找真理的途径完全依赖于假设、证明、推理和实验。无论任何人都必须接受正确的结论，因为真理是唯一的、可重复的、泛普的。

"科学"作为知识不是孤立的，而是相互联系的一套体系。霍奇森对于作为知识体系的科学阐述得相当精辟："科学的宽泛的定义可以说，科学是主要的定量知识的集合体，这些知识是人通过能动的努力，以系统的和可交流的方式理解他周围的事物和他自己而建立起来的。"科学必须是系统的，否则它就不会构成首尾一贯的知识本体。科学是可交流的，只有科学家把自己的发现与其他科学家交流，并被他们吸收或检验时，它才能成为科学共同体的集合精神。科学也是动态的，它连续地扩大它的前沿和加深它的知识。①

科学也指一种门类的学科总称或科学的各个分支学科。拉维茨指出，科学（或每门科学）是一门学科。这个事实尤其隐含着，科学在某种方式上是系统的和综合的；它具有特征性的方法，处理特殊类型的问题，提出特殊类型的答案，随之携带结果（常常变化）的储存以及特征性的一组预设（有时也变化）。"自然科学"的表达意指取向于研究本来客观存在的、在其直接给予性中的自然之广阔的认知领域。② 自然科学

① P. E. Hodgson, Presuppositions and Limits of Science, G. Radnizky and G. Andersson ed., The Structure and Development of Science, D. Reidel Publishing Co., 1979, pp. 133-147.

② ［保］尼科·雅赫尔《科学社会学—— 理论和方法论问题》，顾镜清译，2页，北京，中国社会科学出版社，1981。［英］贝尔纳：《历史上的科学》，伍况甫等译，6页，北京，科学出版社，1959。

含括了许多领域的研究，自然科学通常试着解释世界是依照自然程序而运作，而非经由神性的方式。自然科学一词也是用来定位“科学”，是遵守科学方法的一个学科。自然科学是研究无机自然界和包括人的生物属性在内的有机自然界的各门科学的总称。

由于自然科学的发展，先后发生了两次技术革命，人类社会发展的进程被大大推进，尤其是自然科学技术的不断创新已经成为一国经济腾飞的关键。电力科学技术是自然科学的一个分支学科，从第三次能源革命开始，电力逐渐成为主要的终端消费能源，电力科学对人类生产生活的影响日渐加深，世界上数十亿的人口都受益于电力系统给人类带来的便利。电力科学的不断发展目的在于使电力更有效、更清洁、更广范围地服务人类。电力系统正在向新能源电力系统转变，逐渐转化为以能源技术与信息技术高度融合，多源互补、源网荷协同控制，网络化、信息化、智能化为特征的新能源电力系统。随着大规模新能源电力接入电网，电力系统需要在随机波动的负荷需求与随机波动的电源之间实现能量的供需平衡，其结构形态、运行控制方式以及规划建设与管理发生根本性变革，形成了以新能源电力生产、传输、消费为主体的新一代电力系统，即新能源电力系统。新能源电力系统不是一夜之间建立起来的，必须由现已运行100多年的电力系统过渡而来，这是一个渐变的过程。要从电源侧、电网侧、负荷侧出发，用大系统理论观点统一考虑如何应对新能源电力系统。

我国电力领域科技创新也在不断加快，正在成为新一轮能源技术革命的中心。科技创新既是电力工业发展的核心动力，又是电力工业发展的重要内涵。电力工业领域的科技创新正在围绕节能、高效、清洁、环保、智能为重点方向，保障安全、优化结构、节能减排等为长期目标，打造我国能源产业“升级版”。一是加快超低排放燃气发电标准清洁煤电技术、高度节水煤电技术的推广应用，加强700C超超临界、IGCC、大型CFB燃机等技术攻关和试验示范，走出火电节能减排的新路子。二是加快三代、四代核电及相关技术引进和自主创新，培育出我国核电建设的自主化能力，支持核聚变等未来核能技术研究。三是继续提升水电站坝工技术水平，实现百万千瓦级常规水电机组的推广应用和40万千瓦级抽水蓄能机组的国产化。四是提升特高压交直流输电技术水平，加快柔性直流等新兴输电技术攻关和试验示范，支持大容量存储、高温超导等前沿技术研究。五是以满足风光储输新能源和分布式发电并网、实现电力系统与用户双向互动新技术为主要目标，推进智能电网关键技术试点示范。六是加快充电设施发展，积极实践交流慢速充电、直流快速充电。电池更换等多种技术路线和运营模式，满足电动汽车发展需要。

电力科学发展至今，科学技术的进步不是凭空臆想出来的，而是科技工作者在实验室日复一日、不分昼夜、严谨实验、不苟钻研得来的，同时又将获取的技术成果通过中间试验转化为生产力，每一个实验数据都凝聚了科技工作者的心血。正是这种朴实认真、敬畏自然、改造自然的态度，使得我国的电力科技发展到现在这个阶段。同时科技工作者又将知识无私传递给学生，使其成为具备综合素质的工程科学、技术、管理方面的人才。这些各级各类的工程技术人才既是现有经济活动的生产者、组织者，也是实现新技术应用，开发新工艺、新材料、新产品，设计新型生产设备，改进生产工具的研制者、开拓者，是推动创新驱动发展的中坚力量。

正是这样一代代科技工作者对自然界朴实认真、毫不倦怠地探索自然界物质的各种类型、状态、属性及运动形式，揭示自然界发生的现象以及自然现象发生过程的实质，进而把握这些现象和过程的规律性，从而解读它们，并预见新的现象和过程，为在社会实践中合理而有目的地利用自然界的规律开辟各种可能的途径。

第二节　中国电力：大发展到大调整

中国电力工业总的来说一共经历了两个阶段，从新中国成立初期的计划经济时期过渡到现在仍旧在进行的市场化改革时期。计划经济时期，从 1949 年新中国成立开始到 1978 年改革开放初期，这段时期电力工业的特征是国有及行政垄断；1978 至 1985 年进行电力体制改革探索，真正开始市场化改革又分为三个具体阶段：集资办电，政企合一阶段（1985—1996 年）；政企分开，省为实体阶段（1997—2002 年）；厂网分开，竞价上网阶段（2002 年至今）。电力改革依旧在进行中，中国电网董事长刘振亚提出的“建设全球能源网络”的战略将中国电力改革的方向拓展到全世界，未来，中国电力将与世界的发展紧密相连。

一、中国电力的计划经济时期[①]

国有及行政垄断（1949—1978 年）。自 19 世纪 80 年代[②]，国外私人投资、满清政府以及民国政府、民族资本和国民党政府等参与了早期中国电力行业的建设和运营，但是时势不稳，权力结构更迭，电力行业艰难延续。1949 年前的中国电力行业，主要是在外国资本和官僚资本相继垄断下产生和发展起来的，始终具有殖民地和官僚买办的性质。国外的发电公司一直占有较大的优势地位和市场份额。1949 年，中华人民共和国成立时，全国总装机容量仅有 185 万千瓦，年发电量 43 亿千瓦时。新的中国政府采取了全面的国有化和高度集中的计划经济体制，这一体制一直延续到 1979 年改革开放前，之间经历了四次政府机构的调整，电力管理部门也随之变化。

中华人民共和国成立之后，电力行业作为重要的基础设施行业被收归国有，实现生产资料公有制以及计划经济。直到 1956 年，电力行业中所有企业都不存在独资私

---

① 魏科科：《中国电力行业规制改革研究》，华中科技大学博士学位论文，2010 年。

② 1882 年，英国人 R. W. Little 成立中国第一家电厂——上海电气公司。《光明的事业—纪念中国电力工业 120 周年》，载《中国电力年鉴（2003 年）》，6 页，北京，中国电力出版社，2003。

营的情况。此后，中国电力行业在高度集中的计划经济体制下，电力行业规划、投资、生产和消费均由政府安排。

从新中国成立到改革开放之前，中国一直实施的高度集中的计划经济体制，政府“看得见的手”在经济中扮演着宏观和微观管理的一切职能。在电力行业中，电力企业的建设和生产活动，由政府部门直接指挥；各级干部由政府部门直接指派；财政收支两条线管理，办电靠中央政府财政拨款，管理开支也由财政部门核定拨付；设备材料纳入国家统一生产和调拨。从1949—1978年的30年中，电力生产能力已经增长了30倍。这期间，电力部门规制也经历了多次调整。①燃料工业部时期(1949—1955年)，1949年，中央政府组建了燃料工业部，统一管理煤炭、石油和电力工业。当时的实际情况是，燃料工业部管理的仅有华北电业公司及其所属的北京、天津、唐山、察中分公司，以及石家庄电灯公司和太原电力公司，其他各地的电力工业由各地军事管制委员会管理。②电力工业部时期(1955—1958年)。1955年国家撤销了燃料工业部，设立煤炭工业部、电力工业部和石油工业部。新成立的电力工业部继承了燃料工业部对全国电力工业的管理职能，并陆续设立了电力设计局、基建工程管理局、水力发电建设总局(原水电发电工程局)三个部门；分别管理火电和输变电工程设计、火电和输变电工程施工和水电勘测设计和施工。水火电厂的运行管理和输变电的运行由各电业局负责。同时，电业管理总局和六大区域电业管理局撤销，各省(市、自治区)的电力工业均由电力工业部直接管理，这是唯一的一个由部直接领导地方电力工业时期。从1956年开始逐步调整和充实了省(市、自治区)电业工作的管理机构，从而形成中央和地方管理相结合、以中央管理为主的电力工业管理体制。③水利电力部时期(1958—1966年)。1958年，水利部和电力工业部合并，成立了水利电力部，以加快水电建设。之后，电力企业全部下放给各省(市、自治区)独立的工业体系，实行地方垂直垄断的电力行业管理体制。这个时期的特点是由集中走向分散，又回到集中管理，这时已经形成京津唐、东北、华东、中原和西北五大电网的管理体系。④“文化大革命”时期(1966—1978年)。“文化大革命”期间电管局、电业局、设计院和科研机构全部下放地方，结果是电力工业勘测设计、科研机构和电力设备都遭受了巨大破坏。事故频发。缺电现象严重。1975年水利电力部革委会撤销，恢复原水利电力部的建制后，国务院发出了《关于加快发展电力工业的通知》。自此，我国电力工业管理体制恢复了中央集中管理为主，区域电业管理局分片管理的体制。

在当时计划经济体制下，电力工业作为一个资金密集并关系到国计民生的基础产业，建设计划和资金安排全部由国家包办。电力发展由政府统一规划，电力项目由政府行政审批，建设资金财政部拨款，电力企业上缴经营利润。电力行业进入和价格受到严格规制。中央政府控制着电力行业投资权，是电力行业的唯一的投资人和所有者。从新中国成立到1979年，中国的电力行业都是由国家电力主管部门通过所辖的国有企业实施行政性垄断经营，电力行业的发、输、配、售电都由国家管理。被政府赋予了电力生产和服务的特许权，一方面负责电力的生产、传输和销售，实行产业的纵向一体化垄断经营；另一方面承担了电力行业的政府管理职能，具有政企合一的特性。这时的电力行业，政府行政管理职能、行业监管职能和企业经营职能是三位一体的。

二、 改革初期的电力体制改革探索阶段（1978—1985 年）

这一阶段是高度集中的电力行业管理模式。中央电力管理部门则又历经了两次变更，即先后成立电力工业部、水利电力部。1979 年 2 月，国务院决定撤销水利电力部，第二次成立电力工业部和水利部，1982 年国务院机构改革方案，再次将水利部和电力工业部合并，第二次设立水利电力部。国有电力企业尝试建立经济责任制，1982 年，由水电部组织的电力国有企业整顿。当时，列入国家重点企业名单的电力企业有 103 家，其中 92 家电力企业列入第一批整顿。目的是从电力部门一家办电的传统做法中解脱出来，充分调动和发挥各地区、各部门、各单位办电的积极性，这是加快电力工业发展的根本方针。在此期间，虽然开始了改革开放，但电力行业建设完全来自中央政府财政资金，政府为唯一的投资主体，电力行业的发展无法满足经济增长的需要，资金规模和渠道限制了电力行业发展。虽然电力工业主管部门多次调整和变更，针对国有电力企业也尝试了有限的改革措施，但是其基本特征，“政企合一、国家垄断”的体制框架并未发生变化。电力行业的管理体制还是计划经济体制（见图 5-1）。

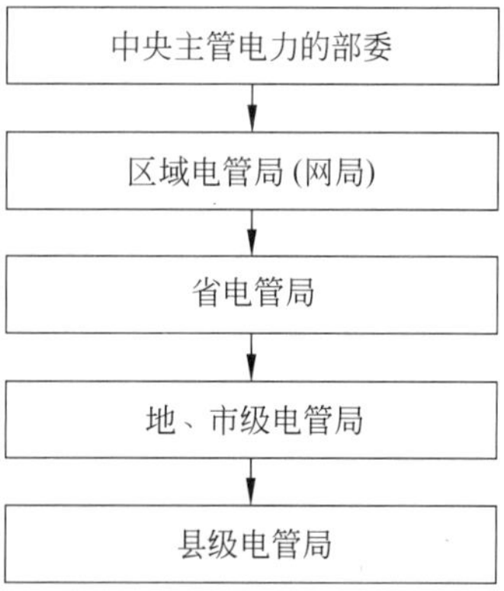

图 5-1 早期的电力工业管理体系

三、 电力行业市场化改革（1985 年至今）

中国电力行业超过二十年的改革进程可分为三个阶段，集资办电，政企合一阶段（1985—1996 年）；政企分开，省为实体阶段（1997—2002 年）；厂网分开，竞价上网阶段（2002 年至今）。

1. 集资办电，政企合一阶段（1985—1996 年）

电力行业改革始于 1985 年，国家放开了发电侧的投资权，改变市场准入规则，这是中国电力行业改革的第一个里程碑。

（1）这段时间改革的目标是“政企分开，省为实体，联合电网，统一调度，集资办电”和“因地因网制宜”。改革的直接动因是为了改变长期电力短缺和电力行业效率低下的局面，吸引多渠道的投资者，扩大电力行业的规模。在当时经济体制改革背景下，审批电厂投资的权力从中央下放到省一级的地方政府，中央政府仅保留了大型电力项目和国外直接投资项目的审批权，对于集资新建的电厂则实行了优惠的电价政策。电力行业投融资渠道和方式的改革，国家预算内资金在全社会固定资产投资中的比重逐步减少，国内贷款、利用外资、自筹和其他投资的比重逐步加大。

(2) 国有电力企业经营方式改革。1979 年改革开放后，国有企业改革尝试了多种形式，例如，拨改贷、多种经营和承包制等，也体现在国有电力企业经营方式的改革路径上，国有企业从经营权向所有权过渡，当时存在两种不同思路的制度选择，一为在国企原有财产关系内，实施企业承包制；二为改变国企内国家垄断的财产关系，实施股份制，通过多元化的产权结构，优化国有企业内部的治理结构，对股东、董事会和经理层形成有效的激励和制约。按照这些理论思路，国有电力企业经营进行了多种尝试，拨改贷、开展多种经营、简政放权、承包经营。

(3) 电力行业组织结构。1988 年 4 月，煤炭工业部、石油工业部、核工业部、水利电力部撤销，组建能源部。由新成立的能源部实行对电力行业的监管。1993 年又撤销了能源部，组建了电力工业部。根据世界银行(1994 年)的一项研究，中国电力行业呈现垂直一体化的垄断结构(见图 5-2)，反映出行政垄断和经济垄断的双重特征。

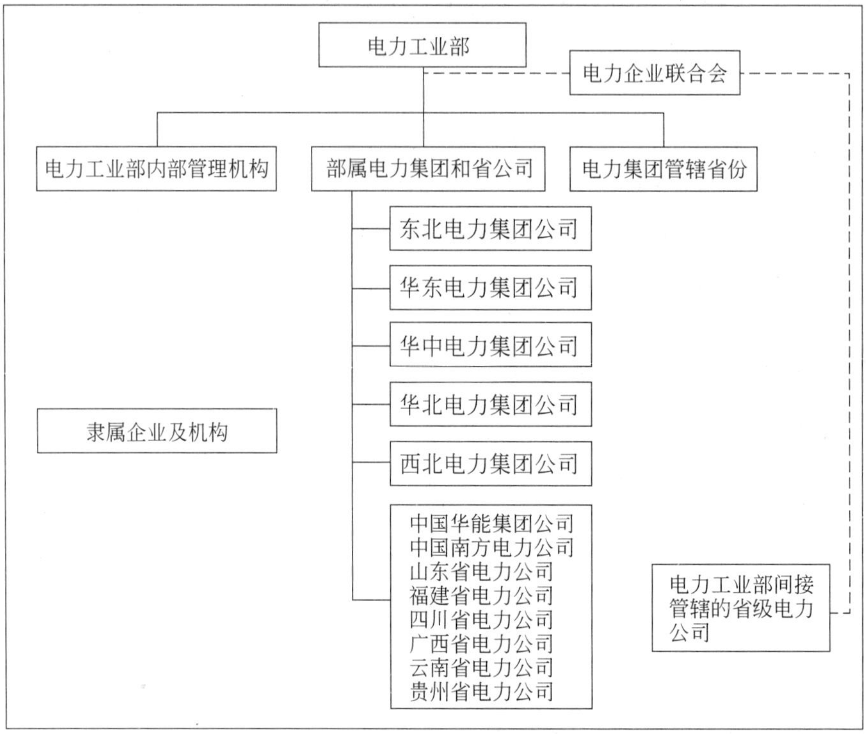

图 5-2 电力行业管理体系(1985—1996 年)

在这一时期，政府从放开投资权和赋予国有电力企业自主经营权着手电力体制改革。一方面，国有电力企业尝试了全面包干经济责任制、简政放权、自负盈亏、以电养电等方案。另一方面，集资办电政策放宽了发电端的市场准入，民营、外资、地方政府和企业均可参与到电厂建设和投资。国家垄断的市场格局的变化，发电侧投资主体多元化，独立发电企业(IPP)的出现改变了发电部门的中央垄断格局。原来由中央政府一家拥有和控制的电力行业演变为一个双轨体系，即中央国有企业为主导，发电端同时并存多种所有制投资主体，即不同层级的地方政府、地方国有企业、外资企业和私有企业。就发电侧而言，地方占 46%，中央占 54%；而输电侧，中央占输配电资产 90%，地方配电资产仅占 10%。政府对电力行业的管理并没有随新市场结构的出现而相应调整，仍沿用计划经济的行政和经济管理模式，即政企合一、垂直垄断等管电方式。改革解决了发电侧的投资问题，发电还需要输配电环节，但输配侧投资没有配套的制度的保障，出现了不同投资主体的利益冲突，复杂的政治决策等矛盾。

2. 政企分开，省为实体阶段(1997—2002 年)

1997 年实施的机构改革是电力行业改革的第二个里程碑。改革的重点是政企分开，将政府行政职能和企业经营职能分开，改变政企合一的问题。

(1) 政企分开，省为实体。从中央一层说，电力工业部被撤销，其经营职能由新成立的国家电力公司接管；而行政职能则划归国家经济贸易委员会，企业经营职能和政府管理职能分别归属不同主体，当时，国家经贸委、国家计委和财政部等部委对电力行业实行规制(见图 5-3)。国家电力公司进行了公司股份制改组，通过各个省分公司运营原电力工业部管理的发电和输配电国有资产，[①]拥有当时全国约 48.3%的发电资产，全国 90%以上的电网资产及 77%的总售电量。初步形成国家经贸委、国家计委等部门行使政府管电职能，国家电力公司等电力企业自主经营，中国电力企业联合会等行业协会自律服务的体制框架。从地方一层来说，各省、自治区、直辖市电力局(公司)原来承担的行政管理职能由地方政府综合经济管理部门承担，同时接受地方政府的指导和监督，地方各级政府不单独设立电力专业管理部门；行业管理职能

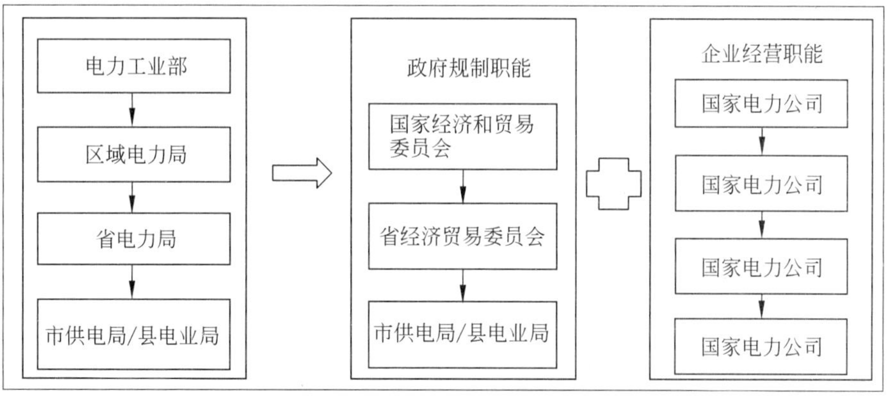

图 5-3　电力行业 1997—2002 年改革“政企分开”示意图

① 具体而言，包括原电力工业部下属的华北、东北、华东、华中、西北 5 大区域集团公司、7 个省公司和华能、葛洲坝 2 个直属集团，总资产达到 7 582 亿元。

则移交中国电力企业联合会；经营职能则通过组建省级电力公司来实现，即“省为实体”。但是，电力改革实施“省为实体”的初衷并没有实现，演变为“省为壁垒”。

（2）厂网分开、竞价上网试点。另一项具体的改革措施是，1999 年国家电力公司在浙江、上海、山东、吉林、辽宁、黑龙江“五省一市”实施“厂网分开、竞价上网”的市场化改革试点，探索打破垂直一体化垄断的可行性。但是，到 2000 年底试点被叫停。这一阶段，电力行业的低效率，集资电厂和国有电厂之间的矛盾等问题。

3. 厂网分开，竞价上网阶段（2002 年至今）

2002 年，电力行业改革迈出了重要的一步，打破了国家电力公司的垂直垄邮，可视为中国电力行业改革的第三个里程碑。

（1）厂网分开。国家电力公司被拆分为 2 家电网公司，5 家发电集团，4 家辅业公司，原国电公司相关的资产划归相应的新成立的公司（如图 5-4）。

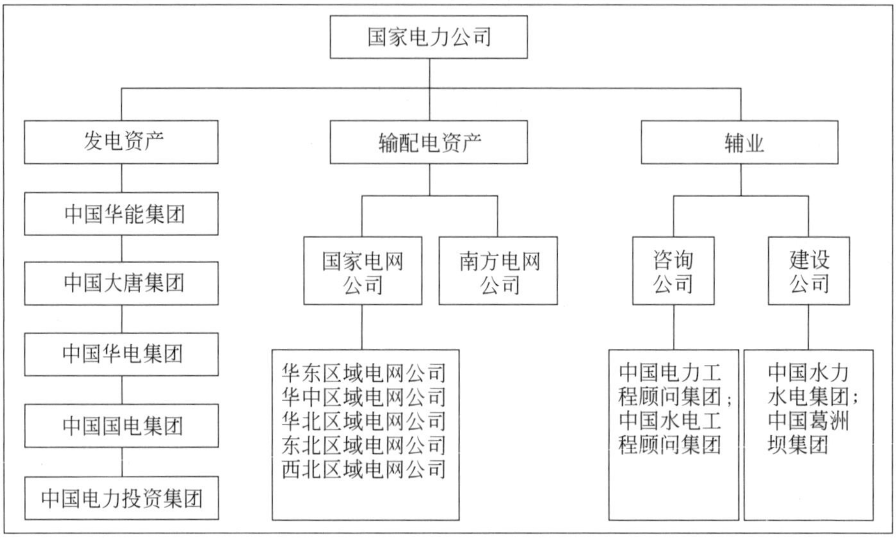

图 5-4　2002 年至今电力行业管理体制

① 发电部门。原国家电力公司管理的发电资产直接改组或重组为规模大致相当的 5 个全国性的独立发电公司，分别是中国华能集团公司、中国大唐集团公司、中国华电集团公司、中国国电集团公司和中国电力投资集团公司。区域电力市场形成后，各独立发电公司逐步实行“竞价上网”。

② 输配电部门。原国家电力公司管理的电网资产重组后成立了两家电网公司，分别是中国国家电网公司和南方电网有限责任公司。国家电网公司作为原国家电力公司管理的电网资产出资人代表，按国有独资形式设置，在国家计划中实行单列。国家电网公司下设华北、东北、华东、华中和西北 5 个区域电网有限责任公司或股份有限公司，并代管西藏电力公司。南方电网公司由广东、海南和（原国家电力公司在）云南、贵州、广西的电网资产组成，按各方面拥有电网净资产比例，由控股方负责组建南

方电网公司。电网环节基本形成了南北两家国家级电网垄断经营的局面。

(2) 竞价上网,建设区域电力市场。2003 年 6 月,东北、华东开始区域电力市场试点,随后是南方、华中电力市场。东北电力市场采取的是"两部制电价、全电量竞争"的市场模式。市场结构是发电竞争上网、电网单一购买,竞价机组的所有电量均在区域电力交易平台进行集中竞价、统一出清。东北电力市场的交易模式,改变了传统的分省电力、电量平衡的格局和政府核定上网电价的机制,促进了电力管理方式和运行机制的转变,促进了公平、透明的市场环境的建立和电力企业观念的转变。华东电力市场选择了"全电量竞争、差价合约"的竞争模式,市场结构是发电企业竞争上网、省电力公司分别购买,竞价机组的大部分电量先与所在省市电力公司签订年度差价合约,然后再到区域交易平台进行全电量集中竞争优化。华东电力市场在统一交易平台上,按照统一规则进行全网统一报价、统一优化、统一安全校核、统一市场出清,支持合约市场、月前市场、日前市场、实时平衡四种交易方式,采用节点价格体系、单一制电价制度的市场模式。这种模式,电力买卖双方可通过中长期合约降低现货市场的交易风险,同时又可以在现货市场中进行发电合同的转让,交易机制比较灵活。南方电力市场针对区域内部"西电东送"的特点,实行"单一电价、部分电量竞争"的市场模式,选择了部分电厂、电网公司参与,开展了部分电量单边市场模拟运行。南方电力市场模拟运行达到了单边市场运行的目标,市场成交的结果与当初的设想基本相符。市场主体基本适应南方电力市场竞价和交易机制。由省市电力公司与区域内大机组在市场交易平台上进行集中竞价交易,采用双向报价、撮合成交的方式,探索了区域资源优化的交易机制。华中电力市场预计以"双边交易为主,竞价交易为辅"。华中电力市场方案设计的交易方式有双边交易、日前竞价交易。双边交易是华中电力市场的主要交易方式,按照参与交易的主体分类,有发电企业与省市内(外)电网经营企业之间的双边交易,发电企业与省市内(外)大用户之间的双边交易,省市电网经营企业之间的双边交易。按照交易的标的物分类,有电能双边交易、发电合同转让双边交易。按照交易的空间范围分类,有跨地区的双边交易、省市内的双边交易。按照交易的时间顺序分类,有年度、月度和实时双边交易。

自此,中国电力工业基本完成了厂网分开的产业重组,搭建了符合有限竞争需要的市场平台。这一阶段也暴露出许多体制的矛盾,最为重要的有两个,一是能源领域定价机制的扭曲;二是电力行业垄断有增强的趋势,电力市场改革不容乐观。总的说来,自 2002 年厂网分开,电力行业市场化没有大的进展,改革进入相对停滞阶段。"五号文件"所确立的电力体制改革方案并没有落实到位,中央政府并未采取有力手段推行发电和售电环节的竞争。传统的计划手段依然在电力资源配置中发挥主导作用,电力改革的核心,电价改革没有实质性的启动,目前仍由政府行政部门,即国家发改委控制着电价审批和制定的权力，区域电力市场仍然停留在试点或模拟运行时期。特别是开展竞价上网所必须的销售电价和上网电价联动政策难以出台，市场运作难以持续，改革还需持续深入。

第三节 电力是与国际秩序和国家政策紧密相关的行业

能源是一国经济发展的重要前提条件，而且涉及国家的政治稳定。在国际政治舞台上，能源往往是一些国家制裁能源进口国的有效手段，通过控制能源供应与运输通道来达到控制一国经济的目的，这样的例子数不胜数。例如，在第一次世界大战中，美国的参战使得协约国获得足够的燃料供应从而战胜了同盟国，从此，以石油为代表的能源在国际竞争中的地位显得日益重要，各国也都纷纷认识到能源在应对国际事务中的重要性，将能源提高到国家战略的高度。这也表明能源与政治有着密切的联系。一个国家能源进口的程度越高，受别国政治影响的风险就越大。正是因为如此，世界各国都积极寻求减少国外能源依赖的途径。美国和印度都提出了"能源独立"的口号，都迫切希望通过摆脱对海外能源的依赖，确保本国经济不受外国能源供应中断的威胁。能源既体现了国际政治间的权力构成，又反映了各国经济相互依赖的关系，能源安全上升到非常重要的高度，成为事关一国政治、经济发展的重大战略问题。

电力是重要的二次能源，随着电力占终端消费的比例愈来愈大，电力这种能源在国际政治经济秩序中的地位也不断攀升。当今人类社会深受温室气体排放带来的危害，世界范围内的减排工作正在紧密进行，国际社会对于排放大国施加很大压力。煤炭燃烧是温室气体排放的主要来源，而煤炭燃烧主要是用来生产清洁方便的二次能源——电力，因此，拥有清洁生产电力的先进技术将掌握很多主动权。美国在能源科技方面的领先地位不可撼动，并且投入巨额研发资金一直努力保持这种领先，目的就是通过能源科技的领先争夺国际秩序的主导权。电力是能源的核心，未来更大比例的一次能源将转化为电力，电能又可转换为光能、热能、动能等为社会提供动力来源。因此，鉴于电力在能源领域中的中心地位，电力也必然成为影响国际秩序的战略关键。

电力是关系国民经济命脉的基础设施，电力行业的发展与电力企业的经营与国家政策的制定有密切关系。电力行业的主要功能是确保社会对能源的需求，国家的重大基础设施投资很大部分是以电力为主，另外，电力企业的经营也不以盈利为第一要务，而是以满足国民经济整体利益为出发点。一般认为，电力价格是整个电力体系的核心，关系着供给与需求的变化，也直接关系着电力与用电部门各利益主体营收支出的核心利益。这一特点突出地表现为发电、输配电、用电以及整个价格体系的不灵活。其中，发电价格、输配电价格与终端销售价格由政府制定并决定调整的节奏与幅度，缺乏市场发现价格与发电市场份额的机制与基础设施。

电力行业的发展也受国家政策的调控和影响，国家也非常重视电力行业的发展，多次在重大会议上出台政策进行指导。在发展机遇方面，党的十八大、十八届三中、四中全会为能源电力的改革发展指明了方向并创造了良好的政策环境。特别是中央财经领导小组第六次会议，专门研究了能源的改革与发展问题，这是前所未有的。第七次会议专门就能源结构调整作出了具体部署。推动能源生产和消费革命的舆论环境和政策环境基本形成，以清洁能源和可再生能源代替化石能源的消耗，最大限度抑制生态环境恶化。在一些具体领域也有政策引导，2011 年年初公布的中央一号文件《中共中央国务院关于加快水利改革发展的决定》中，着重强调大力发展农村水电；2011 年 5 月全国农村水电暨“十二五”水电新农村电气化县建设工作会议上规划，在 5 年内新增农村水电装机 1500 万千瓦，总装机达到 7400 万千瓦；8 月，财政部、水利部联合印发《农村水电增效扩容改造财政补助资金管理暂行办法》；2011 年 9 月初，水利部发布《关于水电代燃料和水电新农村电气化建设管理》的文件，一系列相关政策显示“十二五”期间我国农村水电进入了更加稳健、快速的发展格局中。2015 年，国家能源局对外发布《关于鼓励社会资本投资水电站的指导意见》。通过政策手段刺激水电行业的发展。该《意见》明确，通过建立完备的开发管理、财税价格、投资回报等政策体系，支持和引导社会资本投资水电站。2015 年 3 月 15 日，中共中央、国务院印发《关于进一步深化电力体制改革的若干意见》，为电力体制深化改革指明方向；为贯彻落实党的十八大和十八届三中、四中全会精神及中央财经领导小组第六次会议，国家能源委员会第一次会议精神，进一步深化电力体制改革，解决制约电力行业科学发展的突出矛盾和深层次问题，促进电力行业又好又快发展，推动结构转型和产业升级，提出重要意见。就电力体制改革的关键内容，电价形成机制改革，发改委发布文件：《关于完善跨省跨区电能交易价格形成机制有关问题的通知》。《通知》显示，跨省跨区送电由送电、受电市场主体双方按照“风险共担、利益共享”原则协商或通过市场化交易方式确定送受电量、价格，并建立相应的价格调整机制。另外，国家发改委、国家能源局电改六大配套文件发布，期盼已久的新电改六个配套文件终于落地。这六个文件分别是：《关于推进输配电价改革的实施意见》《关于推进电力市场建设的实施意见》《关于电力交易机构组建和规范运行的实施意见》《关于有序放开发用电计划的实施意见》《关于推进售电侧改革的实施意见》《关于加强和规范燃煤自备电厂监督管理的指导意见》。这些意见对于电力行业的发展具有重要的指导意义。

由于能源的战略属性，其在国际社会被视为重要的战略资源，一国能源数量和能源科技掌握的情况直接影响一国在国际社会的地位。电力是能源领域中最核心的能源形式，同样也深刻影响国际秩序的稳定。在中国，电力是基础设施行业，保证经济社会稳定发展是其第一要务，电力价格并没有形成市场调节机制，还是受国家统一调控。电力行业的发展受政策引导，这是由电力行业的特殊属性决定的。国家相关部门就电力行业发展的各个方面都出台了具体的政策，发展方向和发展速度与国家政策紧密相关，这种趋势还将持续很长一段时间。

第四节　电力全球化发展也是真实的朴素能源观

所谓能源观，就是指以系统论的方法，以可持续发展的理念，以全局的、整体的、历史的、开放的、普遍联系的视角去分析和研究能源问题。全球能源观是遵循能源发展规律，适应能源发展新趋势，形成的关于全球能源可持续发展的基本观点和理论。全球能源观的核心是坚持以全球性、历史性、差异性、开放性的观点和立场来研究和解决世界能源发展问题，更加注重能源与政治、经济、社会、环境的协调发展，更加注重各种集中式（基地式）与分布式清洁能源的统筹开发，要求以“两个替代”为方向，以全球能源互联网为载体，统筹全球能源资源开发、配置和利用，保障世界能源安全、清洁、高效、可持续供应。

基于能源观的能源发展方式转变是一项非常复杂的工程，顺应全球能源发展趋势，主要是能源生产和能源消费方式的革新，其核心就是以电力为中心。国内煤、电、油、气、运紧张局面反复出现，生态环保形势日趋严峻，以新能源和智能电网为标志的新一轮能源技术革命不断孕育发展，电力在能源发展中的中心地位更加凸显。解决能源发展面临的突出矛盾和问题，推动能源发展方式转变，关键在于电力。电力相对于一次能源而言，是清洁高效的二次能源，多用电等于减少排放；相对于其他能源，电力的经济效率最高。有研究表明，电力的经济效率是石油的 3.22 倍、煤炭的 17.27 倍，实现同样的经济产出，用电是最经济的一种方式；一个国家的电气化水平与经济发展水平和能源强度密切相关，电气化水平的不断提高，能源强度将不断下降，有数据表明电能消费占终端能源消费比重每提高 1 个百分点，能源强度就下降 3.7%。由此可见，电气化程度的提升，对于一个国家提高能源使用效率有重要的意义。

全球能源观提到的能源发展方向是实现清洁替代①、电能替代②，需要四大支撑

---

① 清洁替代，是指在能源开发上，以清洁能源替代化石能源，走低碳绿色发展道路，逐步实现从化石能源为主、清洁能源为辅向清洁能源为主、化石能源为辅的转变。清洁替代将从根本上解决人类能源供应面临的资源约束和环境约束问题，是实现能源可持续利用的战略举措，也是未来全球能源发展的必然趋势。

② 电能替代，是指在能源消费上，以电能替代煤炭、石油、天然气等化石能源的直接消费，提高电能在终端能源消费中的比重。随着电气化进程加快，电能将在终端能源消费中扮演日益重要的角色，并最终成为最主要的终端能源品种，实现更加清洁、便捷、安全的能源利用。

技术[1]和国家泛在智能电网[2]的支持。全球能源互联网的核心是电力全球范围远距离输送，是电力的全球化发展。2015 年 9 月 26 日，国家主席习近平在联合国发展峰会上发出倡议，“探讨构建全球能源互联网，推动以清洁和绿色方式满足全球电力需求”，将为世界各国提升能源效率、加快能源转型、推动清洁能源发展以及应对气候变化等目标找到综合性解决方案。全球能源互联网实质是“特高压电网[3]＋智能电网＋清洁能源”，是清洁能源在全球范围大规模开发、配置、利用的基础平台。特高压、智能电网和清洁能源技术和装备的创新突破，为构建全球能源互联网奠定了基础。全球已形成北美、欧洲、俄罗斯—波罗的海三个特大型互联电网，欧洲超级电网、东北亚互联电网、北非向欧洲输电的“沙漠计划”等电网互联计划正在积极推进，这些都将成为全球能源互联网的重要组成部分。

全球能源互联网，可以实现在全球范围大规模地开发、配置、利用清洁能源。全球能源互联网实质是“特高压电网＋智能电网＋清洁能源”。特高压电网可以满足跨地区长距离输送电力的需求，将更多清洁能源从风能、光能、水能丰富的地区输送到

---

① 电源技术。以清洁能源为主导，以电为中心的能源格局，决定了电源技术在未来能源发展中的关键性作用。其核心是不断提高清洁能源的开发效率和经济性，重点领域包括风力发电、太阳能发电、海洋能发电及分布式电源技术等。这些技术突破是构建全球能源互联网的动力之源，对推动全球能源开发清洁化、低碳化十分重要。

电网技术。以电为中心、全球配置的能源发展格局，决定了电网技术在未来能源发展中的关键性作用，需要不断提高电网输送能力、配置能力和经济性，重点围绕电力系统各环节，加快坚强智能电网技术全面创新，主要领域包括特高压输电技术和装备、海底电缆技术、超导输电技术、直流电网技术、微电网技术和大电网运行控制技术等。这些技术突破是构建全球能源互联网的重要基础。

储能技术。储能技术发展是保障清洁能源大规模发展和电网安全经济运行的关键。储能技术可以在电力系统中增加电能存储环节，使得电力实时平衡的“刚性”电力系统变得更加“柔性”，特别是平抑大规模清洁能源发电接入电网带来的波动性，提高电网运行的安全性、经济性、灵活性。储能技术一般分为热储能和电储能，未来应用于全球能源互联网的主要是电储能。

信息通信技术。信息通信技术是实现电网智能化、互动化和大电网运行控制的重要基础，主要包括信息和通信两方面技术。信息技术侧重于信息的编码或解码，是有关信息的收集、识别、提取、变换、存储、传递、处理、检索、检测、分析和利用等技术。通信技术是侧重于信息传播的传送技术，主要包含传输接入、网络交换、移动通信、无线通信、光纤通信、卫星通信、支撑管理、专网通信等技术。信息通信技术被认为是 21 世纪社会发展和世界经济增长的重要动力，是多种技术的融合，也是多种产业的跨界融合，正在带来深刻的产业革命。要适应全球能源互联网的发展、信息通信的内容快速增长、信息通信的范围大幅扩张，就要对信息通信的安全性、实时性、可靠性更加要求严格，这迫切需要在信息通信技术领域有更大的创新和突破。

② 国家泛在智能电网是全球能源互联网的基本组成单元，广泛连接国内能源基地、各类分布式电源和负荷中心，并与周边国家的能源互联互通，承接全球能源互联网跨国跨洲配置的清洁能源。国家泛在智能电网应坚持坚强与智能并重的发展原则，在发挥大电网和坚强网架作用的基础上，有效解决清洁能源发电随机性、间歇性问题，实现各地集中式电源与泛在分布式电源的优化接入和高效消纳，更可靠地保障能源供应。

③ 特高压技术对于构建全球能源互联网至关重要。特高压由 1000 千伏及以上交流和 800 千伏及以上直流输电构成，具有输电容量大、距离远、能耗低、占地省、经济性好的综合优势，输送距离可以达到 1500～5000 公里，全球各大清洁能源基地与负荷中心之间的距离都在特高压输送范围内。2004 年以来，国家电网公司联合各方力量，经过十余年的不懈努力，全面掌握了特高压核心技术，成为世界首个成功掌握并实际应用特高压这项尖端技术的国家，实现了“中国创造”和“中国引领”。特高压技术创新和进步，不仅将改变能源、电力和电网发展方式，而且将有力促进国家经济结构调整、带动装备制造产业升级，实现以创新引领经济发展。

用电地区;而有了智能电网的“智慧”调度,就可以使清洁能源更好地实现“风光互补”,更加灵活地应对发电不稳定对电网带来的冲击,从而为提高清洁能源发电比例奠定基础。全球能源互联网将有望克服清洁能源自身存在的缺陷,使大规模应用成为现实。由于跨洲跨国电网互联具有显著的时区差、季节差、电价差效益,将大幅提升清洁能源的安全性、经济性和稳定性。同时,终端用户面对来自全球供给的能源,将会享受更多样化的选择和更优惠的价格。全球能源互联网可以更加大规模地开发风能、光能、水能等清洁能源。全球能源互联网的建立将逐步提高清洁能源的使用比例,最终实现替代化石能源的能源革命。

为落实中国提出的全球能源互联网这一倡议,中国已经提出了具体方案,可分“三步走”:第一步为国内互联。从现在到2020年,加快推进各国清洁能源开发和国内电网互联,大幅提高各国的电网配置能力、智能化水平和清洁能源比重。第二步为洲内互联。从2020—2030年,推动洲内大型能源基地开发和电网跨国互联,实现清洁能源在洲内大规模、大范围、高效率优化配置。第三步为洲际互联,即全球联网。从2030—2050年,加快“一极一道”[①]能源基地开发,基本建成全球能源互联网,在全球范围实现清洁能源占主导目标,全面解决世界能源安全、环境污染和温室气体排放等问题。

中国发起推动东北亚电力联网,是中国引领推动全球能源互联网建设的重要举措,体现了中国作为大国的责任和担当。近年来,围绕构建全球能源互联网,中国国家电网公司在资源评估、科技攻关、装备研制、投融资创新、组织建设、规划研究、示范工程等方面做了许多开创性的工作,推动全球能源互联网从理念向实践迈进,取得了重要进展和成果。系统评估了包括北极风能、赤道太阳能在内的全球各大洲可再生能源资源;举办高水平的中美、中欧全球能源互联网技术装备研讨会,明确了关键技术和装备突破方向;举办全球能源互联网投融资高层研讨会,研究投融资模式与解决方案。中国的实践充分表明,依托特高压、智能电网、清洁能源等新技术的创新发展,全球能源互联网的建设步伐有望进一步提速。中国已经与日本、韩国、俄罗斯电网公司共同签署了《东北亚电力联网合作备忘录》。同时,为加强国际合作,全球能源互联网发展合作组织同日揭牌成立,首批会员80家,来自亚洲、欧洲、非洲、美洲和大洋洲等五大洲国家,标志着全球能源互联网进入全面发展的新阶段。

据2016全球能源互联网大会发布的信息显示,通过全球能源互联网,从现在起全球清洁能源只需保持12.4%的年均增速,到2050年比重即可提高到80%以上,实

---

① 从世界清洁能源资源分布来看,北极圈及其周边地区(“一极”)风能资源和赤道及附近地区(“一道”)太阳能资源十分丰富,简称“一极一道”。集中开发北极风能和赤道太阳能资源,通过特高压等输电技术送至各大洲负荷中心,与各洲大型能源基地和分布式电源相互支撑,提供更安全、更可靠的清洁能源供应,将是未来世界能源发展的重要方向。北极地区风能资源丰富且分布广,技术可开发量约为1000亿千瓦,约占全球陆上风能资源的20%。环北冰洋的喀拉海、巴伦支海、白令海峡和格陵兰岛等是北极风能资源最丰富的地区。

现能源永续清洁供应；到 2050 年全球二氧化碳排放量控制在 115 亿吨左右，仅为 20 世纪 90 年代初排放水平的一半，可以实现全球温度上升控制在 2℃ 以内。可见，通过全球能源互联网，可在满足世界能源需求、提供充足可持续能源的情况下，实现可再生能源的充分利用，使人人平等地享受现代能源服务，最终实现“人人享有可持续能源”的目标。构建全球能源互联网，符合全人类的共同利益，也为世界能源和电力技术创新、装备制造提供了巨大空间和历史机遇，体现了世界能源观的核心。

第六章　能源革命时代的电力发展再认识

第一节　能源革命的深远影响

一、能源革命直接引起工业革命，促进社会生产力发展

纵观人类的发展史，共经历了三次能源领域的重大变革。发现火并利用火是人类文明的开端，以人工火代替自然火的利用为标志，柴薪能源成为人类社会生产和生活的主要能源，人类进入植物能源时代。第二次能源利用的变革开始于18世纪的英国，以蒸汽机的发明和19世纪煤炭的大规模使用为主要标志。第三次能源利用的重大变革是正发生于当下的新能源革命，持续使用了200多年的化石能源不仅面临战略性资源枯竭，而且给地球的生态环境造成极大的破坏。而新能源革命是利用可再生能源逐步替代化石能源。第三次能源利用的重大变革仍以开发不同电源的方式体现出来，从能源终端消费来看，电力将成为主导能源，其他化石能源在终端消费的比例会进一步下降。与此同时，能效问题受到极大的重视，被视为第五种能源（表6-1）。

表6-1　历次能源领域重大变革的特征和影响[①]

能源变革	主要标志事件	主导能源	储运方式	能源消费革命的影响
第一次能源变革	火应用	柴薪	即时消费	进入农耕文明，摆脱食不果腹、衣不遮体的原始时代
第二次能源变革之煤炭时代（1820—1950）	蒸汽机的发明和应用	煤炭、热力	即时消费	进入工业文明，第一个发展黄金时代，个体生产转向社会化生产
第二次能源变革之石油时代（1950—2001）	电荷内燃机的发明	石油、电力	电力消费相对灵活	工业文明的第二个黄金时代，生产规模进一步扩大，贸易全球化、能源消费总量骤然增加
第三次能源变革（2001—）	智能化电网、能源新技术应用	可再生能源、电力	电力消费相对灵活	逐渐走向低碳能源时代、能源效率不断提高

① 史丹、王蕾：《能源革命及其对经济发展的作用》，载《产业经济研究》，2015年第1期，总第74期，本书引用有所修改。

煤炭的大规模应用解决了社会发展的动力瓶颈，促进了纺织工业、钢铁行业、冶金矿产等重工业的发展。石油与天然气的开发利用，为飞机、汽车及化工产业的发展提供了高效燃料和原料，促进了相关产业的发展，同时也使石油和天然气成为主要能源。风能、太阳能等可再生能源的开发利用，则带动了新型装备制造、输配电产业、储能产业、新型原材料产业等的快速发展。

能源利用方式的变革促进了经济效率的提高。从工业化国家的发展过程来看，能源利用效率随着柴薪、煤炭、石油的替代演变过程逐步提高。据资料显示，从 19 世纪初期的化石能源时代以来，能源消费与经济基本保持同步增长的态势。煤炭时代，发达国家经济增长与能源消费增长（即能源消费弹性）大致保持了 1∶1 的比例关系。1950 年以后，石油成为主导能源，平均而言，能源消费弹性系数大致为 1∶0.6～1∶0.7 的比例关系，这意味着从煤炭到石油，能源使用效率平均提升了 30%～40%。实现电力对煤炭的替代，提高煤炭转换成电力的比重，也是目前各国提高能源利用效率的优选方法。此外，这还能够集中控制和治理污染。

二、 能源革命推动社会经济发展，成为推动经济发展的重要引擎

能源领域的技术创新成为国家竞争能力的核心要素。全球低碳发展的潮流和新的能源体系革命将引发世界范围内经济社会发展方式的根本变革。当前世界正在经历由化石能源体系向新能源体系的转变。可持续发展已成为全球科技创新的焦点。先进能源技术和节能技术则是世界科技发展的前沿和技术竞争的热点领域。先进技术的创新能力和低碳发展方式，特别是信息技术与新能源的结合产生的新型工业模式，将重塑国家核心竞争力，甚至改变全球经济发展格局。

发达国家非常重视减少由于化石能源燃料引发的全球气候变化，奥巴马政府出台的能源新政更是强调发展新能源和可再生能源以积极应对全球气候变化，更雄心壮志地要成为世界能源技术的中心，能源技术的竞争是国家综合国力的重要体现。伴随着世界范围内国际气候治理的深入，各国都掀起了大规模开发和利用清洁可再生能源的浪潮。欧洲一些国家，比如瑞士等国，其新能源占整个国家能源供应的 97%，一次能源几乎被完全替代。在全球能源供需矛盾日益紧张的今天，消费大国非常重视提高能效节能减排工作，积极开发清洁的可再生能源。能源技术是制约发展可再生能源产业的关键因素，谁掌握了最先进的能源技术，谁就掌握了未来世界发展格局的主导权。

清洁能源经济逐步成为世界经济增长的重要引擎。国际能源署统计数据显示，2010 年全球清洁能源新增投资 2 430 亿美元，比 2009 年的 1865 亿美元增长了 30%。其中，中国新增投资 544 亿美元，同比增长 39%，增长数量连续两年位居全球第一；2008 年以前一直居于全球首位的美国新增投资额则为 340 亿美元，同比增长 51%，增长数量为全球第三。① 根据世界自然基金会预测，到 2020 年，全球清洁能源

① 杨丽花、李捷理：《清洁能源经济——美国经验与中国发展》，载《市场经济纵横》，2012 年 1 月。

的产业规模将增至1.6万亿欧元(按当时美元汇率换算,约2.4万亿美元),成为继汽车和电子产业之后的第三大产业。[①] 皮尤基金预测了未来十年G20国家清洁能源产业的发展前景,认为中美都是清洁能源的投资大国。

三、构建以清洁能源供应为主、转变能源消费模式的新型能源体系是世界能源转型发展的大趋势

气候变化使世界各国能源转型的基本趋势是实现以化石能源体系为主向以清洁低碳能源为主的可持续能源体系转型。发达国家的能源供应中可再生能源等低碳能源比例不断提高。可再生能源国际研究机构在2012年《全球可再生能源发展报告》中指出,2011年,欧盟新增电力装机中,可再生能源已占到70%。最近几年,欧美国家通过采取"目标导向和系统视角",率先提出了面向2050年以可再生能源为主的能源转型发展战略。例如,欧盟在《2050年能源路线图》中提出,到2050年可再生能源将占到全部能源消费的55%以上。美国能源部在《可再生能源电力未来研究》中,认为可再生能源可满足2050年80%的电力需求。推动以清洁能源为主的能源系统,特别是电力系统重大变革将成为全球能源发展的大趋势。

可再生能源[②]的需求与消费发展迅速,预测从2010年到2040年每年将平均增长2.8%。可再生能源之后,天然气和核能将迎来下一个快速增长的时代,每年将以2.5%的速度增长(图6-1)。

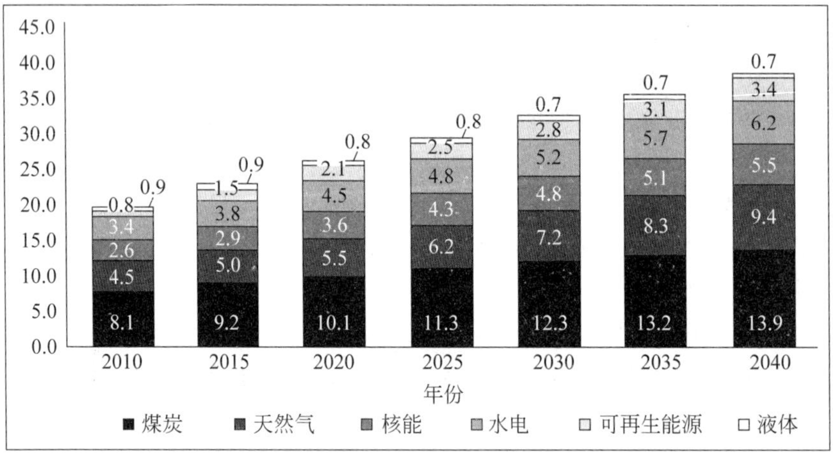

图6-1 2010—2040年电力生产原料比例(万亿千瓦)

资料来源:U.S. Energy Information Administration,International Energy Outlook 2012.

---

① 世界自然基金会:《2020年清洁能源将成第三大产业》,新华网,2009年12月14日。http://news.xinhuanet.com/world/2009-12/14/content_12644835.htm

② 以可再生资源发电总量为基准,包括风能、地热、太阳能、生物发电和垃圾发电,跨国电力供应不被计算在内。

四、 能源革命将改变人类的生活方式

伴随着能源革命发展进程的，是人类生活方式的变化。从第一次能源革命的柴薪时代，到第二次能源革命的煤炭和蒸汽机时代，人类就从衣不遮体、食不果腹的原始生活方式中解放出来，进入以大工业生产为特征的新型城市生活。能源革命给人类带来的生活方式的变化是天翻地覆的，推动着人类向更高级的文明发展。第三次工业革命正在悄然发生，这场由信息、通信技术，新材料技术，互联网技术等通用技术的突破和大规模应用所驱动的第三次工业革命将促进制造技术向一体化、智能化、微型化、全周期化和人机关系更加友好的方向快速发展，并最终促使整个工业生产方式呈现出高度柔性化，可重构化和社会化的特征。能源消费方式将面临重大变革：信息技术、互联网技术不断突破，智能化电网，分布式电源得到较快发展，越来越多的家庭成为能源消费者和生产者，由单向接受、模式单一的用电方式，向互动、灵活的智能化用电方式转变。[①] 家庭可以成为能源的消费者，也可以成为能源的制造者，不但可以自给自足，甚至还可以将用不了的能源通过微电网或者智能电网技术上传到主电网。具有高度分散性、移动性、共享性的新能源与现代移动多媒体技术，以及现代快速交通技术相结合，可以满足人类不再受能源供应限制的需要。人类社会将会进入以高效化、清洁化、低碳化、智能化为主要特征的能源时代。

在新能源、移动多媒体、高速、高铁等技术广泛使用的新时代背景下，中国完全可以走一条特色的城镇化之路。这些技术将会从根本上改变村镇的文明程度，成为生态文明时代多元生活方式的一元而存在。这些技术的使用对未来的居住方式将会产生革命性的影响，人们对居住地选择不再是单一被传统能源锁定的空间，而是一个开放性的多样化空间。未来将会出现更加具有流动性、移动性的居住点，会使具有共同偏好、价值取向的人形成新的居住社区。同时，利用现代技术能够进行能源自足、食物自足、水源就地取用的新型生活方式也会成为一种新潮流，并将成为未来绿色经济发展的新需求。

全球能源革命推动了社会生产力的发展，并带动了许多新产业的出现，能源效率也伴随着能源革命的进程而不断提高。气候变化使世界各国都重视能源转型，实现以化石能源体系为主向以清洁低碳能源为主的可持续能源体系转变，新能源和清洁能源具有非常大的发展空间，并且将成为驱动一国经济增长的重要引擎。未来的消费模式将发生巨大的变化，化石能源将逐渐被新能源替代，推动以清洁能源为主的能源系统，特别是电力系统重大变革将成为全球能源发展的大趋势，整个世界将更清洁、更高效。任何技术的发明或者能源的消费都是为了满足人类生活的需求，提升人类的生活品质，能源革命将使人类的生活有更多可以选择的方式。

---

① 史丹，王蕾：《能源革命及其对经济发展的作用》，载《产业经济研究》，2015 年第 1 期，总第 74 期。

第二节 能源电力革命的效应

习近平总书记提出积极推动能源生产和消费革命，为我国未来能源发展指明了方向。作为能源综合体系重要组成部分的电力工业，需要把握“节约高效、绿色多元、创新引领、深化改革”的发展方向。加快推动消费、供给、技术和体制的变革。“节约高效”就是合理控制电力消费总量，大力提高电力利用效率。“绿色多元”就是牢固树立绿色发展理念，优化电力结构，形成符合我国国情、满足生态文明建设要求的发展模式。“创新引领”就是加快推进电力科技创新，带动产业升级，实现“电力大国”向“电力强国”转变。“深化改革”就是深化电力领域改革，发挥好市场在资源配置中的决定性作用。从2002年五号文到2015年的九号文，这一阶段电力行业的改革对电力产业结构、经济发展、科技创新、体制转变等方面都产生了极大的影响，这一影响将持续到下一阶段的电力行业改革。

一、 电力行业改革的经济影响主要体现在促进中国经济增长

中国是世界上装机容量最大的国家，也是电力消费总量最大的国家，每年都占GDP的1%——每年大约8 000亿元人民币的电力产业投资。以电力产业投资体制改革作为转变经济发展方式的引擎，这将传导并延伸到整个社会和产业领域，提高中国经济的协调性、智能化，提升整个制造业的核心竞争力和能效。

电力改革以合理需求引导供应，促进电力节能提效。目前，我国单位GDP能耗相当于美国的2.3倍，日本的3.8倍，也高于巴西和墨西哥等发展中国家。这充分反映了我国能源发展方式仍然相对粗放，需要充分发挥电力工业对经济发展的先行引导作用。改变过去的“敞口”供应方式，以合理需求引导供应，采用价格杠杆等手段抑制不合理消费。建立提高能源利用效率的倒逼机制，努力实现以较低的电力弹性系数支持较快的经济增长目标。

二、 电力行业改革将积极影响电力产业结构的调整

电力行业改革能够革命性地重新组织电力能源生产方式，再造新型产业结构和发展需要。伴随着电力科技的不断发展，新的电力生产方式将会出现，比如，每一栋楼宇、每一个家庭都可能成为电力生产/消费/转换/交易的一个终结点，他们或者满足自身需要，或者将多余的电量出售，使得供需更加灵活，能源的种类也更加多元。一些新技术的使用，如现代能源传感技术产业、建筑电力智能能源管理系统、电动交通能源管理系统、新能源车辆电动系统、电力能源新材料、电力用户端综合管理系统等新电力科技的应用，将颠覆整个传统电力产业结构。人类的生活方式也将发生巨大的变化，人们将用上更加洁净的电力，电气化的普及将提高人类的生活品质，整个

中国的产业结构也将发生巨大转变。

加快电力结构优化调整，实现非化石能源发展和化石能源高效清洁利用并举。我国的资源禀赋决定了煤炭将长期在能源消费结构中占据主导地位，因此，立足我国国情，必须坚持非化石能源发展和化石能源高效清洁利用并举。坚持清洁煤电、水电、核电、气电和太阳能、风电、生物质发电、垃圾发电、分布式能源等各类能源协调发展。做好可再生能源开发与市场消纳能力的衔接。协调好开发、送出、消纳的关系，集中式和分布式发展并重。既注重整体的能源结构调整，又充分挖掘每个能源品种的优化潜力。

三、 电力行业改革将进行管理体制创新

电力行业改革将打破现有的电力管理体制，建立更加市场化、更加民主的现代文明电力管理体系，消除现有的垄断利益既得群体。电力管理体制的革命就是结束人们在能源领域被划分为生产者和消费者，以及生产者或者电网公司依据垄断权力控制消费者的管理组织。电力管理革命可以是生产者和消费者在全国范围内，甚至国际范围内相互选择、相互进化，实现更加民主的生活方式。

电力行业改革在国际上最大的影响力就是推动中国成为与美国、欧洲并列的全球能源创新中心，中国电力体制的改革将创造先进的电力市场交换网络，全球电力能源体制都将发生改变。

四、 电力行业改革将进一步提升科技创新能力

电力行业改革将确立电力能源领域市场化的经济模式并提升科技创新能力。电力技术革命将提升我国煤炭在发电消耗中的比例，实现煤炭的清洁高效利用，将大大改善由于煤炭燃烧带来的空气环境污染。燃煤电厂脱硫脱硝技术的普及以及碳捕捉技术的广泛应用，将极大地减少二氧化碳和硫化物等污染物的排放，对提升环境质量、实现绿色发展做出极大的贡献。能源行业技术革新主要在电气化领域，通过科技创新，加快先进技术的研发和推广应用，落实科技成果的产业化转换；采用自主研发与引进消化吸收再创新的方法，提高关键设备的国产化水平；通过科技的提升，积极开发节约、替代等先进适用性技术，将极大提高能源利用效率。控制二氧化碳排放以及提高能源使用效率实际上是电力科技水平的提高和管理体制的创新，实现能源体系由以传统能源绿色发展为主向新兴绿色发展为主的转变，有助于推进形成中国绿色发展综合体系，为中国为应对全球气候变化和早日建成资源节约型社会和环境友好型社会做出贡献。

五、 电力行业改革将提升整个能源系统的使用效率

中国工业企业能效很低，这是困扰人们很久的问题。能源革命的关键只有两条

路，一是开发清洁可用新能源；二是提高能效，实现开源节流。美国在能效管理方面有充分的经验，节能效果也非常可观，无论从重视程度、政策设计、激励机制设计还是相关资金投入、技术更新以及标准设定等方面都值得中国借鉴。

首先，加大自主科技研发同时积极引入美国相关先进技术。根据联合国报告显示，中国需要60多项核心技术来实现其降低电力、交通、建筑、钢铁、化学等主要工业领域碳浓度的目标，然而，这60多项核心技术中的70%中国人并不掌握。可以通过购买其先进能源或核心技术，与其合作开发能源技术，资助相关研究人员赴其高校或研究机构进修、访学和学术交流，高薪聘请其能源专家来华担任高级顾问或首席工程师等方式，为能源经济发展提供技术支持。①

其次，除了应用先进技术外，还可以发展合同能源管理以提升整个能源系统效率。能效提高不仅仅关系到技术层面的应用，更重要的是通过加强合同能源管理②来提升整个系统的能源效率。这种模式在中国尚不多见，然而在美国，外购非核心业务是很普遍的现象。因此，推动中国合同能源管理的发展势必要提高合同能源管理在节能领域的认知度，使企业真正将节能管理外包于节能服务公司，将其纳入企业日常经营管理活动中——而不是通过行政命令——真正提高企业节能积极性。

再次，中国政府制定合同能源管理的相关技术标准和激励政策。合同能源管理模式的发展始终离不开政策的大力支持，中国合同能源管理的发展期待政府的具有强制性和稳定性的政策，辅助以不同行业的市场化指标，制定广泛接受的节能标准。另外，应该重视激励政策的作用。除了政府的节能资金拨款外，研究与节能相关的财政、税收、产业政策体系，适时推出阶梯性电价、税收返还、节能量交易机制等。中国缺乏推动节能的市场机制，应充分发挥市场手段，引导企业主动成为节能主体。③

最后，中美企业大力开展合同能源管理示范项目。合同能源管理机制于20世纪90年代引入中国，产业总产值、项目投资额都有了快速的增长，目前合同能源管理项目已经遍及中国工业、建筑、交通等多个领域，为中国节能减排做出了突出的贡献。合同能源管理仍将是确保中国“十三五”乃至2030年节能目标顺利实现的重要手段之一。

中国能源电力革命将带动整个能源系统的革命，电力工业在能源系统中的核心地位决定了这是必然的发展方向(见专栏6-1)。中国电力革命从20世纪80年代开始到现在已经走过了三十年的历程，2015年出台的九号文将继续引领中国电力工业

① 杨丽花，李捷理：《清洁能源经济：美国经验与中国发展》，载《市场经济纵横》，2013年1月。

② 合同能源管理是以能源服务合同的形式向客户提供包括能源审计、节能改造方案设计、项目融资、原材料和设备采购、施工、安装以及调试、人员培训和运行维护、节能效益保证、节能效益分享等一系列综合性服务，美国的大型节能服务公司的主营业务是合同能源，还包括能源的输送和贸易，以节能为目的的能源管理咨询，工程承包和建设，以及其他和能源相关的服务。从本质上说合同能源管理是终端用户能源服务的外购契约的安排，将组织内部的能源服务活动给予外部承包商(节能服务公司)。

③ 杨光梅：《高瞻远瞩的美国能效经济》，载《环境保护》，2010(22)。

走向新的革命进程。中国电力改革对社会带来的和即将带来的影响无法回避，不论是在推动整个社会经济发展、优化电力产业结构、能源体制革新、能源科技创新引领还是电力设备效率提高进而提升整个能源系统效率方面都产生了重大的影响，这些影响还将在下一轮的电力工业革命中继续深化，中国电力工业革命正在影响着整个经济社会的发展进程，未来这种影响还将不断加深。

专栏 6-1　刘吉臻教授提出的能源革命之要点

电源侧：能源生产方式变革（供给结构性改革）

- 非化石能源的大规模开发利用，地热能、水电、核电、风电、海洋能、太阳能发电等清洁、环保、高效、安全的新能源的开发利用
- 未来很长历史时期将是化石能源与新能源共同使用的混合能源时代，以煤电为代表的传统电源将转换角色，形成调节、匹配新能源，与新能源互补的电源
- 传统化石能源的高效清洁利用，大力研发电网友好型先进发电技术
- 多能源互补与火力发电弹性运行将是解决我国未来大规模消纳新能源的根本途径

负荷侧：能源消费方式变革（需求侧变革）

- 新型用电方式与供需协同机制
- 可平移负荷资源是电网中宝贵的资源，在不影响用户生活质量的前提下，借助价格手段、系统手段和市场手段，要引导用户使用新型用电方式，主动参与电网友好互动，实现供需协同
- 以新能源电动汽车为例，它将成为巨大的移动储能电站

电网侧：能源输送方式变革（全球能源互联网）

- 构建全球能源互联网："智能电网+特高压电网+清洁能源"
- 智能电网可以将电源、电网、负荷与储能融合成一个综合性的智慧能源系统
- 特高压输电具有输送容量大、送电距离远、传输效率高、占用土地少等显著优点
- 能源互联是一个从地区、国家再到洲际、全球的动态过程；我国已提出国内互联、跨国互联到洲际互联的行动计划
- 随着我国与世界更多国家开展投资合作，发现很多国家都面临基础设施缺口的问题，存在很大的能源基础设施投资需求。一旦构建全球能源互联网，我国的产能就与对方的需求对接起来
- 符合两化融合战略，是能源领域推动工业化和信息化结合的必由之路。能源技术与信息技术的高度融合，多源互补、源网荷协同控制，网络化、信息化、智能化是未来新能源电力系统的基本特征

传统电力系统

通过调节发电侧的功率输出来满足用电侧随机波动的需求

新能源电力系统

最大特征是间歇性、波动性、随机性；如果新能源的占比越来越高，电力系统将要面对随机波动的负荷需求和不确定的电源输入

资料来源：《刘吉臻校长在全球能源互联网大会上作主旨演讲》

第三节　高等工程教育引领电力工程教育发展观

党的十八大明确提出要加快建设国家创新体系，要实现这一目标，建立与现代工程相适应的具有大工程观、大系统观、大集成观的工程创新拔尖人才培养体系，培养一大批能综合应用现代科学理论和技术手段、兼备人文精神和科学精神、与提高企业创新能力、实现企业可持续发展目标相适应的卓越工程师，就成为关键。卓越工程师的培养离不开高等工程教育，中国的高等教育体系中虽然有三分之一属于高等工程教育，为中国工业化发展输送了大量的人才，培养的工程类人才人数之多世界领先，但是比起发达国家培养工程教育人才的质量，中国距离高等教育强国还相差很远。未来如何培养出来更高质量的工程技术人才需要在"大工程"观的引导下逐步推进。

美国工程教育界根据美国当代经济社会发展的状况，对高等工程教育进行了深入的反思和研讨，形成了这样一种思想：面对急剧变化的当今世界，工程教育必须改革；而工程教育的改革方向是要使建立在学科基础上的工程教育回归其本来含义，更加重视工程实际以及工程本身的系统性和完整性。有人把这种思想称为大工程观视野中的教育观，美国麻省理工学院院长乔尔·莫西斯说："大工程观的术语是为工程实际服务的工程教育的一种回归，而与研究导向的工程科学观相对立"。所谓"大工程"，就是工程技术加上与工程相关的组织管理、金融成本、公共关系、环境生态等复杂的背景因素，这就构成了"大工程"。工程院校不仅要使其毕业生获得智力的发展和技术能力，还要以工业为导向，同时了解自己的专业活动的经济、社会、环境的国际背景；不能仅仅向学生传授一些工程科学知识，还必须让学生接触到大规模复杂系统的分析与管理，这不仅指对有关学科知识的整合，而且包括对更大范围内经济、社会、政治和技术系统日益增进的了解。现代许多技术的重要性和实用价值，越来越少地取决于其内在的特征，而越来越多的取决于其成本、可控性和对环境的作用等。①

以大工程观来看，21世纪的工程人才必须具备工程知识能力、工程设计能力、工程实施能力、价值判断能力、社会协调能力和终身学习能力。工程知识能力，是掌握所从事的工程领域的工程知识、科学知识和相关的艺术、管理、经济、环境、伦理、社会、文化等方面的知识的能力。工程设计能力，是以实践的可行性为目标，合理地整合所需的知识，对工程项目进行设计的能力。工程实施能力，是按照设计方案，对工程项目进行实际建造、运行、管理的能力。价值判断能力，是在工程设计和实施的过程中，基于责任意识，综合工程使用价值、经济价值、环境价值、社会文化价值和审美价值，进行理性判断与合理取舍的能力。社会协调能力，是为保证工程设计和实施的成功，进行人际的表达、交往、协调、组织、管理的能力。终身学习能力，是不断汲取新

① 王雪峰，曹荣：《大工程观与高等工程教育改革》，载《高等工程教育研究》，2006(4)。

知识、新方法、新理念，使自己跟随时代的发展而发展，保持自身创造力的能力。[①] 工程人才要具备上述六种能力，这六种能力需要高等工程教育学校对学生展开综合培训，给学生打下坚实的可以按照大工程观进行自我终身学习的机制。

在“大工程”观视野下培养工程人才，需要构建基于“大工程”观的知识结构和课程体系。美国工程专业发展理事会对“工程”的解释是：是一种专门职业，需要把通过学习、体验和实践所获得的数学和自然科学知识，用于开发并经济有效地利用自然资源，使其为人类造福。现在的高等工程教育已发生了一些重要的变化：其一是工程向着“系统化”发展，诞生了大工程、大尺度工程、微尺度工程，具有系统集成的特征；其二是工程与自然的和谐、与社会的和谐的使命被提到工程人员的面前，专业人士必须关注自然，防止污染，造福子孙，改善民生，并对此负有道德与法律的责任；其三是工程与企业的创业、科技的创新、经济的发展常常密不可分，这要求必须培养“现代的工程师”，而且工程必须求真、求善、求美。因此，工程专业的教育不只是以前理解的“专业”教育，而是通过专业的学习、在掌握专业的过程中认识更广泛的“外部世界”的过程。必须在认识工程新的变化的基础上来认识工程的“专业”，来认识专与博之间的关系。基于上述观念，美国工程类大学开始对原有的教学内容与课程体系进行整合，使之更具有综合性；加强大学生的工程实践能力的培养，使之更具有实用性。科学与工程既有联系又有区别，科学偏重于理论分析，工程偏重于实际综合。工程科学型教育，主要注重培养学生的逻辑思维和理论分析能力，注重各学科自身的系统性。因此，高等学校要围绕未来学生将要面临的复杂、多变的社会，要解决的各类工程技术问题，打乱各门学科知识的系统性和完整性，进行新的整合或集成。[②]

中国在培养自己的卓越工程师方面可以借鉴美国对于工程教育类大学对课程体系整合的经验，对卓越工程师试点专业培养标准进行论证和修订，参照通用标准和行业专业培养标准的基本要求，结合学校特色和人才培养定位，重新修订工程师培养标准，并建立标准实现矩阵。根据新的专业培养标准，讨论、研究、修订培养方案。以“大工程”为视角，构筑现代工程师的知识结构，进行工程师知识系统设计和整体规划，要求学生具备相应专业执业资质的基本条件，并具备工程研究和技术开发的基本素质。按不同的培养模式，分别制订不同的培养计划。

电力高等工程教育需要在高等工程教育发展观的引导下深化教育改革。现代工程教育朝着“系统化”、工程与自然的和谐、工程与科技的创新的方向发展。现代高等工程教育正在“大工程”观的指引下发生重要的变革，现代工程师需要具有工程知识能力、工程设计能力、工程实施能力、价值判断能力、社会协调能力和终身学习能力。

---

① 王雪峰，曹荣：《大工程观与高等工程教育改革》，载《高等工程教育研究》，2006(4)。

② 朱泓，李志义，刘志军：《高等工程教育改革与卓越工程师培养的探索与实践》，载《高等工程教育研究》，2013(6)。

除此之外还必须让学生同时了解自己的专业活动的经济、社会、环境的国际背景，接触到大规模复杂系统的分析与管理，这不仅指对有关学科知识的整合，而且包括对更大范围内经济、社会、政治和技术的了解。电力高等工程教育就是要在这些变化的基础上，重点突出电力工程实践动手能力、设计能力和创新能力培养，着力解决电力“工程性”和“系统性”、“创新性”“综合性”不足的问题(参见专栏 6-2)。

专栏 6-2　工程教育课程改革的思维转向：工程化的视角

课程内容的转向：集成的而不是割裂的。

课程的改革不仅仅是课程内容的变化和革新，更重要的是教育者组织课程的整体性思维方式要有创新和改变。从新世纪国际化发展的趋势来看，高等工程教育课程改革的一个重要特点就是集成化，体现在两个层面。

1. 工程教育的课程内容改革。

科学的发展有其自身的轨迹，现代科学在知识高度分化的基础上，正在朝着知识综合化的方向发展，表现为各学科和技术领域之间的相互渗透、交叉和融合正成为知识形成和发展的重要途径，这一综合化的趋势在工业实践和工程学科研究中表现得尤为令人瞩目。所谓的大工程观，早已超越了狭义的科学技术范畴，而是包括人文社会科学在内的广大知识领域；工程正以工程链的形式呈现出集成化的面目，科学、技术、人文、社会、经济、管理、伦理、道德等内容无不包容在内。大工程观的提出是一种认识上的超越，也是人们对工程教育的认知进入成熟阶段的标志。在这种趋势下，工程教育的课程设置必须满足这样的需求，体现这样的内容，反映出学科综合化的本质和大工程的要求。这就需要工程学科的研究者进行统筹设计、整体优化，使各种类型的知识有机地糅和在一起，成为一个和谐有序的课程系统，而不是盲目地增加课程内容，把相互割裂的知识或内容简单拼凑成“大杂盘”。这样，工程教育就不再是一个被割裂的、孤立的学科教育，实施人文素质教育也不再是狭隘意义上的“对理工科院校学生教育的补充”，因为，工程的、科技的、人文的、社会的教育内容本身都是工程教育的组成部分。作为课程体系，应该完整、有机地把这些学科的知识和内容融成一体，形成一个科学的课程系统。

2. 工程教育课程组织的思维转向。

集成化并不能简单地理解为学科内容的综合化，更重要的是，在理解工程教育、理解课程体系时要持有一种立体化、集合性的思维方式，这是课程体系得以根本改革的重要思想。所谓集成的概念，就像有的学者所强调的那样，是“教学目标与过程的集成；在教学内容上知识与方法的纵向集成以及相关学科的横向集成；理论与实践的集成”。从课程论的角度讲，这是课程思维在方法论上的重大进步，是用一种统合的思想对高等工程教育的整合性理解，要求在考虑课程设置时，打破传统的课程模式，打破固有的课程形态，打破学科壁垒的禁锢，打破理论与实践的隔离，这样的思维路向，才可能真正创新工程教育的课程体系。在这方面，发达国家为改革工程教育所做的努力已有范例。例如，日本筑波大学为实现"工程教育从单纯技术型向社会性综合大工程型"转变的思想，在大学里实行了新的学群和学类制度。"学群好比一所小型的综合大学，涉及人文、社会、自然三个领域，以便使学生接受全面教育。学类相当于某所大学的学部或一所单科大学，学生在新的教学组织即学群和学部里，可以广泛地接触不同专业，并了解各专业之间的相互联系，不再是学文的不懂理工，学电的不懂机械，从而打破了过去大学专业之间的隔绝状态。"另外，如德国大学开设的跨学科的系列课程讲座、美国 MIT 综合化课程改革等都体现了这个特点。

工程教育课程设置的新思考：多维的路向。今天，大工程下的工程教育要求我们以多维的视野、角度和创新的思想来进行课程改革。在一般意义上，基础课与专业课之间存在着逻辑上的纵向关系，但其中某些基础课与专业课之间并无这种严格的关系。因此，将某些专业课提到基础课之前学习，不仅无损于学生所学科学知识的系统性和完整性，而且对于学生了解专业、培养工程意识、树立职业理想十分必要。在最近十余年的教学改革中，我国高校的一些工科院系就提出了这种主张并进行了实践。清华大学土木工程系从 20 世纪 80 年代中期开始为大学一年级学生开设"建筑工程专业概论"课程，通过土木工程基础知识和土建事业现状和发展方向及大学学习原理的讲授，并结合现场参观、观看工程录像、观摩优秀作业展览等实际教学内容，综合组织教学，使学生在学习基础课之前就对所学专业内容、特点有了一个全景式的了解，为他们完成学习任务奠定了思想和认识基础，取得了良好的效果，受到了学生的普遍欢迎。近年来，工程教育界有些学者提出了一种新的工程教育模式——并行式工程教育。并行式工程教育的课程设置体现了一种多维的思维方法，它与传统工程教育的本质区别在于它把教育教学的各个活动作为一个集成过程，从全局优化的角度，对该集成过程进行管理和控制。他们针对传统的"串行式"工程教育(即基础课、专业基础课、专业课三大块依次进行)不利于工程意识和工程实践能力的早期培养等弊端，主张将学生在校学习的全过程设计成由多个"基础课—专业基础课—专业课—实践课"子过程循环往复、螺旋式上升的过程。从宏观上看，在这个模式中，部分专业课、实践课在基础课、专业基础课之前进行，在微观上不违反知识的逻辑和顺序，也就是采取在宏观上并行、微观上串行的方法，用多维的方法设计课程。这种方法不会影响知识的衔接，而有利于学生对知识的吸收，有利于工程意识的早期培养，有利于工程工具的掌握和创新能力的不断提高。

资料来源：刘吉臻：《工程教育课程改革的思维转向：工程化的视角》，载《高等工程教育》，2006(4)。

第四节　电力大学的未来

电力大学作为培养中国电力行业工程师的摇篮，培养了大批优秀工程技术人才、管理人才。在“中国梦”的大背景下，电力大学也有自己的梦想：把学校办成在“大工程”观指引下的有特色、负责任、高水平大学；在办学体制上建立了大学理事会与教育部共建的创新机制；在人才队伍建设上提出了“大人才”发展战略以及“用好、培养、引进”三种人才等一系列人事制度；在学科建设上构建了“大电力”学科体系；培养出大批国家所需要的拔尖创新人才，电力工程专业人才、既懂技术又懂管理的复合型人才、具有系统化思维和宏观视野的实用人才，推动国家能源科学技术的发展、进步，在推进能源革命的过程中做出应有的贡献。

第一，在新形势下，为了加快实现高水平大学的建设目标，要以人为本，把人才队伍建设摆在学校工作重中之重的突出地位，积极实施“大人才”发展战略①，以大视野、大气魄、大举措来统筹规划和推动学校人才队伍的建设和可持续发展。所谓“大人才”发展战略，是以加快高水平大学建设为出发点，高度重视人才队伍建设在整个学校发展中的战略地位与重大意义，做好人才工作总体规划，创新人才工作体制机制，加大人才队伍建设投入，营造良好的文化氛围，通过汇聚和造就各级各类的优秀人才，调动全体教职员工建功立业的积极性、主动性、创造性，形成推动高水平大学快速可持续发展的不竭动力。②

深化劳动人事制度改革，推进人才队伍建设再上新台阶。深入贯彻“大人才”发展战略，继续推进劳动人事制度改革，以“明确目标、提高标准、有序推进、精益求精”为指导思想，探索灵活多样的用人机制，不断优化学校人才队伍结构，充分调动各级各类人员的积极性，以改革激发活力。深化机构改革，按照精简、效能原则科学设置各类机构，推进管理重心下移；进一步完善岗位聘任和新员工聘任制度，逐步建立科学合理的准聘、长聘机制；强化质量导向，完善以绩效考核为主的人才队伍考核、评价标准体系；修订完善专业技术职务评聘条件，完善教职工收入分配体系。科学编制人才规划，制定完成各级各类人才队伍的建设规划，高质量完成人才招聘工作；加大高层次人才、青年人才特别是学校重点学科发展急需人才的引进工作力度，推进各类人才计划的遴选申报工作；规范人事代理、外聘员工管理，建立灵活多样的用人用工机

---

①　华北电力大学校长杨勇平指出：“学校深入推进‘大人才’发展战略，在长江学者特聘教授、首都劳动奖章、高被引科学家、北京市科技新星计划、北京市优秀人才培养资助、香江学者计划、‘中国大学 MOOC 2014—2015 优秀教师’等高层次人才方面取得重大进展，引进国家杰出青年基金获得者 1 名；青年教师‘三化’工程持续推进，选派 30 多名青年教师出国研修；校内 7 名博士后获中国博士后科学基金资助。”《杨勇平校长发表 2017 年新年贺词》，华北电力大学官网，2017 年 1 月 10 日。

②　《华北电力大学 2013 年校长工作报告》。

制。建立健全各类培训体系，加快青年教师成长。①

第二，电力工程教育人才培养应与经济社会发展和技术创新同步。现在的实际情况是电力人才培养明显滞后于经济社会发展与技术进步。我国电力工业虽然存在着自主创新能力不足的弊端，但是，整体技术装备水平与世界先进水平相比并不落后。相比之下，高校的教学仪器设备更新速度缓慢，教材陈旧和教学内容落后的现象也比较严重。根据国家能源发展战略，电力行业近几年在新能源和可再生能源的产业发展迅速，如风电、太阳能发电、生物智能发电、核电等新能源发电。但目前这方面人才奇缺，高校的相关学科专业设置明显滞后、人才培养与社会需求存在脱节现象。未来电力大学在学科设置方面，还要不断根据经济社会发展形式和能源革命进程进行优化，确保培养出来的学生学到的知识不是陈旧过时的内容。

第三，展开校企合作，专注培养既懂技术又懂管理，既懂生产又懂流程的复合型人才。从目前电力行业人力资源的普遍现状来看，还存在一系列问题。比如，由于电力行业人才队伍过于庞大，更新缓慢，造成了整体素质不高，缺乏创新活力的弊端。电力企业的管理型人员在知识结构上需要既懂技术又懂管理，既懂生产又懂流程，但现在的实际状况远远达不到要求。从工科院校方面来说，目前总体上也缺乏对这种“复合型”人才的培养。另外，由于电力企业是技术密集型行业，专门性极强，对人才的实践能力要求很高，而目前大多数工程院校毕业的学生难以达到要求。一方面，从工程院校来说，缺乏与企业的内在联系，缺乏真正开放的办学机制，学生往往得不到进入企业实践、锻炼的机会，在工作岗位上需要很长的适应期。另一方面，大多数企业也缺乏高水平的行业培训机制，对人才培养的策略和过程没有投入和参与，对人才使用的信息也缺乏有效的反馈机制。使具有创新能力的真正意义上的“工程师”越来越难以成批地涌现。长此以往，对电力企业技术的进步和高水平的发展形成了阻碍。

创设促进校企合作、共同培养创新人才的制度环境是解决问题的途径。应当加强对高等工程教育实践的研究，协调和组织高等工程教育进行行业实践活动，通过建立合作机制的方式将产学研结合在一起（参见专栏 6-3），让学生在学校期间就有机会进入企业进行实践。世界有些先进国家，学生在企业实习是要立法保护的，而且是企业非常主动积极争取的事情。要在全社会形成关注教育、营造创新的环境和氛围，探索企业与学校双向联合、互利共赢的途径和机制，加强产学合作的研究实践。在政策层面上，提出鼓励产学结合办教育的措施，要求具有一定规模的企业必须承担产学结合的任务，在一些政策方面可以给予优惠。要有具体的措施指导高校做好产学结合工作，使学生在产学合作中既提高了能力，也为企业创造了价值，取得高校、企业、学生三赢的结果。

① 《华北电力大学 2015 年校长工作报告》。

专栏 6-3 突出高校优势,发展高校产业——访华北电力大学校长刘吉臻

刘校长介绍说,近两年来,华北电力大学在科研经费连续翻番增长、科研项目全面开花的同时,科技产业也得到了前所未有的成正比例的发展。要想获得更多的收益就得投入更多的资金,也就要承担更大的风险。可以肯定地说,学校承担不了这个风险。多年来,高校投资办起来的企业不少,但反过来能给学校资金支持的却很少。相反,这些企业一旦出现亏损、倒闭等问题,所欠的债务、所引起的纠纷等问题就要学校来解决和偿还,严重冲击了学校的教学秩序。还有一些高校为了防止这种事情发生,设置了一道"防火墙",成立了一个科技公司,负开出售。当然,也可以只对内出售给企业的职工。然后由股东大会选举董事长、聘请总经理,使这些企业真正按照市场规律发展壮大。由于学校没有股份,就不用承担管理责任,同时也就规避了所有要承担的风险。而原有的校办企业没有了婆婆,更便于其形成规范化的产业集团。他说:高校与产业之间应该有一种恰当合理的关系,从某意义上说,四方公司之所以能发展成如此大的集团,是因为他按照市场经济的规律行事。

经过多年发展,各个学校的情况不同,存在很大的差异。应当看到这样一个事实,高校手里拥有很多科研成果。有人曾形象地把这些成果比做是一块冰,如果总是把它们"捂"在手里不转化为产品,这块"冰"很快就会融化,会变得一文不值。校办企业也就应运而生。从这点上来看,高校和产业之间的联系就不会断,只是我们通过长时间的观察,认为现在有必要强调发挥各自所长。

高校通过承担国家地方和企业的科研课题攻关,取得了很多成果,这些成果还不能直接产业化,中间存在着转化问题。那么,转化工作应当由谁来完成?应当由高校来完成。可以设想高校建立一个科技园作为孵化器,通过设立创业岗,组织专门力量做科研成果的转化。他说,科技园或孵化器提供了大学和社会之间沟通的平台。通过这个平台,产业部门可以知道高校拥有什么样的科技成果,高校科研人员可以了解市场有什么具体的需求。和以前校办企业不同的是,高校负责孵化器和成果转化的投资,然后通过出售产业化的技术或产品而获益。这个想法得到了上级有关部门的肯定和支持。年初,华北电力大学科技园被认定为北京市大学科技园。刘校长最后说,最近一段时间,我们一直在做这个方面的工作。由于目标明确,措施得当,华北电力大学较好地解决了高校产业中普遍存在的问题,我们希望,校办企业能一直沿着健康轨迹向前快速发展。

未来的电力大学应当着手这方面的改革,加强与企业之间的内在联系,为学生创造更多的实践机会,培养复合型人才。完整工科人才培养的环节,使得学生的知识结

构具有广泛的适用性，学生的工程实践能力的训练得到有效的保障，达到对工科人才“厚基础”和“强能力”的目标要求。对此，华北电力大学校长杨勇平也指出：“‘走校企合作的强校之路’，利用依靠行业和企业办学，是我们的立校之本。”①

第四，明确创新型电力工程人才的目标定位以及人才培养方向。人才培养的价值目标规定着学校教育教学活动的方向，对人才的素质起着重大的影响作用。20世纪50年代在苏联教育模式的影响下，培养整齐划一的“技能工作者”，这种教育模式是对人的主动性、创造性和个性的扼杀和抹灭。进入80年代以后，“科学模式”又开始束缚着工程教育，深刻地影响着工程教育的思维模式与培养方法，学校只提“科学”不提“工程”，丢失了工程的本色，培养出来的人才严重缺失“工程化”的特色。我国工程技术人才长期以来缺乏的“创造力”和“创新精神”，在集成化大工程中，民族核心技术与研发能力的严重弱化，究其根本，与多年来工程教育的人才目标定位有着深刻的渊源。

未来，电力大学要根据社会经济的发展和自身的基础与条件，认真地研究与规划，实事求是地把握好学校自身的定位，以质量和特色谋求发展之路。在办学方向上，一定以人才培养为中心任务，本着为国家、为社会、为学生高度负责的精神，在人才培养质量上下大功夫，扎扎实实地在专业规划、课程设置、教学内容、教学方法上钻研和创新，加强师资队伍的建设，抓好学生知识、能力与品德的养成，开辟多种途径，动用多方力量，促进工程科技人才质量的提高，为国家和社会输送更多更好的创新型工程技术人才。

第五，明确学校办学特色，在学科建设上构建了“大电力”学科体系，重视基础学科建设，培养电力专业性人才。自20世纪末开始启动的我国高等教育体制的改革取得了显著成果，但同时，在“共建、合作、合产、调整”的方针政策下迷失办学方位的高等学校也不在少数。一些工科院校以去掉“工”字升格为“综合性”大学为目标，使自身的传统优势趋于消解。在学科规划和专业设置上，有的学校盲目追逐“热点”，而行业的基础性或发展性专业被忽视，导致的后果是：一方面使高校办学的趋同化日益严重，与社会需求不相吻合；另一方面，高等工程教育的结构出现了不协调的“两头尖”的人才队伍状况，人才规格与国家的产业结构不相适应，高精尖的研发性人才的奇缺与大量的技能工人队伍的缺口成为工科毕业生的一大特点，而大批没有特色的中间性人才造成了普遍的就业困难。

未来的电力大学仍应以培养电力行业专业工程人员为主要办学方向，发挥电力专业传统优势，在学科规划和专业设置上重点突出电力特点，进一步明确办学层次定位与目标定位，办出特色。

第六，要深刻领会“双一流”建设的战略地位和重要性，要充分认识“双一流”建设

① 《杨勇平校长与中电联常务副理事长杨昆举行会谈》，华北电力大学官网，2017年3月14日。

的紧迫性和艰巨性。“双一流”建设目标是一个以学科建设为核心的高等学校综合办学实力的全面较量和比拼。无论是从学校自身来看，还是从外部环境来看，都需要我们必须拥有比以往任何时候都更加强烈的危机意识和紧迫意识，树立比以往任何时候都更加坚定的信念，付出比以往任何时候都更加巨大的艰辛和努力，以舍我其谁的勇气、壮士断腕的决心和只争朝夕的干劲，迎接这一重大机遇，承担这一历史重任，敢于担当，勇于争先，鼓足干劲，奋力拼搏，坚决打赢“双一流”攻坚战。

要全面把握国家“双一流”建设的内涵与要求。要对标“双一流”建设标准，认真按照“双一流”学科建设高校要求，在人才培养、科技创新、人才队伍、文化建设、社会服务等方面全面发力，推动改革，加快建设。要面对国家重大战略需求，面对经济社会主战场和世界科技前沿，结合学校的基础和特色，突出学科交叉和协同创新，突出与行业产业发展的紧密结合，深入开展校企合作和国际交流，探索出一条具有华电特色的“双一流”的建设路径，精心设计我校“双一流”建设方案，确保“双一流”建设深入推进，要打造“高峰”学科，培育“高原”学科，发展“支撑”学科，加强学科的交叉与融合，全面提升“大电力”学科体系的整体水平。[①]

第七，培养贴近实际，具有宏观系统思维能力、具有全球视野和工程伦理的专业人才。除了专业知识外，电力工程的学生也应该学习有关的政策法规，懂得如何使自己的工作有正确的导向，系统看待自己的专业能力。麻省理工学院为各个院系开设了《环境规划和设计的策略分析》课程，目的在于使学生能够研究在社会背景下运作的复杂技术系统。例如，如何有效可行地制定处理洛杉矶地区空气污染问题的政策。教学目的不仅是寻求控制排污的方案，而且要设计一种政策，与该地区的社会、经济和历史的背景相协调。麻省理工学院的这种做法值得借鉴。培养中国电力工业的工程技术人才也应该使学生们具备这种宏观思维的能力，不仅仅局限于自己的专业细节，还将其置于相关产业政策的背景下，具有更开阔的思维能力。

随着世界各国经济的不断增长，人类面临越来越多的包括气候变化在内的全球性问题。要实现遏止气候变暖的目标需要国际社会的共同努力，仅靠少数国家是无法实现的。中国是发展中的大国，正处于经济高速增长期，能源需求量很大，控制污染物排放的形势很严峻。中国的能源供应和需求必须在全球范围内予以考虑。培育电力大学学生全球视野和责任意识应当成为高等工程教育国际化的一项重要内容，

重视工程伦理。高等工程教育要使未来的工程师在面对一个工程项目时能够回答四个问题：一是“会不会做”，而且要做得比别人好；二是“值不值得做”，即要有经济头脑；三是“可不可以做”，即要有法制观念；四是“应不应该做”，即要考虑环境、生态、可持续发展等问题，要有伦理意识。一个实际情况是考虑环境、生态和可持续发展问题所采取的措施，很可能会提高成本压缩利润，如何教育未来的工程师回答好这

---

① 《教职工代表大会开幕，杨勇平校长作工作报告》，华北电力大学官网，2017年2月17日。

个问题是高等工程教育的重要任务。

第八，培养具有创新精神的电力工程专业人才。既包含原始创新，也包含集成创新和引进消化吸收再创新，人人都可以从不同的角度与不同的层次来进行创新，这样社会才会获得最大的创新迸发力，储有最大的创新能量的总和。谈到创新人才应具备的素质，从知识上来说，他们能够整合知识、分析知识结构的相关性；从能力上说，在遵守规范的基础上，创新人才还具有对专业领域的敏感性，能够在运用知识的基础上尝试新方法、新技术，具有对知识进行转化的意愿；从品质上来说，他们有着对行业、领域的高度热爱。我们现在的大学教育更多的是向学生输入知识，告诉他们一些知识应该是这样的，而没有告诉学生很多知识是可以再创造的。学生们都是按部就班地学习生活，没有激发出学生那种创造新东西的愿望，青年学生的可塑性与创新迸发力是极强的，我们应该努力创造一种环境，培养学生动脑思考，不断动手创新的激情和能力。

国家的教育改革发展是一个系统工程，工程教育改革是其中一个组成部分，教育需要不断地改革创新，从而真正实现我国由教育大国到教育强国的转变。电力工程教育是工程教育中一个非常重要的学科分支，事关未来中国电力行业发展的兴衰。电力大学作为培养电力工程师的摇篮，培养应与经济社会发展和技术创新同步；明确创新型电力工程人才的目标定位以及人才培养方向；明确学校办学特色；激发青年学生的创新精神；培养贴近实际，具有宏观系统思维能力、具有全球视野和工程伦理的专业人才。力争电力大学在电力工程师培养方面成为世界一流大学，这个理想实现之日，也是中国电力工程教育站在世界前列，培养出领先电力科学家与工程专业人才，被世界仰慕之时。

第七章　中国电力：守护国家经济命脉

第一节　中国电力的国家和世界经济地位

能源作为国家重要的战略资源，关系到国家安全，电力工业是能源行业的核心，具有无可取代的战略地位。中国是世界上最大的能源消费市场，电力工业是"信息化和工业化深度融合"的核心环节，巨大的市场规模吸引众多外资企业抢滩中国电力市场，中国电力工业不仅是中国能源战略的核心，对世界能源经济的发展也有强大的助推作用。

一、能源问题是关系国际社会的重大战略问题

在国际政治经济舞台上，能源一直是被各国视为关涉国家安全的重要战略性资源，国家间一方面为建立自身能源供应渠道、维护自身安全在世界能源市场中激烈争夺；另一方面国际间的能源合作也成为国际政治、经济、环境保护等诸多领域中一个重要而敏感的议题，甚至是国际政治的重心。历史上历次国家间战争的爆发都与能源有着密切关系，世界石油资源的抢夺和瓜分早在20世纪20年代就已经开始，世界强国无不在能源富集地区排兵布阵，国家间战略利益历来把石油资源争夺和海上战略通道作为争夺的焦点。

近年来，随着世界经济的快速发展，世界能源需求快速增加，供求问题变得尤为突出。各国都加紧了对能源安全问题的重视，能源消费国利用贸易、援助等经济手段，或者发动战争等政治手段保障本国的能源供应和安全，加速能源战略布局；能源生产国利用能源的输出提升能源交易的主导力和话语权。世界能源市场格局和形势变得更加复杂。

中国已成为世界上最大的能源消耗国，由此产生的环境问题更是使中国在国际社会上承担巨大压力。中国国内资源约束突出，石油、天然气等优质资源相对不足，随着中国能源需求特别是油气进口量的迅速攀升，能源进口依存度将不断攀升。根据BP的估计，中国到2035年将超过欧洲，成为世界上最大的能源进口国，而其进口依存度将从15%升至23%。中国能源产量在消费中的比重将从当前的85%降至2035年的77%，使中国成为世界上最大的净进口国。中国在全球能源需求中的比重将从22%升至2035年的26%，而其增长贡献了世界净增量的36%。[①] 中国能源问

① 《BP2035世界能源展望》，国家和地区专题——中国专题。

题越来越受到国际社会的普遍关注，并与世界上其他能源消费国、能源供应国形成更密切的关系。中国已成为世界第一大能源消费国，对能源的需求、能源政策制定、能源技术发展和能源战略关系的选择都对世界格局具有重要影响。

中国作为全球最大的发展中国家，能源消费增长迅速，是国际能源机构(IEA)外消耗石油量最大的国家，同时中国能耗的高速增长也造成了资源环境的破坏性代价。中国不断增长的能源消费不仅造成了国内能源供给不足的压力，能源消费结构的落后也使生态环境遭到了前所未有的破坏和冲击，中国在国际社会上也饱受因为环境污染而带来的巨大压力。

能源的战略属性以及与国家安全之间的关系使得各国政府将能源问题上升到国家战略问题的高度。中国是世界上最大的能源消耗国，对国际能源市场的影响可谓牵一发而动全身，中国能源问题对世界经济的影响不可忽视。

二、 中国电力是中国能源战略的核心

中国的能源问题已经在很大程度上影响了世界能源市场，同时与世界经济的发展也有着密切的联系。中国能源战略的核心环节是电力，因此，中国电力对中国和世界经济的影响十分重大。众所周知，能源问题是一个复杂的系统，涉及煤炭、电力、水、石油、天然气、核电等各个品类及其开发、转换、输送、消费等各个环节。电能在能源系统中居于中心地位，能源的消耗基本都转换成电能为人所用。早在 1985 年《中共中央关于制定国民经济和社会发展第七个五年计划的建议》中就提出："能源工业的发展要以电力为中心"。1996 年发布的《中华人民共和国国民经济和社会发展"九五"计划及 2010 年远景目标纲要》中重申了"能源建设以电力为中心"的方针。2004 年国务院常务会议讨论通过的《能源中长期发展规划纲要(2004—2020)(草案)》进一步提出："坚持以煤炭为主体、电力为中心、油气和新能源全面发展的战略"。[①]

能源战略以电力为中心，是指我国在制定能源发展战略的时候，会将电力平衡作为能源平衡的重要支撑，把发电作为一次能源转换利用的重要方向，煤炭、油气等化石能源的主要用途就是用来发电。同时把电网作为能源配置的重要基础平台，把提高电气化水平作为优化能源结构、提高能源效率的根本举措，通过电力工业的科学发展，促进一次能源资源的高效清洁利用，调整能源结构，逐渐减少一次能源在发电环节中的比重，增加清洁能源在发电环节中比例，逐渐优化电力输送网络，缓解一次能源消耗与环境保护之间的矛盾，减少二氧化碳的排放，实现能源可持续发展。

能源战略以电力为中心是由电力的特性以及能源发展规律决定的。化石能源和

---

① 刘振亚：《中国电力与能源》，58 页，北京，中国电力出版社，2012。

非化石能源最终转化的终端是电力，电力供应安全直接关系国家能源安全，电力能源结构也直接关系到节能减排、提高能源使用效率。无论从哪个方面来说，电力的作用都十分重要。

第一，电力供应安全直接表现为国家能源安全。现代社会对电力的依赖程度不断加深，一旦发生大面积停电事故，将严重影响经济社会稳定发展。2003 年 8 月 14 日，发生在美国东北部及加拿大部分地区的大面积停电事故，导致美国及加拿大的航空和陆路交通瘫痪，影响人口 5 000 万，损失高达 300 亿美元。2012 年 7 月，印度连续发生了两次严重的停电事故，给当地社会经济、人民生活带来灾难性影响。这两次大面积停电事故给我们的教训是电力供应安全出现问题，整个地区将受到灾难性的影响，国家安全都无法得到保障。

能源安全最重要的一个方面就是能源供应安全，根据中国的资源禀赋，煤炭在相当长一段时期内都是中国的基础能源。从煤炭的利用方式来看，中国现在有一半左右的煤炭都是用来发电及供热，而美国这个数值高达 90%以上。推进煤炭优化发展，有利于实现煤炭资源的高效开发和利用，对于保障能源供应安全非常重要。

中国在 2015 年已经成为世界上石油对外依存度最大的国家，降低对石油进口的依赖最重要的途径就是实行多元化战略，在众多领域实行以电代油的策略，缓解石油供应的压力，减少石油对外依存度，降低石油短缺对于国家能源安全的影响。

第二，优化能源结构，缓解环境保护压力。大力发展清洁能源与可再生能源是应对气候变化，改善中国能源结构的关键。近年来，中国发电能源消费结构总体稳定，电力消费总量保持增长，清洁能源并网发电量持续增长，2014 年清洁能源发电量占总发电量的比重为 27.4%，同比增加 3.3 个百分点。核电占比基本稳定在 2.1%左右；水电为 19.2%，比 2013 年增加了 2.4 个百分点；风电占 2.8%；其他类型电源发电占比较 2013 年提高了 0.5%，达到 3.1%；煤电比重下降趋势明显，受风电、核能、太阳能发电量明显增加的影响，2014 年煤电占比降至 70.5%，较 2013 年下降 3.3%。[①] 未来应当继续增加清洁能源在能源消费总量中的比重，将清洁能源转化为电力，优化能源结构是未来能源发展的方向。

第三，提高能源效率，降低能源强度。电力是经济效率最高的能源品类。不同的能源有不同的经济效率，相对于其他能源，电力的经济效率最高。有学者根据中国 1978—2003 年间的数据研究发现，电力的经济效率是石油的 3.22 倍、煤炭的 17.27 倍，即 1 吨标准煤当量的电力创造的经济价值与 3.22 吨标准煤当量的石油、17.27 吨标准煤当量的煤炭创造的经济价值相同。[②] 这就表明，实现同样的经济产出，用电是最经济的一种方式。

---

① 国网能源研究院：《2015 中国发电能源供析与电源发展分析报告》，6 页，北京，中国电力出版社，2015。

② 刘振亚：《中国电力与能源》，62 页，北京，中国电力出版社，2012。

能效，从消费角度看，是指为终端用户提供的服务与所消耗的总能源量之比。具体能效指标有，一次能源消耗强度、二氧化碳排放强度等。据国际经验表明，一个国家的电气化水平与经济发展水平和能源强度密切相关。随着经济的不断发展，电气化水平的不断提高，能源强度将不断下降。据 1970—2004 年英国、美国、日本、德国、法国五国的历史数据计算，电能消费占终端能源消费比重每提高 1 个百分点，能源强度就下降 3.7%。可见，电气化程度的提升，对于一个国家提高能源使用效率有重要的意义。

电力影响经济社会的各个领域，作为现代文明的动力基础，电能非常重要，但是又经常被人忽视，就像我们呼吸的空气，一旦失去，才发现它会威胁到人类的生存。电力是清洁高效的能源，使用便捷，已经是我们生活中必不可缺的生产和生活资料。中国已经是世界上最大的能源消费国，未来所有的一次能源都可以通过某种方式转化为电能。提高电能在终端消费中的比重，可以更好地提高能源效率，缓解石油对外依存的压力，促进能源结构的优化，提高环境质量，提高能源使用效率，推动经济、社会、能源、环境的可持续发展。

三、电力消费是国家经济发展状况的晴雨表

从世界范围来看，主要发达国家人均年用电量都在 5 000kW·h，韩国从 1970 年到 2000 年，利用 30 年的实践，完成了人均 GDP 从 2000～10 000 美元的工业化快速发展阶段，与此同时，其人均用电量也上升到 5 000kW·h。从国内外经济发展相同阶段看，在人均年用电量超过 2 000kW·h 后，经济社会进入工业较快发展阶段，电力需求保持快速增长，人均用电量达到 5 000kW·h，所需时间大致是 10—18 年，年均增长率保持在 6%～10%，且达到 2 000～5 000kW·h 阶段时间越晚，持续时间相对较短，增速越快。

电力产业发展与国民经济发展具有高度相关性，体现在发电量增长率和 GDP 增长率之间呈现出高度的正相关性，这已在世界各国得到普遍验证。1978—2010 年，中国国内生产总值年均增长 9.9%，同期全社会用电量的年均增长速度也达到 9.2%。2010 年中国发电装机容量、发电量分别达到 1978 年的 16.8 倍与 16.5 倍。

用电量在三次产业结构中的比例也反映了中国经济这些年在产业结构调整方面的变化。产业结构不断调整和优化，电力消费结构也发生了较大变化。1990 年，中国三次产业及居民用电结构为 5.0∶79.4∶8.1∶7.5；之后，第二产业在技术进步和结构调整等因素影响下，用电量比重有所下降，随着第三产业在国民经济中的比重不断增加，用电量的比重也随之上升，居民生活水平提高，用电消耗也有所增加。到 2012 年，用电结构变为 2.0∶74.0∶11.5∶12.5(表 7-1)。

表 7-1　中国用电结构[①]

年份	类　别	全社会	第一产业	第二产业	第三产业	居民生活
1990	用电量/亿 kW·h	6 126	308	4 864	493	461
	占比%	100	5.03	79.4	8.05	7.53
2000	用电量/亿 kW·h	13 466	534	9 786	1 474	1 672
	占比%	100	3.97	72.67	10.95	12.42
2012	用电量/亿 kW·h	49 657	1 003	36 733	5 693	6 228
	占比%	100	2.02	73.97	11.46	12.54

从电力消费情况也可以看出区域之间经济发展的差距。在中国，华东和南方，经济发展总量和速度明显高于中西部地区，用电量及增速也反映出这一特征。2012年，华北、华东、华中、东北、西北和南方地区用电量分别为 12 252、12 086、9 024、3 365、4 584、8 346 亿 kW·h，1979—2012 年平均增速分别为 9.1%、10%、9.0%、9.5%、11.4%。从各地区的用电量来看，华北、华东地区经济发展迅猛，经济总量较大，而西北、东北地区经济发展速度慢，且经济总量明显不如华东地区，反映在用电量的消费上，数据是前者的 1/4～1/3。从用电量的比重来看，也符合这一规律。华东、南方电网地区用电比重呈现上升趋势，东北地区用电比重持续下降，华中地区用电比重先升后降，西北地区基本保持稳定。华北、华东、华中、东北、西北、南方电网地区用电量占全国比重分别从 1978 年的 25%、19.1%、19.4%、19.4%、8.5%、8.6%发展到 2012 年的 24.7%、24.2%、18.2%、6.8%、9.2%、16.8%。[②] 从这些数据中，我们就可以看出这些地区改革开放 40 多年来经济发展的脉络和轨迹，西北地区经济发展速度迟缓、经济总量较低，用电量占全国比重也最小。

从以上的数据中我们不难看出，中国经济的发展与电力消费的变化基本协同，经济增长的速度与电力消费增长的速度基本相同。产业结构的改变也反映在用电结构的改变上，伴随着第三产业占国民经济中的比重不断上升，其用电量也呈现出这一特征。而在中国的不同区域，用电量也表现出明显的差异，经济发展较快的区域和经济总量较大的区域，用电量的增速较快，用电总量也最多，而在西北这些经济欠发达区域，电力消费则与发达地区差距非常大。总而言之，我们可以从一个国家用电量的变化上看出这个国家经济发展的情况，以及区域之间经济发展不平衡等问题。可以说，电力消费量是反映经济发展情况的重要晴雨表。

① 中国能源发展战略研究组：《中国能源发展战略选择(上册)》，北京，清华大学出版社，2013。

② 中国能源发展战略研究组：《中国能源发展战略选择(上册)》，352 页，北京，清华大学出版社，2013。

四、中国电力市场规模巨大引得外资争相抢滩

中国是世界上最大的能源市场，世界上很多国家和企业都希望能够参与中国的能源市场，外资已经参与到中国电力设备、清洁能源发电、智能电网等电力工业的发展，中国电力产业发展受到世界的关注。就清洁能源市场来说，按照美国商务部测算，中国清洁能源市场规模在2020年将达到5 550亿美元。对于希望经济复苏的美国而言，这是一个非常具有吸引力的市场。美国看重中国清洁能源市场的规模和发展潜力。骆家辉出任美国商务部部长后三次访华，均与清洁能源相关，骆家辉表示："一个风力发电机组由8 000个零部件组成，需要200吨钢材。其中涉及许多尖端技术，美国有望成为许多重要零部件的生产基地。"[①]2005年前中国在可再生能源领域的投资仅为47亿美元；2009年，中国共投资383亿美元，投资规模实现最大增幅60%，第一次超过了G20所有国家。美国智库皮尤研究中心从2010年起开始发表《谁将赢得清洁能源竞争？——世界最大经济的增长、竞争与机会》系列报告，报告称，中国在2009年的清洁能源投资超过346亿美元，美国则退居第二，仅为186亿美元；2010年，中国以高达544亿美元的投资额再次成为全球清洁能源第一投资大国，德国和美国位居第二和第三，投资额分别为412亿美元、340亿美元。[②] 2011年中国的整体投资水平从榜首的位置下滑至第二位，为455亿美元。[③] 预计2020年中国新能源私人投资额为930亿美元，10年累计投资额的预测达到6 200亿美元，从这两组数据中可以看出中国清洁能源市场的规模。美国清洁能源企业迫切希望在中国市场上寻找到合作伙伴，抢占中国清洁能源市场，获取更多经济利益。

中美能源市场具有很强的互补性，美国向中国提供能源技术，中国则为美国企业提供巨大的能源市场。美国是世界上能源生产和开发技术最先进的国家，美国不但掌握了一系列先进的能源开发技术，还具有成熟的商业运作模式以及高能效技术。此外，在环境保护方面美国也具有世界领先的控制污染物排放技术。中国在能源生产技术、能源技术与商业运作模式上与美国有很大的差距，但是中国目前处于经济高速发展时期，中国具备创新技术应用变革的市场条件。中国可以通过技术购买等方式获得一些在美国由于种种原因还没有得到大力推广的尖端技术，通过技术合作实现中国能源生产及开发技术的创新与变革。同时，中国是世界上最大的消费市场，能源领域的消费市场足以让美国能源企业趋之若鹜。一些西方机构联合起草的报告称，中国将有望成为拥有绿色科技的市场价值每年5 000亿甚至1万亿美元，或者是

① 竺彩华，杨媚：《中美清洁能源合作现状及发展前景》，载《国际经济合作》，2012(7)。

② 中国居清洁能源投资大国"第一位"，经济观察网，2011年3月30日，http://www.eeo.com.cn/2011/0330/197682.shtml。

③ CMEN：《2011年中国清洁能源投资排名下滑，美国重回首位》，国能网，2012年6月8日，http://www.iguoneng.com/ranking/2012_06_18_874.shtml。

达到中国2013年国民生产总值的15%。[①] 中国能源效率的提高和环境质量的改善与中美两国之间的合作密不可分。

第二节　国家经济命脉的定义与客观地位

国民经济命脉是指对社会经济发展具有重大影响的部门、企业和资源。关系国民经济命脉的行业包括：涉及国家安全的行业、支柱产业和高新技术产业中的重要骨干企业、提供重要公共产品的行业、重大基础设施和重要矿产资源行业等。在中国，国有经济控制着国民经济的命脉。电力工业作为国家的重大基础设施必然成为国民经济命脉的核心。

以电力为中心的能源战略是中国乃至世界各国的一种共识，在现代社会中，电力工业不仅是基础设施产业更是国民经济中的重要组成部分，也是国民经济和社会发展的重要条件，在国民经济和社会发展中具有举足轻重和无可替代的重要地位。

一、电力工业是现代经济的主要动力来源

煤炭、石油等一次能源作为现代工业的动力来源，在人类社会进入工业化时代起了很重要的作用，随着科技的进步，电能成为最清洁和最精确的二次能源，并可以实现一切能源的相互转换。化石能源可以转换为电能，比如煤炭和天然气可以用来发电；可再生能源也可以转换为电能，比如水能、太阳能、地热能、风能、潮汐能等，也可以成为用来发电的清洁能源。如果没有这样的转化，人类无法直接使用这些清洁能源。电能在用户侧，可以转换为我们生产和生活需要的光能、热能、机械能等各种形式的能量。电能作为终端能源为现代社会的发展提供了最有效、最清洁的动力。也正因为如此，电能已经成为最重要的二次能源，逐渐取代一次能源，在美国，煤炭被用来发电的比例高达90%以上，电能已经基本完成了煤炭这种化石能源的替代。电能成为最大的动力来源之后，经济的增长与电能的需求直接相关，电能取代其他能源，成为现代经济的主要动力源。用来生产电能的能源消费在一次能源中的比例不断增加，有更多的能源转化为电能这种优质的二次能源。中国每年所采煤炭55%以上用于发电，电力消费能源在一次能源占比中超过40%，这个比例还将不断上升。

二、电力工业已经成为社会发展的基本条件

电能优质高效的特性也使得电能在促进能源、经济、环境之间的平衡中起着关键的作用。从国内外的经济社会发展历程来看，能源替代始终是贯穿始终。目前，人类正在经历用新能源和可再生能源替代传统化石能源的阶段。从终端来看，主要是电

---

① 中国绿色科技：《中国绿色科技报告2009》，曼高公司，2009年。

能对化石能源的替代，电能替代是终端能源替代的重要趋势。一次能源转换为电能的比重和电能占终端能源消费的比重已经成为衡量一个国家经济发展水平、能源使用效率、环境保护程度、人民生活富裕程度等的一个重要标志。电能替代是保障能源安全的一个重要途径。化石能源都是不可再生能源，总有一天会枯竭，这就需要大力发展可再生能源，可再生能源转化为电力是必然选择，可以通过这种途径满足经济社会发展对能源的需要，更好地保障能源安全。另外，电能是突破环境约束的重要因素。现代环境污染的主要途径就是煤炭燃烧，煤炭的大量终端消费是引起中国能源环境问题的主要因素。中国2010年煤炭占终端能源消费的比重是44%，电力是21.3%，远低于世界发达国家水平。将煤炭转换成电力再投入终端使用是减轻煤炭对生态环境破坏的最好办法之一。在城市中大力发展电能替代，减少煤炭直接燃烧，可以促进城市大气质量的提高和生态环境的改善。通过电能替代可以提高能源效率。在能源生产侧，煤炭高效利用的主要方式是发电，将煤炭转换为电力是一个国家提高能源效率的最好方式。电能的终端利用效率比其他能源都高，提高电能在终端能源消费中的比重，可以增加经济产出，提高全社会整体能效。

三、 电力工业是现代经济的重要组成部分

电力工业作为现代工业本身，是现代经济的重要组成部分。电力工业具有资本密集和技术密集的特征。电力工业在发展过程中，通过技术进步等方式，为人类社会带来了巨大的财富。2001—2010年间，电力投资占国民生产总值的比例平均为2.11%。[①]根据2010年中央企业国有资产运营情况的统计资料，2010年中央企业国有资产总额为70 943.7亿元，其中电力行业中央企业的国有资产为15 939.9亿元，占全部中央企业国有资产比例的22.47%，说明电力工业已经是国有经济的重要力量。

电力不仅直接带来了能效的提高，还带来了产业结构的变化，促进了技术进步。电气化水平已经成为一个国家经济发展水平的重要标志，电气化水平越高，电能应用的范围越广，能效也越高。比如，用电解方法加工提纯金属取得了多种具有空前纯度的有色金属，满足了对其应用质量的要求。电气化铁路的应用实现了陆地运输上的高速度、大运力、高陡度、无污染的运输手段，已经取代了内燃、蒸汽机车；各种家用电器的发明，给人类的生活带来了极大的便利，并且安全高效、卫生美观，提高了人们的生活品质。电能还为技术进步和许多新型工业的出现创造了条件，像电子、电化学、核能等工业，完全依靠电能；很多重大发明都是依托电力进行的，当今社会，电能已经成为国民经济和居民生活不可或缺的重要产品。

总之，电能已经成为经济发展的主要动力，是社会发展的必要条件，更是现代经

① 叶泽，张新华：《推进电力市场改革的体制与政策研究》，16页，北京，经济科学出版社，2013。

济的重要组成部分。电力作为终端能源消费的比重已经成为衡量社会先进程度的一个标志。电力不但是国家的重大基础设施产业，更关系着国家安全以及经济发展的命脉，未来，中国将不断增加电力作为终端能源消费的比重，伴随的将是中国成为更发达的经济体。

第三节　中国电力企业的国家和世界贡献

一、中国电力企业作为社会经济运行的动力基础，保稳定健康是第一要务

电力行业作为影响国计民生的基础产业，相关企业基本是以国有性质为主，国有性质的企业最核心的职责是确保整个国民经济的稳定发展，有时候会以牺牲企业利润为代价来稳定整个市场。2002年电力行业进行厂网分开的改革时，实行的是市场煤和计划电的政策，电价实行国家调控，而煤炭则是根据市场调节决定，此举决定了煤电倒挂，出现电厂发电越多亏损越多的现象。2012年，在全国4 577家规模以上电力企业中，亏损企业1 011家，亏损面22.09%，经营形势仍然十分严峻。

国家电网公司虽然因为过于庞大、效率较低成为很多专业人士认为应当在新一轮电改中被拆分的对象，不过中国电网已经形成的规模几近解决了中国所有人口的用电问题，这本身就是一项伟大的工作。电力资源无法大规模存储的独特属性，决定了电力的开发、使用、传输、配置都必须在瞬间完成，这就需要一个适时、安全、高效运营的现代化电网。电网企业愈加凸显出重要作用，把电力平衡作为能源平衡的重要支撑，把电网作为能源配置的基础平台，加快转变电网发展方式，大力建设坚强智能电网，有效破除能源发展瓶颈，保障国民经济健康发展，电网企业的价值才能在中国能源战略的转型中得到深度扩展和大幅彰显。建设坚强智能电网，是国家电网公司保障能源安全、服务民生的物质基础，可以提高供电质量，降低停电风险，提高能源利用效率，缓解日益突出的能源供应压力，也从根本上凸显了电网企业的社会价值。

二、中国电力企业对世界经济逐渐产生影响

中国电力企业走出国门将对世界经济产生影响。上海电力股份有限公司完成在马耳他电力市场的战略投资，实现了向欧洲能源市场拓展的第一步。上海电力向马耳他国有能源企业马耳他能源公司注资并获得其33%的股份，同时收购了马耳他大型发电厂——德利马拉三期电站90%的股权。在马耳他积累的成功投资经验将帮助进一步拓展欧洲市场。近年来，中国的核电技术在国内已经十分成熟，并在国内有着完善的供应链支持。

三、中国电力企业与国际电力企业之间的合作促进两国经济发展

中国电力企业通过与国际技术先进企业的技术合作，解决了中国部分电力行业的技术"瓶颈"，同时也为世界能源企业打开了中国巨大的能源市场。中美双方加强企业间的合作，通过贸易和投资使美国企业获取巨大的商机。中国则可以从合作中获得需要的技术、资本和经验。中国能源效率的提高和环境质量的改善与中国电力企业与美国电力企业的合作密不可分。由于20世纪80年代美国的节能技术和环保技术及意识领先于中国较多，中国在美国的影响下，环保意识大大增强，并且通过与美国技术人员的学习交流获取了提高能效和保护环境的技术及经验。

中美两国在能源技术方面的合作，是通过中国企业向美国企业购买设备，同时技术转移到中方来实现的。中国从美国进口电力设备金额近年年均超过10亿美元。例如中核能向美国西屋公司购买核电厂就是典型的例子。还有一个重要方面就是中美两国能源企业间的收购。中国能源企业近些年积极实施"走出去"战略，中国企业抓住机遇收购了一些美国能源企业，一方面表明了中国能源企业的实力，另一方面也表明中国能源企业进军美国能源市场的战略构想正在实现。中美两国能源领域的合作除了政府间制定合作机制和规则外，具体的合作内容还需要企业间展开，未来中美电力企业间的合作范围和意义还将更深更远。

目前，中国电力企业的格局是2002年电力市场化改革形成的，主要都是以国企的形式存在，目的就是要使得这一保障经济社会运行的动力产业不以企业利润为存在前提，而是首先保证国民经济的稳定健康运行，这是国企存在的首要社会价值。电力生产企业和电网企业是电力行业的上下游，如同电力生产企业，电网企业同样承担着保障经济社会稳定运行的责任，目前电力企业效率还比较低，这需要中国电力企业不断加强自身的技术创新，还需要积极与国外先进电力企业互相合作，引进先进技术实现双方共赢。中国电力企业现在已经迈出了走向世界的第一步，不但开始收购国外电力生产企业，同时还将中国先进的核电技术输出到国外，为世界能源经济做出中国贡献。未来，电力全球化将在各国的共同努力下实现，而中国电力企业一定会承担着更重大的责任。

第四节　电力行业所面临的金融风险

金融风险内涵为金融变量的变动所引起的资产组合未来收益的损失，具体包括企业在从事金融活动时，由于汇率、利率、金融资产价格及商品价格在一定时期内发生偏离预期值而发生的损失。金融风险对于金融类企业与非金融类企业的作用不同，电力行业属非金融类企业，主要是金融风险有可能给微观经济主体带来的不良影响。这些不良影响包括：金融风险可能会给企业带来直接或潜在的经济损失，影响

企业的预期收益，增加企业的交易和管理成本，同时也可能降低各相关部门的生产效率和资金利用率。按照驱动因素分类，电力行业所面临的金融风险主要分为政策风险、市场风险、信用风险、操作风险和财务风险。

政策风险，主要指政府出台的与行业、产业和各生产与销售企业的经营管理相关的各项财政和金融政策为电力企业带来的风险。电力行业是基础性产业，其最大的功能是确保整个经济社会运行稳定，不完全受市场调控，更多的是受国家产业政策的影响，这样必然面临政策层面的风险。近几年，国家运用科学发展观指导制定电力工业产业政策和发展规划，要求“量入为出”，做到“资源条件、经济发展、电力需求、环境保护”四个方面协调和均衡发展。国家的具体政策也会对电力行业带来风险，例如电价政策风险。电力价格是整个电力体系的核心，连接并反映供给与需求的变化，也直接关系着电力与用电部门各利益主体营收支出的核心利益。但电力行业在我国是受政府管制的能源部门，这一特点突出地表现为发电、输配电、用电以及整个价格体系的不灵活。其中，发电价格、输配电价格与终端销售价格由政府制定并决定调整的节奏与幅度，缺乏市场发现价格与发电市场份额的机制与基础设施。如今，“煤电互动”如何破局还有待进一步探索。电价同时受到其他相关产品价格的影响—联动作用，比如说发电用的“水—电—气”价格联动、燃煤—上网电价—电网供电均价价格联动，等等。电力企业多年都处于亏损状态，这与我国的电价政策机制直接相关。

市场风险，主要是由于市场的不确定性因素导致资产组合的未来收益面临的不确定性风险。主要是由汇率、利率、通货膨胀率等变量的波动引起的。电力行业上游的火力发电企业从事大量的原煤等原材料的进出口业务，人民币的升贬值即汇率的波动对其经营目标的实现具有很大的影响。利率风险是影响资产组合未来收益的另一个因素，在利率市场自由化的进程中，利率的波动进一步加剧，而大多数的火力发电企业还是从银行系统进行融资，这无疑加大了电力企业的融资风险。[①] 20 世纪 90 年代初我国提出利率市场化改革的基本设想，之后随着利率市场化程度逐步加快，我国的金融市场出现了前所未有的波动性，也使得利率风险成为企业所面临的重要风险之一，直接影响着企业的现金流及其价值。

购买力风险，也称通货膨胀风险，是指由于一般物价水平的变动导致电力企业未来收益变化的不确定性。电力产品生产的重要原材料是国际价格波动很大的商品，这些价格波动直接造成电力企业实际成本的变化，使预期利润率目标无法保证。[②]

信用风险，主要表现形式是应收账款产生的信用风险。电力行业由众多分别或

---

① 郭祥梅：《浅谈我国电力行业的金融风险管理》，载《低碳世界》，2013(7)。

② 李昀轩：《我国电力行业的金融风险管理》，载《产业经济》，2012(5)。

同时提供电力相关产品、系统或服务的企业组成，上下游电力企业的经营情况关联密切，相互影响。在我国现有电力体制下，由于国家对电价的调控和煤炭等原材料价格上涨压力的共同作用，作为电力行业中坚力量的发电企业往往面临着低利润率甚至亏损的经营局面，财务状况差，偿债能力低。这就常常影响其对上游电力设备、产品、服务供应商的付款，使得那些作为其债权人的电力企业无法按时收到账款，现金流受到影响。过多的坏账会对上游电力企业的经营造成严重不良影响，在电力行业引发连锁信用危机。[①]

电力行业的操作风险主要体现为由于内控机制不健全所产生的违规操作行为的可能性，它涉及更多的是内控制度建设，包括内控机构组织结构的设置、内控制度的制定、执行。操作风险导致的结果可表现为各种违规行为的出现，如虚假的财务报告、电力项目投标的商业贿赂等。

第五节　中国电力改革的问题和挑战

从中国电力行业1985年进行市场化改革至今，改革进程可分为三个阶段：集资办电，政企合一阶段（1985—1996）；政企分开，省为实体阶段（1997—2002）；厂网分开，竞价上网阶段（2002—2015）。2015年3月15日国务院印发的《关于进一步深化电力体制改革的若干意见》文件（下称“九号文件”）为节点，这一轮十多年的电力体制改革算是告一段落；新一轮深化电力体制改革拉开了序幕。“九号文件”深刻论述了当前深化电力体制改革的重要性和紧迫性，阐述了改革的总体思路和基本原则，部署了近期推进电力体制改革的重点任务。为今后一个时期电力产业结构调整、电力市场化建设、电力体制机制创新和电力行业持续健康发展奠定了基础。我国电力发展面临重大机遇的同时，也存在突出的问题和严峻挑战。

一、我国能源资源约束日益加剧，生态环境问题突出，环境承载能力已经达到或接近上限

据国网能源研究院的研究报告，我国85%的二氧化硫、67%的氮氧化物、70%的烟尘排放来自以煤炭为主的化石能源燃烧。我国东部地区单位面积年煤炭消耗是世界平均值的12倍，油耗空间密度是全球平均值的3倍，碳排放空间密度是全球平均值的6倍。在我国能源结构中，以化石能源为主的电力供应格局短时期内不会有大的改变。特别是电力煤炭消费的比重高达66%，比世界平均水平高35.8个百分点。发电量中燃煤发电比重达75%，高出世界水平28个百分点。非化石能源消费比重仅为9.8%。要实现2020年非化石能源消费比重达到15%的目标任务非常艰巨。

① 李昀轩：《我国电力行业的金融风险管理》，载《产业经济》，2012(5)。

二、 我国能效较低，浪费严重，人均用电与主要发达国家相比差距很大

在家庭能源消耗方面，家庭能源消耗基本都是以电力为主，中国人均电力消费460kW・h/cap，而美国使用能源非常廉价，电力人均消耗达到4379kW・h/cap，是中国的近10倍（见表7-2）。

表7-2 中美能效具体指标

指　　标	单　位	2013 中国	2000/2013 %/year	2013 美国	2000/2013 %/year
一次能源强度（以购买力平价）	koe/$05p	0.218	−2.1	0.152	−1.9
不包括传统燃料的主要能源强度（购买力平价）	koe/$05p	0.203	−1.2	0.145	−2.1
初级能源强度调整到欧盟结构（购买力平价）	koe/$05p	0.206	−2.1	0.151	−2.1
最终能源强度（以购买力平价）	koe/$05p	0.129	−3.1	0.094	−1.9
2005年国内生产总值（购买力平价）的最终能源强度	koe/$05p	0.137	−2.3	0.094	−1.8
比率最终/首要强度	%	64.1	−1.0	66.8	−0.1
CO_2 排放强度（以购买力平价）	kCO_2/$05p	0.593	−2.2	0.358	−2.3
人均二氧化碳排放量	tCO_2/cap	6.09	6.9	16.4	−1.5
家庭（2012年数据）					
人均电力消费量	kWh/cap	460		4379	
电气化家庭平均用电量	kWh/hh	1390		11308	
电器和照明用电消费	kWh/hh	1249		7648	
取暖用电	kWh/hh	141		3660	
每户住宅的二氧化碳排放量	tCO_2/dw	0.711		2.48	

资料来源：WEC.

我们的能效水平与世界水平相距甚远。从全社会能耗水平看，2014年我国单位GDP能耗约0.7吨标准煤/万元，比2010年下降16%，实现了“十二五”规划提出的目标。虽然有了很大进步，但与世界先进水平还有较大差距，大约是世界平均水平的2倍。单位GDP能耗不仅高于经济发达国家，也高于巴西、墨西哥等发展中国家。它反映了我国发展方式粗放，能耗和排放缺乏约束。节能、提高能效是一个长期艰巨的战略任务，必须引起全社会的高度重视。

从图7-1可以非常清晰地发现中国与美国能效的差距，中国在2013年以购买力

平价计算能源强度是 0.218koe/＄05p，比美国同期的 0.152koe/＄05p 高出 0.066koe/＄05p，是美国的 1.43 倍（见图 7-1）。

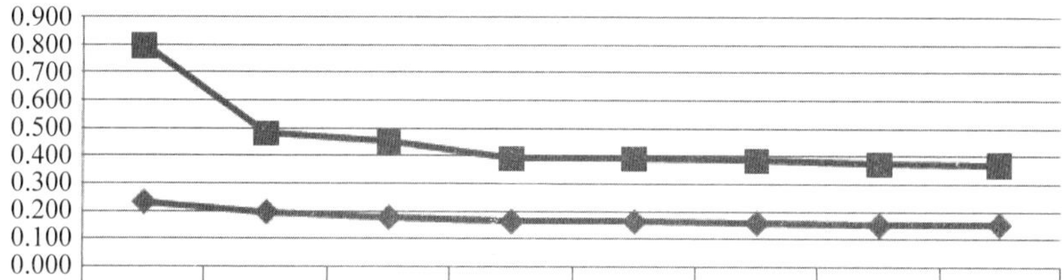

	1990年	2000年	2005年	2009年	2010年	2011年	2012年	2013年
中国	0.569	0.286	0.274	0.229	0.229	0.228	0.223	0.218
美国	0.232	0.196	0.177	0.163	0.163	0.158	0.151	0.152

图 7-1　中美能源强度变化趋势比较（ppp）

资料来源：WEC.

另外，电力消费方式浪费严重，需要依靠先进的科学技术，比如发展智能电网，把电力用户中“可平移负荷”部分作为一种资源加以利用。现在的能源消费原则是“保障供给”或者“用户至上”，生产者的任务就是保障消费，即用即供。这种消费方式让我们付出了很大代价，我们的电源、线路和供电能力是以一年中的最高峰负荷设计的，还要留出一定的富余量。如果利用“可平移负荷”削峰填谷，则可以带来巨大好处。生产者和消费者的双向互动，是一种消费者和生产者相协调的新型用电方式，可以减少资源浪费，进而促进人与自然的和谐。

三、缺乏相应的领导和制度保证，需要解决电力管理中存在的中央与地方矛盾，改变基层电网落后局面

关于我国电力市场改革出现停止不前的原因，一些支持电力市场改革的专家认为是缺乏组织领导，执行不力造成的。2002 年的五号文对电力体制改革的组织领导有明确安排。电力体制改革组织领导分为两个层次，第一层是电力电信民航体制改革领导小组；第二层是国家电力体制改革工作小组。电力体制改革工作小组办公室设在国家电监会，承担相应的具体工作。除此之外，国务院国有资产监督管理委员会也参与电力市场改革的相关工作。但是电力体制改革领导小组的核心成员很难有时间研究解决电力市场建设的复杂问题，电监会一些专业机构没有得到授权领导电力市场改革，因此从一开始就存在责任不明的问题。扬名舟指出，我国电力体制改革从一开始就没有形成一个科学有序的推动市场改革的领导机构。同时电力市场改革也缺乏制度保障。“五号文”和“十九号文”中提出的 21 项电力市场改革的目标和任务，除了个别任务完成外，大部分都没有完成或如期完成。也没有给出合理的解释。这种状况与西方国家由法律规定电力市场改革任务，由议会对执行过程进行监督的做

法对比鲜明。

深化电力体制改革，一是要坚持中央层面产业政策、宏观调控与监督管理的统一与权威，强化科学决策的技术支撑体系；二是要继承新中国成立以来分级分工管理的传统，发挥政府与企业、中央与地方尤其是地方的作用与优势，明确权责对等的地方电力保障机制；三是坚持电力保障的责任主体本土化、地方化原则，同时开放末端非网络业务市场，使各地方通过参与新技术产业发展而获益，进一步发挥各地试点推进智能能源网建设的积极性创造性。而现在的电力体制改革使得中央与地方之间的矛盾日渐加深。

2002 年改革之后，中央电网企业以高度集权方式进入地方领域，无偿上划地方资产，控制地方电力事务。在农村电网，大量原来独立运营或代管的农电企业被无偿上划资产，“十一五”期间两大电网公司直属县级企业的市场份额从 42％提高到 64％，在区域电网层面，“五号文”要求按照有限责任公司或股份有限公司组建运营的区域电网公司，在人事、财务、物资等管理权方面被国家电网架空；在省网层面，中央电网企业已经直接介入省内城市供电公司的人事与内部运营，为新中国成立以来电力管理集权之最。直接导致地方政府无法发挥积极性，基层电网发展落后，地方电力保障与发展的责任机制模糊。

现在垄断经营的电网企业缺乏比较竞争机制，效益低下盲目投资，其资产效率不仅低于发电环节，且线路装机比、电量比以及线路输送功率等经济指标都只有美国等其他发达国家电网的一半左右。由于电网企业在电力交易过程中处于独买/独卖，并且合成了电力调度、交易等公共机构于一体。这种改革过程中特殊阶段的制度安排，使得电力产业格局严重不均衡，放大垄断负面作用，市场秩序矛盾频发。国网公司规模过大，各项经营财务指标系统性地落后于区域性的南方电网，这种集权管理方式已经超越了世界电力企业“规模经济”客观规律的上限。①

四、配套政策缺乏，一些市场规则设计不当

燃料价格联动机制和上网电价与销售电价联动机制等，如果没有这些政策，电力企业会因为损失而不参与和配合电力市场改革。煤炭和电力是上下游关系，我国 70％的机组为燃煤机组，煤炭价格的变化对发电企业的经营影响非常大。我国煤炭市场化改革较早，核心是市场价格。长期以来，电煤市场价格持续大幅度上涨，为缓解电煤矛盾，国家发布过煤电价格联动政策，但是由于电煤价格持续上涨和国家宏观经济调整的原因，这项政策没有得到执行。在东北的试点最后暂停。

另外，上网与售电价格联动机制与煤电价格联动机制相类似，如果再发电侧建立电力市场，就必然会引起电网企业总购电成本的变化，不管这种变化的结果是降低还

① 武建东主编：《深化中国电力体制改革绿皮书纲要》，53 页，北京，光明日报出版社，2013。

是增加，理论上，相对于电网企业的这部分成本变化与电网企业没有任何关系，应该通过一定的程序传导出去，让用户承担。电网企业不能因购电成本降低而获得利益，由于购电成本增加而承担损失。东北区域电力市场试点过程中，没有建立这样的上网电价与销售电价的传导机制。这样电力市场改革方案显然缺乏配套政策支持。

市场规则设计不当。“五号文”主要提出了电力市场建设的方案。但是，具体的电力市场规则需要根据方案的精神进一步制定。国外经验表明，市场规则比市场结构更重要。东北区域电力市场采用了英国的电力库模式，即发电企业竞争性卖电给电网企业或者东北电力交易中心。这种规则在英国电力市场改革初期是失败的。东北区域电力市场一开始选择了全电量竞争，改革的风险较大，采用的单一购买者模式导致了平衡账户出现了大额亏损，直接导致了东北市场试点的失败。华东和南方电力市场在设计中采用了双边市场模式，在用户暂时还不能参与的情况下，由省公司作为购买方，形成多卖少买或者多卖多买的格局，有利于抑制发电企业的市场势力，从而降低市场成交价格。平衡账户①的功能设计没有认识到位。东北试点失败主要是由于平衡账户亏损过大造成的，而亏损的大部分是燃料价格上涨，本来算是系统性误差引起的，可以通过提高销售电价解决平衡账户亏损问题，政府却认为是发电企业为了获得超额垄断利益滥用市场实力造成，没有理性地认识到平衡账户的机制。

五、 电力市场改革缺乏顶端科学的决策体系

一些学者认为电力市场改革的内容存在问题，而且电力领域政策执行权威下降，科学接触能力不足。原因是电网调度、基础研发、系统规划、技术标准等电力行业特殊的决策支撑机构完全由企业或者行业组织控制，国家层面缺乏支撑、决策专业性不足；对电力市场、新能源技术发展领域的客观规律的认识不充分，政策也难以一次到位。还有一些包括规划、价格、产业政策领域决策系统性持续下降的问题。这些领域决策受企业利益影响较大，很难客观专业。能源涉及面广、门类多、周期长，所以统筹和规划非常重要。

清洁能源发电缺乏统筹规划和刚性规划约束。受种种因素影响，近年来清洁能源发电专项规划与电力综合规划之间，国家规划与省级规划之间，电力规划与国土、环保、水利规划之间，清洁能源发电规划与经济、财政、价格等政策之间都存在较为严重的不统筹、不协调、不可操作的现象。同时，规划权威性缺乏制度保障，规划刚性约

---

① 平衡账户制度是电力市场的一项特殊制度，从功能上讲，平衡账户主要解决临时性不可预见的波动，而不是系统性差异问题，系统性误差应从政策角度解决。当然平衡账户不排除具有解决系统性误差的功能，但这种功能往往是临时的，至少政府和市场应该清楚之间的差异，能够对平衡账户机制与余额大小做出理性判断。如果当时东北电力市场中参与市场竞争的发电企业也执行煤电联动政策，可能就不会出现这样的结果。或者即使不执行煤电联动政策，但是政府包括管制机制能够清楚地判断出平衡账户亏损中发电企业燃料成本上涨的部分，也不会做出暂停试点的决定。国外电力市场改革评价中说明电价降低情况时，一般都将燃料成本变化因素剔除后进行比较，这说明将燃料成本纳入平衡账户本身是不合理的。

束难以实现，在很大程度上造成和加剧了清洁能源发电项目盲目审批、无序建设，并产生了不利的后果，严重影响了清洁能源发电投资效益和产业健康发展。[①]

新能源发展仍旧依靠政府补贴，资金使用效率不高。依靠政府补贴是必须的，但是一个产业的健康发展不能仅依靠政府的无限制支持，最终是要通过市场来检验是否可以真正健康发展。新能源应该与传统化石能源展开竞争争夺市场，只有这样，清洁能源替代传统化石能源的目标才能真正实现。要监督投入资金的使用效率，使接受政府补贴的能源技术项目接受公众的监督，及时调整项目资助的对象和范围，确保补贴实施的高效率。

六、 电力市场改革导致电力风险增加

电力安全是一种社会效益，维护电力系统安全稳定需要统一调度、统一规划、统一技术标准，这些都需要借助超越企业利益的公共权力体制才可能有效落实。中国保障电力安全的基础是传统的政府行政权威，中国的现行体制在应对电荒、提高效益方面是乏力的，但在保障安全、应急救险方面是足够强大的。但2002年改革以来，这一安全基础在减弱，电力系统风险在不断累积。表现在调度指挥的行政权威被不断弱化，技术标准等支撑体系日益削弱，电力联网规模巨大、电网结构矛盾堆积。2002年以来，中国电力的安全基础正逐步变质，中国大电网面临的系统性安全风险在不断增加。[②]

电力行业进行市场化改革，但因为其特殊的属性，还不能完全市场化，表现为我国实行电价政策。电价政策制定的主要依据不是确保电力企业经营利润最大化，而是维护整个社会经济稳定运行。近些年，实行的电价政策显然让很多电力企业处于亏损状态，煤电联动等价格形成机制长时间没有得到理顺，这都加大了电力行业的金融风险。

七、 电力工程技术仍旧需要不断提高和创新

当前，电力已经成为现代社会使用最广泛的优质能源，并且正在成为新一轮能源技术革命的中心。一些关键技术仍旧需要不断创新。例如火电同样可以做到高效、清洁发展，这需要先进电力工程技术的支撑。IGCC发电是当今国际上新型、高效的洁净煤发电技术，是将煤炭气化、净化与燃气—蒸汽联合循环发电相结合的一种发电技术。IGCC发电不仅可以实现二氧化碳近零排放，而且发电效率高，净效率可达43%—45%，如果实施热电联产等，其能源利用率可达70%以上。此外，IGCC发电还具有污染物排放少，可形成多联产系统优势，但IGCC发电技术目前也存在造价高、特别是碳储存成本较高的问题。这些问题在大力推广IGCC发电技术方面形成

---

① 魏昭峰：《能源革命背景下电力发展应采取怎样的行动策略?》，载《节能与环保》，2015(5)。

② 武建东主编：《深化中国电力体制改革绿皮书纲要》，53页，北京，光明日报出版社，2013。

了一定的阻碍。电力工程技术的不断突破和创新将为人类更好地利用能源做出最重要的贡献。

中国电力改革无论在环境约束、电力产业结构调整、电力市场化建设、电力体制机制，还是在电力工程技术等方面都存在诸多问题。中国电力系统总体能效依然不高，节能减排主要依赖行政手段，通过市场实现资源优化配置的目标尚未实现，特别是需求庞大的社会潜力远未有效调动起来。“九号文”出台，中国进入新一轮的电力市场化改革阶段，在新的改革进程中，这些已经凸显的问题需要进一步得到化解，理顺电力行业改革路径，很大程度上就是加强了中国能源革命成功的砝码，这是确保中国实现能源安全与经济稳步增长的核心动力（参见专栏 7-1）。

专栏 7-1 以科技和人才为支柱，携手应对能源危机——华北电力大学校长刘吉臻畅谈顺应能源革命之道

能源革命提出的背景和意义是什么？

刘吉臻表示，人类文明的每一次重大进步都伴随着能源的革命。第一次工业革命是以蒸汽机的发明开始的，以煤炭为基本能源，带动了工业化时代的兴起；第二次工业革命则以内燃机的发明为标志，推动了石油能源时代的到来。两次工业革命都是化石能源的革命。刘吉臻谈到，过度地依赖和大量地消耗化石能源，已经成为一把“双刃剑”。人类生存环境恶化，当然也面临着资源的枯竭。所以，为了人类社会的继续进步，一场新的能源革命势在必行。刘吉臻认为，这场能源革命既具有长期性又有紧迫性。我国大面积的雾霾让大家增强了危机感。能源问题面临四个危机：一是能源短缺，即如何保证对不断增长的能源需求的供应；二是能源环境危机，化石能源的过量消费造成的空气、水资源、土壤污染等环境问题日趋严峻；三是能源安全危机，能源的对外依存度已接近红线，即如何改变对几个有限的能源进口通道的过度依赖；四是能源信心危机，全社会对于能源环境问题的关注度达到了前所未有的程度，公众对现状的不满意以至于心理的恐慌、不知所措已经成为了一个社会问题。

在能源革命中如何应对能源危机？

刘吉臻认为，应对能源危机，其核心就是依靠能源生产和消费的革命，这需要科技和人才的支撑。同时也需要制度创新和国际合作。推进能源革命，首先需要破除与之不相适应的体制性障碍。推进中国能源体制改革的出发点和落脚点主要在于有利于解决好中国的能源问题、环境问题，而不是为了改革而改革，更不能照搬照抄别人的改革。能源涉及面广、门类多、周期长，所以统筹和规划非常重要。该统筹的政府一定要发挥作用，该市场配置资源的政府就不要去管，符合国家宏观规划的东西政府应该交给市场。但是现在很多方面倒过来了，宏观规划的东西没有人做，本该市场去管的东西却是政府在做，这是我们需要下决心改革的地方。

刘吉臻表示，还要认识并遵循能源的禀赋和特征。比如电是发供用同时完成的，而且不能大规模储存，它不同于其他工业产品，不能把一个完整的能源电力系统拆分来拆分去，成为多个利益主体之间的博弈。现在的弃风问题，非常重要的一点就是利益主体的阻碍，压了火(电)上了风(电)，火(电)就不高兴，如果风、光、水、火真正互补打捆起来，局面就大大改观了。

我国能源生产革命的切入点有哪些?

刘吉臻指出，事实上，无论是资源禀赋还是科技条件，我国还是具有很好的应对条件的。

首先，要认清国家的现状，那就是煤炭的主导地位在未来一段时期内不会改变，所以要高度重视煤炭的高效清洁利用。我国70%以上的电能是由煤炭供应的，这些年我国推行的高效清洁的发电技术成效显著，供电煤耗持续大幅下降，去年平均供电煤耗降到了320克/千瓦时左右，低于美国水平，但是比日本、韩国等国家要高，所以在肯定“上大压小”的同时，还要看到改造的空间依然很大。其次，要大力开发可再生能源，特别是风能、太阳能。近些年来可再生能源发展非常迅速，但是问题还不少。如果想进一步提高可再生能源的比重，还面临着技术上、体制上的制约。这当中也包括集中式开发和分布式开发应该并重，特别是要重视分布式的开发。最后，要大力提升天然气特别是页岩气在能源结构中的比重。2012年我国能源比例中，天然气只占4%多，而世界平均水平为24.5%。我国的页岩气储量可能是世界第一，但是地质分布分散，开采难度大，所以要加大勘探与开发页岩气高新技术研究的投入与支持力度。美国已经走出了一条称之为“页岩气革命”的能源发展道路。如果我们能在能源结构中提升20%的天然气(包括页岩气)，再加上风电、太阳能等可再生能源利用，就可以把煤炭比例降低30%，由现在的70%变成40%，中国的碳排放就会合格，也不用因为雾霾恐慌了。

第三部分

工程教育的高校治理：对现代大学“服务国家战略”的认识

第八章　百年树人的工程思维

第一节　工程思维与实践

一、工程思维

在千变万化的现实世界中，人类要从事各种各样的理论和实践活动，人类的思维方式也不是一成不变的，在不同的领域都各有特色。人类的思维方式有多种多样的划分方式：理性思维与感性思维，形象思维、抽象思维与灵感思维，神话思维、常识思维与理论思维，实体思维与虚体思维，科学思维、工程思维与艺术思维，等等。早在20世纪80年代，著名学者钱学森就提出建立思维科学的构想，认为探讨思维的规律和方法是人类知识发展的必经之路，并且对思维科学的基本原理、理论体系、结构框架提出了自己的设想。[①] 工程活动是人类社会存在和发展的基础，是人类社会最古老、最常见、最基础的活动。形形色色、规模不等的工程既见证了人类伟大的实践活动，也闪耀着人类光辉的思维智慧。工程思维是这些工程活动中最主要的一种思维方式。所谓工程思维，顾名思义，就是人们在进行工程活动和工程研究过程中所形成的独特的思维方式，有人把它定义为"专业层次的筹划型实体思维"。[②]

汉语中"工程"是一个合成词，由"工"与"程"两个词素构成。在甲骨文和金文中，"工"的字形均有工具的形象。《说文解字》："工，巧饰也。象人有规矩也……"也即：工是巧饰的技艺，字形像人手持规矩的样子。"程"字原指称量谷物，有度量、规程、程式等意思。近代以来，随着洋务运动的兴起，"工程"的使用日益广泛，就日常的语义而言，所谓"工程"就是指包括了设计和制造活动在内的大型生产活动。与"工程"对应的英文是 engineering，是从 engineer 衍生出来的。起初 engineer 多用于称呼从事军事工程活动的人员，后来该词涵盖的工作和职业范围越来越广泛，如《科学和技术百科全书》认为工程是"利用丰富的自然资源供人使用并提供方便的技艺"，《简明不列颠百科全书》认为工程是"应用科学知识和自然资源最佳地为人类服务的一种专门艺术"，《韦伯斯新世界词典》将工程定义为"关于将科学知识转化为实际用途的科学"，美国工程教育协会将工程定义为一种运用科学和数学原理、经验、判断和常识来

---

① 参见钱学森：《关于思维科学》，上海，上海人民出版社，1986。

② 徐长福：《理论思维与工程思维——两种思维方式的僭越与划界》，79页，上海，上海人民出版社，2002。

造福人类的艺术，一种通过生产技术产品或系统以满足具体需要的过程；乃至有人将以自然为对象的工程概念推广到以社会为对象的工程概念，提出“社会工程”概念，如希望工程等。李伯聪在《工程哲学引论——我造物故我在》一书中，将工程定义为：“对人类改造物质世界的完整的、全部的实践活动和过程的总称”，“技术与工程师两个不同的对象和两类不同的活动”。[①] 工程交融于科学、艺术与社会，但工程并非三者的叠加，作为一个独立自主的范畴，工程具有鲜明的社会目的性，即造福人类。换言之，它是一个运用科学与数学的原理，通过艺术的手段改造自然、造福人类的社会活动过程。

尤其值得辨析的是工程与科学的关系。从目的看，科学家力图明白世界是怎么运作的；工程师旨在根据已知条件设计运作机制或系统，并将它们应用于实际需要。从过程看，科学家往往在某一领域先收集数据，然后分析数据，最后提出一种理论以描述研究的结果；工程师则收集信息，制作计划，建立与测试一个模型，经过反复操作，最后走向生产与市场。从步骤看，在任何科学领域，科学家都能够从一个像太阳系、地球或者大脑信息系统一样能够被分析研究的系统开始他的研究。科学分析是剔除系统中的不必要信息从而使信息递减的过程。工程师则从含有最少信息的特性开始，首先假设一个模型，这个模型能够体现系统的特性，根据特性制造模型的过程实际上是一个简单的需要增加信息的过程。这就是设计的本质，也是工程的开端。通过以上的分析，可以总结出工程的基本特点，即社会性、艺术性和综合性。[②]

工程活动不同于自然过程，它是创造新事物的过程，在工程活动中，人类的工程思维渗透和贯穿其中，可以说，工程思维是工程活动的灵魂。如何理解工程思维与科学思维和艺术思维的区别呢？有人做了一个精彩的比较：科学家发现（discover）已经存在的世界，艺术家想象（imagine）一个并不真正存在的世界，而工程师创造（create）一个过去从来没有存在过的世界。科学家发现科学定律是典型的“理论思维”，是反映外部现实世界；而工程师设计工程项目则是典型的“设计思维”，是人们主动地创造现实、塑造现实、改变现实。相对而言，工程思维必然与具体时间和空间联系在一起，是具有“当时当地性”特征的思维，是特定主体在特定时空内进行的具体的实践活动（见表 8-1）。

工程思维的特点主要有：第一，创造性。工程活动很大程度上就是要建构自然界中并不存在的事务，因此创造就成为工程活动的首要的特征。工程思维是摆脱当下、面向未来筹划的思维活动，它以创造新的存在形式为目的和结果。人类在不同时代的工程活动中创造了我们所处世界的新的存在形式，将人类思维理想刻印在新的物质实体上。随着科学技术日新月异的发展，人类工程活动的规模不断宏大，工程成

① 李伯聪：《工程哲学引论》，8 页、4 页，郑州，大象出版社，2002。

② 李正，林凤：《从工程的本质看工程教育的发展趋势》，载《高等工程教育研究》，2007(2)。

表 8-1　科学思维、工程思维和艺术思维的比较[①]

类　　别	科学思维	工程思维	艺术思维
目标	真理	价值	美感
对象	普遍理论	特殊实体	特殊作品
时空	超越具体时空	当时当地	超越具体时空
思维与现实的关系	反映性	构建性	虚构性

为实现设计理想的最基本的物质实现手段。第二，理性化。理性是现代社会的基本信念。从理论上说，对理性的理解有广义和狭义之分，狭义的理性就是通常与经验主义相对应的理性主义（又称为唯理论）中的理性，广义的理性则泛指人类的认识、思维、论证等能力，包括经验在内，与情感、欲望等非理性相对应，工程思维中的理性是指广义的理性。第三，标准化。现代化分工使工程活动中的工种、产品和产业相互分离，进而可以按照理性的分析要求进行标准化。标准化的重要意义是改进产品、过程和服务的适用性，扩大技术应用范围，促进技术合作，加速技术的扩散与传播。用标准化的知识培育标准化的劳动者；用标准化的规范约束标准化的工程过程；采用标准化工具和设备，实施标准化行为，生产标准化的产品。

二、 工程思维需要实践检验

工程思维是面向对象的思维方式。工程活动的目标是要按照规划的要求来进行的活动。因此，工程活动中的基本指导思维就是面向这个规划或想象中的对象。在工程的整个形成与发展中，人的目的性预期作为内在规范，其基本的作用就是引导或制约人的活动，而人的活动即是把这一规范运用于自然过程以求实现目的的过程。人的目的性预期是通过使自然物发生变化而得到实现的；在这个过程中，它不仅使人的意志获得了以自然过程为其进取方向的能动取向，从而使自然物在实践中发生变化，而且也使自然过程获得了指向人的目的性预期的变化取向，从而使自然物在实际变化中表现为人的目的性预期的不断实现。因此可以说，人的目的性预期的总的作用就是作为规律决定着工程的形成与发展的方式和方法。

需要指出的是，工程本身是一个复杂系统，因此工程思维具有复杂性和系统性。工程活动中既要考虑所要建造或建构的对象和目标，又必须把整个活动本身与周围的自然、社会、经济系统联系起来，把工程系统放到这个大系统的背景之中。复杂系统的重要特征是系统的层次性。工程活动作为技术形态向物质形态的一种转换过程，一般可分为四个层次，即设计与决策层次、研发层次、实施层次、实现层次。设计与决策层次包括动机产生、设想形成、项目确立、确定对象和形成规划等要素；研发层

① 黄顺基：《〈工程哲学〉的开拓与创新》，载《自然辩证法研究》，2007(12)。

次包括研究、设计、研制、试验、形成新产品样品等要素；实施层次包括生产要素的更新与配置、组织与生产、形成商业化工程产品等要素；实现层次包括工程产品的经营销售、市场开拓、售后服务、实现商业利润等要素。上述各层次之间并不是完全割裂的，作为一个复杂系统，层次之间相互交叉、相互协同、从低层次向高层次演化，形成一个完整的系统整体。从工程思维的特点来看，在“科学—技术—工程”的系统中，工程活动所面对的不是唯一客观存在的事实或现象，不是去寻找一个唯一解或最优解，而是要面对更多的可能性，需要根据规划与设计的目标，即目的性预期来进行选择，从众多的可能性中选择相对成本较低、符合设计目标和规划理性的途径，因此，工程思维需要具备综合判断和选择的能力。是否具备这种能力，只能靠实践来检验。

工程活动的本质和内容都决定了工程思维必然要经受实践的检验，实践为工程思维提出了一些基本的要求。第一，规律性。工程活动是人、技术、自然、社会、资源等多元异质要素的系统集成过程及其产物，这个过程涉及三个维度的规律，即科学技术规律、自然生态规律和人的活动规律。任何成功的工程都必须遵循这三种规律，并有效协调好这三种规律。也就是说，工程思维必须合乎规律性要求，力求按照物质运动规律、自然生态演化规律、人的活动规律的内容、机理去思考、建构与运作。工程思维只有遵循科学原理，合乎客观规律，从实际出发，按客观规律办事，才能保证工程规划、设计、施工、运作的现实性、可操作性、可行性及预期目标的实现。第二，目的性。工程活动是人类有计划、有目的的活动，因而总是从规划、设计、决策开始，经过一系列筹划、操作、运行和实施，建构出一定的人工制品(系统)。可见，合目的性自始至终贯穿于工程活动，成为工程思维的根本要求。工程思维是以目的性世界为中心的思维样式，一切都围绕着构建应然的目的性实在或使可能性转化为现实性而进行思维加工、改造、重组与创造。第三，社会性。社会性是工程的内在本性，工程总是社会的工程，并打上明显的社会烙印。工程活动作为人的造物过程是大规模的集体性社会活动，它的主体是企业、工程师、工人、管理者、投资者、政府等多元异质群体交互作用组成的社会行动者网络，工程参与者是承载着不同社会关系、具有不同的价值目标的各种利益相关者。工程活动深深地嵌入社会结构之中，受到社会制度、体制、风俗的规范、制约与选择；同时，工程活动及其结果又会直接影响社会生活与结构，重塑社会生活面貌。也就是说，工程在被社会建构和选择的同时，又在改变和重塑世界，建构着生活世界。①

21 世纪，人类经历着前所未有的挑战，人类的认知能力正被大量的信息和急速增长的知识充斥着。这是对工程师的一个巨大挑战。传统的工程师是以技术为核心能力，但 21 世纪的工程师仅有技术能力是不够的，工程师的工程能力正逐步走向多元化和综合化。工程活动建构着人类的现实世界，工程师的工程能力体现在工程思

① 参见李永胜：《论工程思维的内涵、特征与要求》，载《洛阳师范学院学报》，2015(4)。

维上，而工程思维最终需要实践来检验，因此工程师工程思维的培养，从根本上就是要重视实践训练，工程师需要依靠工程活动，深入分析工程活动与社会、经济、文化、技术、人等多方面的相互关系，在实践中不断锻炼和提升工程思维的能力。科学假设需要通过实验检验才能成为科学理论，工程技术的发展也同样离不开工程师的行动能力。工程行动是工程思维创新成果变成现实，为社会做出杰出贡献的手段。工程行动的实践性很强，它可以发挥人类的创造性才能，可以满足人类社会的需求。工程师的行动能力不断地增强，就会大大提高创新成果的转换能力(见专栏 8-1)。

专栏 8-1　拓展拓宽工程教育途径：推进校外实践基地建设

华北电力大学依托校企合作平台，本着“互惠互利、合作共建”的原则，与电力企业共建校外人才培养实习基地，取得了良好效果。学校与大唐国际发电股份有限公司、华北电网有限公司、中国电力投资集团公司共建的三个校外基地顺利入选国家级工程实践教育中心。

实习实践是人才培养的重要环节，相对于校内实习注重学生的操作和实训，校外实习实践则更侧重于让学生认识生产现场和了解先进技术的应用情况。多年来，学校结合自身教学需要及企业用人需求，依托理事会成员单位的优势，本着校内和校外相互补充以及“互惠互利、合作共建”的原则，探索长效机制，共建校外实习实践基地。

在校外实践基地建设过程中，校企双方不断完善基地的运行机制与保障措施。学校出台了《本科生校外实习基地建设管理办法》《本科学生实习工作细则》等文件；并结合实习实践过程，设计了《实习计划安排表》《实习日记簿》《实习报告书》等文本，帮助教师和学生控制实习质量，掌握实习进度。这些措施加强了实习全过程管理，增强了实习的计划性、规范性，确保教学实习有组织、有计划、有实施、有考核，保证了实习质量。

合作企业也非常重视基地建设，将其纳入单位发展规划之中。在保证安全生产、追求企业效益的同时，基地相关企业把接收学生实习培训列为其教育培训中心的重要工作，指定专门的职能管理部门负责组织协调，并采取激励措施，鼓励企业高水平专业人员参与基地建设和实习指导，进一步提高学生实践环节的效果。在实际的运作过程中，实习基地及时总结经验，以提高实效为宗旨，提出了“七个结合”的基地建设和运行工作思路：结合学生的专业实际，结合学生的培训时间实际，结合学生的学历层次实际，结合青年学生的心理特点，结合厂方的设备实际，结合厂方的生产状况实际，结合厂方的教师水平实际。

资料来源：刘吉臻主编：《强校之路——华北电力大学办学理念与创新实践》，高等教育出版社，2012。

第二节　工匠精神源自专业实训

一、“制造强国”需要工匠精神

2016 年 3 月 5 日，国务院总理李克强在《政府工作报告》中提出：要“鼓励企业开展个性化定制、柔性化生产，培育精益求精的工匠精神，增品种、提品质、创品牌”，“我们要用大批的技术人才作为支撑，让享誉全球的‘中国制造’升级为‘优质制造’”。“工匠精神”被写入当年的《政府工作报告》，引发社会的关注和支持。在我国，工匠精神源远流长，从庄子“技进乎道”到魏源“技可进乎道，艺可通乎神”，他们所提到的“技”，指的就是工匠精神，它是认真、执着、精细、完美的代名词。2015 年央视纪录片《大国工匠》中展现的我国现代工业者灵巧而智慧的手使人们认识到工匠们“技术报国”的价值。中国科技大学原校长朱清时就曾说：“一个国家、一个社会需要多种多样的人才，既要有一流的科学家、教授、政治家等，更要有高素质的工人、厨师、飞机驾驶员等高技能人才。”著有《匠人》一书的美国社会学家理查德·桑内特认为：在科学技术日新月异的今天，尽管很多工作被机器替代，但工匠精益求精、专心敬业的精神是无法被替代的。但现实是，“高级技工万金难求”之类的新闻时常见诸报端。高级技术人员的匮乏抑制了社会创新创造活力的迸发，同时也让中国创造遭遇“人才瓶颈”。把工匠精神写入《政府工作报告》，不仅有利于在全社会树立一种健康的现代职业、专业观念，同时也将加速我国制造强国、创造强国的建设。

谈到工匠精神，人们通常想到的是瑞士、德国、法国、意大利、日本等国以及这些国家的世界级名牌产品；而“中国制造”所代表的却仅仅是物美价廉，难以与高雅、时尚、优质等字眼联系在一起。在央视《大国工匠》里，不同行业的八位劳动者都有一个共同的特质，就是对所从事的行业和工作有着极大的兴趣和热爱，并有着崇高的理想和荣誉感，对工作耐心专注、锲而不舍、精益求精，在长期的专业训练中形成了超卓的技艺。时代呼唤工匠精神，这是“制造强国”不可或缺的精神。目前，我国制造业依然存在着大而不强、产品档次整体不高、自主创新能力较弱的问题，部分产品不能满足日益精细化的消费需求。有鉴于此，我们亟须坚守工匠精神，弘扬工匠精神，推动我国从制造大国走向制造强国，打造“创造中国”的金字招牌。

二、工匠精神的文化渊源

（一）中国文化视域下的工匠精神

中华文明的发展与繁荣集中体现在层出不穷的能工巧匠创作的各种各样精致细腻的物品之中，比如青铜器、丝绸、刺绣、陶瓷等。可以说，在整个中华文化发展演进的历史长河中，工匠们形成了独具一格的精神特质，体现在以下几个方面：

第一,“尚巧”的创造精神。追求技艺之巧,对于传统工匠具有极其特别的意义。首先,在某种程度上,“巧”是工匠的代名词,能称为工匠的人是一个心灵手巧的人。其次,“巧”构成了工匠区别于其他职业群体的鲜明特征。再次,它是工匠努力追求的重要美德,当人们赞美一个工匠时,经常会用“巧夺天工”“能工巧匠”“鬼斧神工”之类的词语。最后,它也是形成优良器物的必要条件。“巧”并不只是一种简单模仿的手工操作技巧,它在本质上体现了创造性思维的特质。

第二,“求精”的工作态度。追求技艺的精湛与产品的精致细密是传统工匠精神的第二大特点。《大学》讲:“如切如磋者,道学也;如琢如磨者,自修也。”宋代朱熹进一步提炼出它的核心特质:“言治骨角者,既切之而复磨之;治玉石者,既琢之而复磨之,治之已精,而益求其精也”。由此,产生了“精益求精”一词。这种精神集中体现在中国古人制造的器物上,它们以其精致细腻的工艺造型闻名于世。中国的丝绸、陶瓷等工艺品以其精湛的技艺远销欧亚,中国也因此被称为“丝绸之国”“陶器之都”。这些产品的背后都凝聚着中国工匠精益求精的工作精神。

第三,“艺以臻道”的人生境界。对技艺和作品精益求精的追求并不是那些高明工匠们的真正目的。娴熟的技巧对于他们而言,只不过是通往“道”的一种途径。他们希望通过手中的技艺领悟到“道”的真谛,从而实现人生意义的超越。庖丁解牛就是典型的例子。很多匠人的技艺可以说已经到登峰造极、出神入化的地步。通过技艺理解生活世界,最终可以使我们从“游于艺”的状态,到达“心合于道”的境界。

(二)西方文化视域下的工匠精神

第一,非利唯艺的纯粹精神。在柏拉图看来,工匠制作产品的目的不是获得某种物质性报酬,而是为了追求作品自身的完美。报酬是工匠所应该享有的,但是“挣钱之术”并不同于技艺,“没有一种技艺或统治术,是为它本身的利益的……一切营运部署都是为了对象。”[①]因此,工匠的技艺全在于追求作品的完美与极致。

第二,至善尽美的目的追求。亚里士多德认为工匠对产品精益求精的追求,产生于对目的善的欲求以及对自我创作产品的热爱。首先,目的的存在可以为工匠的“精益求精”提供动因。这个目的就是工匠在制作过程中竭力追求的那个称为“善”的东西。工作之善就在于圆满地实现了工作所要求的目的。对产品的精雕细琢与对技艺的精益求精因为有助于职业目的的实现才具有了“善”的意义。除对目的的追求之外,工匠对产品精益求精的追求,还体现为工匠对自己制作的产品的由衷热爱。工匠精神体现了对永恒存在与高尚人格的不懈追求。

第三,对“神”负责的敬业作风。宗教改革领袖马丁·路德提出:“任何世俗的工作都是为上帝服务的。一个人可以在任何行业中得到拯救;在短暂的人生历程中,一

---

① [古希腊]柏拉图著:《理想国》,郭斌和等译,29页,北京,商务印书馆,1986。

味计较职业的形式没有任何用处。人们坚信，上帝安排给他们的工作不一定是最好的，但一定是最适合他们的。”①这实际上是告诉信徒，工作的目的不是为了追求个人享乐，而是为了荣耀上帝，因此，只要认真努力地做好自己的工作，就有可能得到上帝的宠爱。如此一来，就赋予世俗工作一种神圣意义。

三、 工匠精神的时代内涵

从学术视角看，所谓工匠精神，即是工匠对设计独具匠心、对质量精益求精、对技艺不断改进、为制作不竭余力的理想精神追求。如果说“追求真理”是科学精神的内在追求，“造物制器”就是工匠精神的集中体现。工匠精神可以概括为以下几种精神内涵：②

第一，尊师重道。不管是“子继父业”还是“师徒相授”，工匠间技艺的传承方式主要是“口传心授”。尽管这种技艺的传授方式存在着明显的弊端，即技艺传承面临着极大的不稳定性和“失传断代”的风险，但它依然是工匠学习技艺的重要方式。这是因为，学徒自身的才智、悟性以及刻苦练习程度是能否掌握技术的决定性因素，正所谓“师傅领进门，修行靠个人”，学徒必须尊重技艺，才有可能学会技艺。而且，学徒对待师傅的态度也是师傅是否愿意传授“绝活”的关键性因素。

第二，一丝不苟。制造并非全是标准化的、机械的、大批量的重复劳动，许多高精尖的制造都需要工匠发挥创造性，凭借其技艺，按照近乎严苛的技术标准和近乎挑剔的审美标准，不计劳作成本的追求制造品的至善至美，通过大繁若简的制作手法赋予每一件产品生命。要达到这种制造境界，除了工匠所掌握的熟练的技艺经验外，还要求工匠具备良好的心理素质和平和的制造心态，也只有做到了这些，工匠才能心无旁骛的制造出一件又一件的精美器物。其实，这种一丝不苟的制造精神也是工匠能够凭借其技艺创业致富的手段，许多知名的制造企业，起初都是靠着这样笃行的工匠艰苦奋斗奠定基础的。

第三，精益求精。工匠的技艺和水平不仅要依靠长期刻苦专业，也需要智慧和灵感，创造精神是工匠精神的灵魂所在。不过，工匠的创造性更多表现为累积式的渐进和改良。比如，从工艺流程上看，工匠们不仅会从材质选料、毛坯定型、模具制作等“先天”方面进行塑造，还会从机械加工、成品打磨、喷涂抛光等“后天”方面对之加以改进。工匠必须根据自己长期的技术实践经验和对技术方法的思考，对前人的发明制品或技艺进行改良式的创造。只有精益求精才能“青出于蓝而胜于蓝”，推陈出新，革故鼎新。

---

① [德]马克斯·韦伯著：《新教伦理与资本主义精神》，彭强等译，89页，西安，陕西师范大学出版社，2002。

② 参见李宏伟，别应龙：《工匠精神的历史传承与当代培育》，载《自然辩证法研究》，2015(8)。

第四，知行合一。工匠操持技术、制作器物和传授技艺的过程是“意会知识”(tacit knowledge)从隐性转化为显性的实践过程。工匠从学徒时起，就需要尽可能多的“知”，除了要向师傅学习各种工具的使用和操练技术环节中的关键窍门外，还需要在平时自己操持技术时，对师傅所授的技艺“心得”不断加以揣摩和领悟，并长年累月的坚持；在“行”的方面，工匠不仅需要对自己所制器物进行反复比较、总结，以期加以改进，更需要大胆实践自己的设计理念，勇于突破前辈的发明创造。可以说，“知”“行”的结合程度是影响工匠技艺造诣高低的最直接因素，也只有在技艺的操持过程中做到了知行合一，才能更好地发挥出工匠的技艺水平。

四、 工匠精神源自专业实训

无论中外，工匠职业都起源于世代手口相传的家庭或手工作坊的教育，历经奴隶社会、封建社会的不断变更，这种技艺传承逐渐走出家庭，经历了从非制度化到制度化逐渐发展和完善的过程。在不同历史时期，不同的经济发展水平、社会制度培育了不同的工匠。然而，无论是作为官方的设官教民、职官科技教育、艺徒教育、职业专门学校，还是作为非官方职业教育途径的家传世学、私人授徒等形式，工匠精神的传承都是依靠专业的实际操作，是依靠“师傅领进门，修行靠个人”的踏踏实实的实干体现出来的，通过实践才能内化为从业者的职业素质。在我国古代，人们将这一道理总结为“心传体知”“体知躬行”的过程。

所谓“心传”，是一种内在的精神熏陶和无形的心理传递，没有固定的范本和模式。对于传授之人来说，是一种默会的教学方式；对于受教者来说，学习的过程不是单纯的技术继承就能达到。施教与受教双方只有两者之间心理的传授和领悟，凭经验行事。师徒一起生活、学习、讨论、钻研技术，师傅通过自己演示和在指导徒弟操作的过程中传授技术经验，通过具体实例说明行业规范；而徒弟从小接受师傅的技术熏陶，在生产制作过程中不断创造出新的技法、样式和风格，也使得技艺在传承过程中，不断地被赋予新的生命。在学艺过程中，“尊师”是重要的道德准绳，这种“情感效应”对技能的授受发挥着积极的作用。所谓“一日为师，终身为父”，师傅不仅有责任传授给徒弟技术，更要像父母有责任教育子女一样，使徒弟学会做人，能够自立。

所谓“体知”，内涵极为丰富，有“体察”“体验”“体会”“体味”等意思，宋明理学还讲“体证”，即主张通过人的实际体验来领悟道之所在。这种“体知躬行”的实践原则有助于工匠精神的传承。中国古代艺徒制度和西方行会的学徒制度中，学徒都是在实践中不断磨炼技艺，体验并形成精雕细琢、精益求精、严谨、专注的职业精神。

因此，在工匠精神的传承中，需要借鉴中外的传统模式，建立“现代学徒制”，通过专业实训来培养工匠精神。所谓“现代学徒制”是以校企合作为基础，以学生(学徒)的培养为核心，以课程为纽带，以学校、企业的深度参与和教师(师傅)的深入指导为支撑的人才培养模式。在现代学徒制中的“学徒”，和传统学校的学生相比较，具有以下的特点：身份的转变，学生由学生转向学徒和学生；学习地点的转变，不仅仅是在学校学习，还在生产的一线进行学习；学习方式的转变，由单纯的理论学习转向工学交替；考核方式的转变，由原来的教师考核到由师傅评价与教师评价相结合。这些可以为工匠精神培养提供丰厚的土壤，在企业中精挑细选具备资格的“工匠”对学生进行指导，使学生在言语交流以及非言语交流中都能感悟到工匠精神。

第三节　工程教育基础在于实践

一、 工程教育贵在实践

当今世界瞬息万变，全球化和技术变革驱使工程在社会发展中发挥着越来越重要的作用。许多国家都已经意识到，科学、技术、工程对国家安全和经济竞争力至关重要。美国政府机构多次发布关于工程与国家安全的经济竞争力的报告。最为著名的有：2003 年《临危抉择：科学、能源与国家安全》，2005 年《迎接风暴：为美国美好的经济未来补充能量》《工程研究与美国未来：迎接全球化经济的挑战》，2006 年《美国竞争力计划》和 2007 年《美国竞争法案》。这些报告都强调，为了更好地满足 21 世纪全球化知识驱动型社会的需要，工程扮演着越来越特殊的角色，工程实践、工程研究和工程教育在今后几十年中将发生重大变化。英国财政部在 2007 年发布《卓越竞赛：英国政府科技创新政策回顾》的报告，指出：未来的科学家和工程师是英国经济竞争力的重要人力资源；对需求与供给方面而言，需要坚实的科学、技术、工程和数学技能。2008 年，英国创新、大学与技能部发布《创新国家白皮书》，指出：创新与技能紧密相连，当今世界的创新需要先进的管理技能，采用高效的工作方法，并具备创造性的技能以及大量的“软技能”。[①] 这些影响国家创新水平的技能，对工程教育提出了挑战。

中国经济发展速度之快令世界瞩目，进入 21 世纪后，中国政府分别于 2006 年、2008 年和 2010 年颁布了《国家中长期科学和技术发展规划纲要》《国家中长期人才发展规划纲要》《国家中长期教育改革和发展规划纲要》，从国家层面上对科技、人才和教育的发展进行了顶层设计。这三个纲要蕴含了全球化知识经济时代，国家对科学与技术及工程的发展、人才和教育的战略设想。我国高等工程教育的规模也居于世界第一，面向未来工程的需求和未来工程人员的素质要求，需要解决当前工程教育中“工程性”和“创新性”不足的问题，要注重知识的全面性与实践创新性并重的要求。2010 年 6 月，中国教育部启动“卓越工程师教育培养计划”，其宗旨就是要从工程教

① 软技能(soft skills)与硬技能(hard skills)相对。硬技能是指与专门技术有关的能力，软技能是指交流和沟通能力、团队合作能力、表达理解能力、领导力、终身学习能力、危机处理能力以及自信程度等非技术的能力。

育大国迈向工程教育强国。

但是值得注意的是，虽然我国对工程师在知识经济社会中的作用寄予厚望，走中国特色的新型工业化道路也需要工程人员发挥重要作用，但是工程教育人才培养质量却是不容乐观的。我国工程教育脱离实际的问题较为严重，培养质量不容乐观。最令人担忧的是，在高等工程教育中，基本上是科学导向，工科特色不明显，具有工程实践经验的教师也严重缺乏。重视理论忽视实践、重视知识忽视动手的倾向已经到了相当严重的地步。由于缺少实践锻炼和真操实干，工程教育中除了技术知识之外的能力与素质严重缺乏。有学者指出："我们的工程教育中，面向工程实际的工程技术教育是一段时间以来的主要欠缺，缺乏足够的工程实践训练，缺乏现代工程设计思想、方法的培养，缺乏综合应用等多方面的知识解决工程问题的能力，缺乏现代工程必须具备的有关经济、社会与交往方面的了解，缺乏参与管理现代工程的领导、决策、协调和控制的初步能力与素质"。①

二、 工程教育回归实践的历程

西方工程教育可追溯到 11 世纪西方国家与手工业行会相联系的"学徒制"。从 18 世纪下半叶开始，欧美各国相继发生工业革命，机器大工业逐渐代替家庭和工场手工业，学徒制日渐衰落，专门院校开始出现，为大规模工业生产提供技术人员。从法国、德国、英国和美国工程教育的历史发展来看，工程教育起源于军用或民用的需要，面向工程实践，扎根于工程实践的土壤中。例如，伦斯罗理工学院（1824 年）成立初的办学目标是"应用科学改善人民的日常生活，培养农场主和机械师"；麻省理工学院（1861 年）的办学目标"将促进物质的繁荣和智力的提升紧密结合起来，物质的繁荣需要工业生产的智慧，反过来需要科学应用的系统训练，以此解决物质生产过程中的问题"；伊利诺伊大学（1867 年）的办学目标是"促进工业生产和提升工程职业的社会认可，通过培养农业人员和艺人工匠来满足社会大生产，以此提升工程职业形象"。由此可见，培养农业师、机械师和工匠等，进而促进工业生产，是西方这一时期工程教育共同的目标。这种面向实践的教育培养出来的工程师，在校期间就能积累丰富的实践经验，毕业后马上就可以从事工程工作。

第二次世界大战是高等工程教育史上一个重要的转折点。"二战"开始后，社会、政治与军事格局深刻影响着人们对工程的认识。战争为学术型的工程研究提供了新机遇，大量研究基金融入工程研究领域，这些出于军事目的的大规模项目，逐渐取代了 20 世纪 40 年代以前由工业界小额资助的研究项目。工程科学家们也热衷于在军事研究项目中跟踪微电子、核电站、喷气动力等技术前沿，而把培养工业界所需要的实践型工程师的工作搁置起来。20 世纪 50 年代初，工程教育科学化转型真正开始。

① 张维，王孙禺：《工程教育与工业竞争力》，237 页，北京，清华大学出版社，2003。

美国工程教育学会在1955年发布《格林特报告》，指出："我们需要为工程教育建立更加坚固的科学基础；工业岗位需要坚实的科学训练；工程学校在原有面向工业实践培养人才外，新增以科学研究为导向的高级工程教育，以满足政府和工业研究项目的需要；建议以工业实践为主导的传统工程学校也开设更加科学化的课程"。在欧洲，"二战"后成立了各种科学委员会用以资助"二战"期间发展起来的技术研究，而从事工业试验或工程实践的人员却越来越少。20世纪60年代，工程教育偏离工业实践的状况已经相当严重。工程教育出现两种分裂的极端，一种是为寻求政府资助完全偏重学术研究和研究生教育，另一种则是强调传统的本科教学。工程教育被贴上了"科学主导"的标签，偏离了"实践"的本质，即过于强调基础科学和工程科学的重要性，而忽视了工程实践的重要性。一方面"科学化"的工程教育强调基础科学的地位，能够培养高端型科技人才，促进科学进步；但从另一方面，这种对工程教育本质的偏离是以牺牲工业发展为代价的，是对"经验主义"的矫枉过正。工程教育忽视培养工科生解决工业实际问题的能力，引发了社会各界对工程教育的指责。

20世纪80年代，受到应用科学产生的成果和工业界技术发展和创新的双重驱动，由美国发起、继而波及全世界的工程教育开始"回归工程实践"。1993年麻省理工学院院长莫西斯提出"大工程观"(Engineering With a Big E)的概念，是工程教育发展史上一个里程碑事件。面临新时代新形势的挑战，工程教育需要重构，需要回应工业实践的需求，需要重视工程与科学、技术的集成化教育，体现"大工程观"实践的系统性特征。进入21世纪，美国工程教育迈开了回归实践的坚实步伐，许多研究报告呼吁工程教育要培养能胜任当代工程实践工作的工程师。人们形成一些基本共识：第一，社会、政治、经济、文化、科技等快速的变化对工程实践带来巨大的挑战。第二，工程教育只有面向实践才能培养应对全球化挑战的工程师，才能提升国家的经济竞争力。第三，21世纪的实践不但强调技术的作用，还强调非技术要素对工程问题解决的重要性。第四，工程教育回归需要从愿景走向行动。与此同时，欧洲工程教育也开始了向实践的回归。在国家战略层面上，欧盟工程教育回归的理念和行动，集中体现在以欧洲高等教育区为实施范围的4个逐次推进的改革计划，即欧洲高等工程教育(H3E，1996—1999年)、欧洲工程教育(E4，2000—2004年)、欧洲工程教育教学与研究(TREE，2004—2008年)、欧洲和全球工程教育(EUGRENE，2009—2012年)。其中EUGRENE计划建立在"社会性""创新性""全球化"等基础上，反映了回归全球化背景下技术驱动的工业实践的愿景。

当前，"整体工程观"是工程教育回归实践的代表性观念。"整体工程观"最初是麻省理工学院为了矫正"工程科学运动"而提出的"回归工程实践"理念；随后是将该理念具体化为"大工程观"和"工程系统学"，最终才形成"整体工程观"。"整体工程"(holistic engineering)的概念最早由宾夕法尼亚大学的J. Bordogna教授提出，是为了描述跨学科的、系统的工程教育方法，2007年美国佛蒙特州大学D. Grasso教授和西弗吉尼亚大学 D. Martinelli 教授完整地表述了“整体工程观”的概念，其目的是回应社会对传统工程实践和工程教育变革的诉求。他们认为，对工程来说需要跨学科、全系统的方法，在快速变化的世界中，强调问题形成的背景，领导以团队为中心的工程项目，跨学科沟通的能力，以及终身学习的愿望。全球化知识经济时代的技术，需要价格低、质量高的工程产品，需要工程解决社会面临的日益复杂的问题。随着人口的激增和技术的日趋复杂，需要进行跨学科的广泛思考，并将人与社会维度作为工程设计需要考虑的核心要素。因此，工程教育应当训练和培养能够用综合的、整体的思维来解决问题的工程师。整体工程观也要求在工程师在实际工程中塑造新的专业形象，也即更加关注系统，更加具有全球意识，更好地运用“软技能”，更加富有创新思维和远见。由此也可见，工程教育回归实践并非复原式回归，而是螺旋式上升地升华，早已超越了原初阶段的实践内涵。

三、 中国工程教育的实践探索

近代以前，中国并没有现代意义上的工程教育，鸦片战争后中国对自然科学和工程技术逐渐有了新的认识，提出了“师夷长技以制夷”等观点，开展了洋务运动，兴办了新式学堂，还派遣留学生赴西洋接受科技与工程教育，工程教育的思想也就随之出现。清代光绪朝末年(1902 年)颁布“京师大学堂章程”，把工科分为土木、机器、造船、造兵器、电气、建筑、应用化学、采矿冶金八个科目。辛亥革命后，孙中山提倡科学，蔡元培积极进行教育改革。民国年间将机织、染色、窖业、酿造等实践性非常强的技艺增列为工程科目。新中国成立后，国家为了培养工业建设的专门人才，以发展工业专门学院为重点进行院系大调整，随后根据国民经济建设需要调整学校布局与专业设置，建立以单科性工科学院为主的高等工程教育体系。1958 年国家提出“教育与生产劳动相结合”的方针，20 世纪 60 年代对工科学生增加了除实验教学外的企业生产实习、金工实习等环节，学生深入工厂，“真刀真枪”地做毕业设计。改革开放以后，中国工程教育曾一度偏离实践，如 1980 年教育部在《关于直属高等学校工业学校修订本科教学计划的规定》中突出扎实基础、专业内容少而精等思想。到了 90 年代，这种趋势得到了迅速的纠正。很多有识之士指出，产学研合作的良好环境没有形成，极大地影响了我国新兴工业和技术的发展，制约了经济发展水平的提升。进入 21 世纪，中国工程教育进行了一系列改革，加快向实践回归，比如 2006 年教育部科技委员会组织实施“面向创新型国家建设的工程教育改革”重大专题研究项目，指出了许多迫在眉睫的严重问题：“我国工程教育一直委身于科学教育甚至等同于科学教育，把工程视为科学的附庸”，“学与工脱节，工程设计和实践教育严重缺失”，“工程教育受缚于落后的专业目录，课程体系落后”，“工科教师队伍的非工化趋向严重，严重影响工程教育质量”。这些问题传递了我国工程教育需要回归实践的强烈信号。

《国家中长期教育改革和发展规划纲要(2010—2020 年)》提出：“提高质量是高

等教育发展的核心任务，是建设高等教育强国的基本要求……促进高校、科研院所、企业科技教育资源共享，推动高校创新组织模式，培育跨学科、跨领域的科研与教学相结合的团队”。为了贯彻落实《国家中长期教育改革和发展规划纲要(2010—2020年)》，教育部下发了《关于实施卓越工程师教育培养计划的若干意见》，该文件强调，“面向工业界、面向世界、面向未来，以培养一大批创新能力强、适应经济社会发展需要的工程人才为目标；为满足工业界对工程人员职业资格要求，遵循行业指导的原则，制定‘卓越计划’人才培养标准”。它还强调：“通过高校和企业共建工程实践教育中心，课程中强化工程实践能力、工程设计能力与工程创新能力，创立高校和企业共同制定培养目标、共同建设课程教学、共同实施培养过程、共同评价培养质量”等措施。2012年，教育部又联合财政部正式启动实施“高等学校创新能力提升计划”。该计划旨在提升科研、学科、人才三位一体的创新能力。华北电力大学杨勇平校长在会见中电联常务副理事长杨昆时也指出，“‘走校企合作的强校之路’，利用依靠行业和企业办学，是我们的立校之本。无论是学校步入‘211’工程院校行列，还是获批‘985’优势学科创新平台，都离不开行业、企业的支持。中电联作为大学副理事长单位，作为电力行业的桥梁和纽带发挥着巨大的作用，多年来在学校的发展建设，包括人才培养、科技创新、成果转化以及社会服务等多方面发挥了不可替代的作用。特别是第六届中电联理事会组建以来，两家单位领导高度重视加强校企合作，合作更加紧密，未来合作潜力巨大。学校今后会将与行业、企业交流合作纳入日常工作，形成定期沟通交流机制，希望在中电联和其他电力企业的支持下，努力开创‘双一流’建设新局面。”[①]企业是创新的主力军，大学和科研院所是创新的源泉。协同创新就是通过开放、合作，实现价值创造、引领创新，促进政、产、学、研、用等多个主体之间的深度整合与互动。

① 《杨勇平校长与中电联常务副理事长杨昆举行会谈》，华北电力大学官网，2017年3月14日。

第九章　工程教育强校的实践

第一节　强校思想：建立在实践的基础上

建设创新型国家需要高等教育培养和造就一大批社会所需要的创新型人才，这是中国社会全面实现小康社会的现实需要，也是国家对高等学校提出的目标和任务要求，更应该成为当前提升高等教育质量的主要内涵。在这种形势下，高等学校应该加快推进深化改革、注重提升质量，把人才培养和提升质量放在学校工作的中心地位。因此，尤其要深入地研究和遵循人才的成长规律。

纵观创新人才乃至大师的成长规律，无不包含了大学前、大学中以及大学后一个长周期的过程。大学教育只是其中的一个阶段，核心任务是为人才成长奠定必需的知识、能力和素质基础。因此，大学教育只能定位在一个有限的时空内实现教育目标的优化。大学应当成为创新型人才的摇篮，而不能期待学生大学一毕业就能成为创新型人才，那样就是拔苗助长，违反了教育规律。目前，高等学校存在着由于人才培养定位不清而导致人才培养目标不明、人才培养方案过于负重的现实。比如，大学的课程体系中要求应学应会的内容过多；学校对学生的评价，表现在评优、保研、奖学金评定等方面，多以各门功课的学习成绩而论，缺乏对学生全面素质与能力的评价体系。而高等教育规模迅速扩展后，由于师资力量的不足、实验条件的不足、实习实训的不足而造成的学生实践环节弱化、实践能力欠缺的现象，也是普遍存在的共性问题。这些问题是在人才培养的过程中必须解决的问题，需要认真研究成才规律，在人才培养的实践中勇于创新，做出探索。

大学教育在人才培养中应该树立“合格＋拓展”的理念。“合格”是共性，“拓展”是个性。要把“合格”作为基本标准，把拓展作为个性发展的空间，即在满足“合格”的基础上，使学生在大学期间能够有健康、宽松的环境和张扬、发挥个性的空间，把自己的特长拓展出来，把潜力挖掘出来，这就埋下了一颗成才的良好的种子，再经过今后社会工作实践的磨炼，通过不懈的努力，就有可能成长为社会所需要的优秀人才。因此，大学教育所培育的不是杰出人才本身，而是提供杰出人才成长的肥沃土壤、孕育杰出人才的种子或幼苗。

鉴于以上的认识，大学在建立人才质量评价体系时，应该以此作为重要前提，把各方面的“合格”，加上某一或某几方面的“拓展”作为“优秀”学生的标准，鼓励学生潜能的开发与综合素质的提高，形成激发创新人才不断成长的环境与人才培养机制。同时，建议从政府层面加快建立健全以质量为导向的资源配置机制，切实加大对人才培养经费的投入，特别是要加快高水平实验室和实践基地的建设，尽快弥补实践教学的“短板”，构筑全社会共同关心教育、投入教育、创新教育的机制与平台。在此基础上，引导高等学校进一步解放思想，更新教育观念，深刻把握和遵循人才成长的规律，深化教育教学改革，培养和造就社会需要的创新型人才，实现我国高等教育事业的科学发展。具体而言，可以在以下几个方面做好工作：①

一、深化对人才培养标准的认识，切实做到人的全面发展与适应社会需要的有机统一

《国家中长期教育改革与发展规划纲要(2010—2020 年)》指出：衡量教育质量的根本标准，一是促进人的全面发展，二是适应社会需要。这是我们认识和把握教育质量标准的重要思想依据。人的全面发展不可能脱离一定的社会需求而独立存在；但是过分强调适应需求，人的全面发展就会成为“无源之水”。从这一意义上讲，人的全面发展是一种最终指向，而适应社会需求是人才培养的重要前提，是实现人的全面发展的主要途径。

长期以来，由于过分强调教育对社会经济发展的作用，忽略了“人”的发展，人的片面发展和教育“工具化”的倾向，成为中国高等教育的一个弊端。改革开放以来，高等教育“国际化”进程不断加快，在吸收国际先进办学经验的同时，也存在一些盲目的所谓“国际对接”“国际标准”的倾向，这种所谓的“国际标准”，忽略了中国经济社会发展的实际和需求，导致了高等教育与社会需求契合度降低，使人才培养失去了科学的目标定位和评价尺度。

人才培养标准的确立，既要遵循人才培养的一般规律，又要体现中国特色发展的特殊需求。中国大学的人才培养必须符合中国国情、中国实际，形成中国特色，才能为国家兴盛提供强大支撑。社会状况不同，人才标准也必定有所差异。盲目照搬人才培养的“国际标准”，不仅会造成人才培养实践上的偏差，而且会引起教育理论和社会舆论的紊乱。社会对我国高等教育的许多负面评价往往来源于对人才培养标准定位的偏颇。一味按照所谓“国际标准”，或者西方发达国家的标准，就可能忽视了几十年来中国高等教育所取得的巨大成就与历史性贡献。对此，需要我们认真进行反思。

因此，要切实树立教育质量根本标准的指导地位，不断强化根本标准的权威性，加强相关理论研究，纠正人才培养理论上的偏差和认识上的误区，努力实现理论创新，更好地指导高校的人才培养实践。

---

① 刘吉臻：《对全面提高人才培养质量的再思考——标准、规律、机制》，载《中国电力教育》，2013(6)。

二、探索人才培养规律，从人才成长的全过程审视大学教育阶段的培养目标，避免急功近利，揠苗助长

人才成长的过程是一个长期的不间断的过程。这一过程也就是人的全面发展的过程，是有规律可循的。除学校教育外，工作岗位的实践在人才成长中起着至关重要的作用。实践证明，杰出人才的产生，往往和他是否在国家最需要的岗位上经受锻炼直接相关。

大学教育是人才成长中不可或缺的一个重要环节，学生在这一阶段，在知识结构、能力素质、创新思维等方面，究竟应该达成什么样的目标，是应该统筹思考的重大问题。大学教育要在一个有限的时空内，实现教育目标的优化，而不可能超越这个时空，追求人才培养的终极目标。“大师”“优秀拔尖人才”等杰出人才，是在人才成长的全过程中得以实现的。对于工程技术人才而言，在大学阶段，要培养学生厚实的基础知识，全新的人文素养，创新的思维方式，扎实的工程训练，但是必须要经过工作岗位的锤炼，方能成为优秀的工程人才。大学在人才培养中应避免两种倾向：一是急功近利；二是揠苗助长。急功近利过分强化教育的“工具性”特征，忽视人的全面发展，所培养的人“上手快”，但“后劲不足”。揠苗助长则力求在大学教育阶段，在有限的时空内解决人才培养所有的问题，毕其功于一役。而这一点，正自觉或不自觉地成为我们在确立人才培养目标上的主流观点。

我们认为：大学教育所培育的不是杰出人才本身，而是产生杰出人才的肥沃土壤。大学的人才培养目标要恰当，要实事求是，对于大学人才培养质量的评价也不能忽视这一重要前提。

三、明确社会用人单位在人才培养方面的责任，构建大学与社会在人才培养方面的协同机制

长期以来，由于政府办教育，社会用人单位无偿获取大学所培养的优质人力资源，虽然在人才培养方面很少承担责任，但是对人才培养质量却享有评定权力，这在一定程度上造成了大学的被动和无奈。在一定时期，这种现象是世界各国普遍存在的通病。现在，不少国家这种现象已经有所改观，一些国家通过立法等形式，明确了社会用人单位在大学人才培养等方面所应担负的责任。对高等工程教育而言，有的国家明确规定企业必须接受大学生的专业实习，保障了社会用人单位对于大学人才培养的参与和支持。

就我国实际情况来看，在这方面还存在很大差距。一个突出问题是：单凭大学自身所拥有的办学资源，还不能完全满足现有的庞大的人才培养的需要。在课堂教学方面，矛盾尚不突出，在实践教学方面，问题却日益凸显，许多企业不愿意接受大学生成规模的专业实践，实践教学的任务难以落实，教学效果难以保证，大学生的创新

精神和实践能力的培养丧失了有效的载体和途径。

解决这一问题，一方面依赖于政府继续加大投入，加快校内高水平实验室和实践基地的建设，尽快弥补实践教学的“短板”。另一方面，需要进行一些开拓性的工作，就是要通过立法等手段，明确社会用人单位，尤其是国有大中型企业在人才培养方面的责任，努力改变社会和企业对高等教育批评多、关心少，质疑多、支持少的局面，形成大学与社会在人才培养方面的协同体系。营造有利于优秀人才培养的良好社会氛围与政策环境。

华北电力大学通过多年的人才培养的创新实践，形成了一些特色的做法，对此有较为深刻的感悟。学校多年坚持人才培养工作的中心地位，以社会需求为导向，注重把学科建设的优势转化为人才培养的专业优势，并积极优化人才培养方案，创新人才培养模式，培育高素质创新人才。学校在“大电力”学科体系的基础上，不断拓展专业体系，在本科教育和研究生教育中分别新增了一批国家急需的战略性新兴产业的相关专业，加大了人才培养的针对性和适用性，也适度提升了人才培养的超前性，最大限度地满足了能源电力事业对人才的需求。学校以“合格＋拓展”的人才培养理念为指导，加强了人才培养的顶层设计，构建了由公共基础平台、专业基础平台和工程技术基础平台以及专业方向模块三个不同层级的“平台＋模块”的课程体系。“平台”保证人才的基本规格和全面发展的共性要求，体现宽口径、厚基础；“模块”体现专业不同方向人才的分流培养，体现个性，三个层面相互联系、逐层递进。针对高校扩招之后实验条件不足、实习实训不足的普遍现象，学校强化了对学生实践能力的培养，通过构建“四模块、三层次”实践教学体系，推动学生参与校内外、多层面的实践活动，培养学生的创新精神与能力。同时，学校还依托校企合作平台，构筑了大学与行业企业共同培养人才的协同机制。一方面，加强校外实践基地的建设，提高了实践教学的水平；另一方面，通过“订单式”人才培养及“研究生工作站”等形式，形成创新人才培养新模式，突出了“厚基础、重实践、强能力”的人才培养特色（见专栏 9-1）。

专栏 9-1　华北电力大学“重实践、强能力”的人才培养特色

记者：学校“重实践、强能力”的人才培养特色得到社会认同，请问学校在这方面有何具体的举措？

刘吉臻：我校始终强调注重实践、增强能力、因材施教的教育教学理念和构建“合格＋拓展”的人才培养体系（合格是基本的要求，拓展是朝更高的标准去发展）。围绕这样的出发点，多年来学校在探索创新人才培养模式过程中，始终注重在工程教育中理论与实践并重，按照学生的认知规律，在主干专业方面积极构建以“四模块”为框架的实验与工程实践教学体系，为培养创新人才打下了坚实的专业教学基础。新的实验与工程实践教学体系注重“四个突出”：在基本实验教学

模块中，改革传统的演示性、验证性实验，突出实验内容的综合性与设计性；在校内工程实践模块中，改革金工、电工等传统的单纯操作式的实习内容，增加设计、工艺、制造等30多个系列的设计性试验项目，突出工程实践的设计性与创新性；利用校董事会组织体制，在校外建立石景山电厂、河南新乡电厂、唐山陡河电厂等几十个实习基地，突出产、学、研结合的教学管理模式；建立火电机组、核电机组、电网调度等仿真系统，将现代仿真技术引入实验与实践教学中，突出实践手段的先进性。学校"以人为本"，努力培养学生的创新精神，有效地提高了学生的创新实践能力，人才培养质量稳步提高。学生因"作风扎实、动手能力强、有较强的创新精神"博得电力企业及其他用人单位的广泛赞誉。在国际大学生数学建模竞赛、全国大学生英语竞赛、电子设计大赛中，我校学生共获70余项奖励。

学生只具备一定的动手操作能力，还远远不够。我们认为，一个工程师的培养不仅是理论与实践的教育，应该更偏重于工程性的培养。工程性教育是科学性、系统性、协调性的统一。工程师在实施一项工程的时候，要符合科学规律，同时也要考虑到所肩负的社会责任，考虑到这个工程给人和环境所带来的一系列问题，甚至是伦理道德、法律等。工程性教育关乎学生的全面成长，涉及学生社会责任、经济、法律、伦理等综合素质的培养。正是鉴于这样的理解，我校注重理工科学生的人文素质培养，在课程设置上鼓励学生选修人文社会学科课程，着力营造和优化素质教育的育人环境等。例如，选派专业名师担任本科生班主任，以他们的学术造诣和人格魅力吸引一大批年轻学子，通过他们的影响，帮助学生全面和谐发展，营造了良好的育人氛围。学校党委积极贯彻中央16号文件精神，确立了"抓住主线、强化基础、突出重点、创建品牌"的工作方针，深入推进思想政治教育进宿舍、进网络、进社团，积极推动校园文化建设，构建了高效多元的学生成长基础平台，将学生培养成为真正的"人"，并实现人的全面价值。

资料来源：《责任　特色　实践　创新——访华北电力大学校长刘吉臻》，载《北京教育》，2007(1)。

第二节　强校动力：行业特色型大学的国家意识

在我国全面建成小康社会、实现中华民族伟大复兴的中国梦的关键时期，实现教育强国、科技强国和人才强国战略已成为高等工程教育的重要使命，在实现从高等教育大国向高等教育强国转变以及建设创新型国家的进程中发挥着重要的作用。因此，抓住机遇，趁势而上，发挥优势，突出特色，提高质量，就成为行业特色型大学未来的战略选择。[①]

① 刘吉臻：《认真落实〈规划纲要〉　加快行业特色型大学的发展》，载《北京教育》，2010(9)。

一、 高校特色化发展是建设高等教育强国的重要举措

经过近40年的发展,我国已当之无愧地迈入高等教育大国行列。但我们也必须清醒地认识到,我们虽已是高等教育大国,但还不是高等教育强国,与世界高等教育强国相比还存在很大差距。我们有世界最大规模的高等教育,但拔尖创新人才严重不足。我们有2 000多所高校,但没有能与世界一流大学比肩的高水平大学。我们是世界上最大的论文产出国,但是科研水平并没有随着科研成果数量的增加而同步提高,科研水平还不尽人意。因此,从高等教育大国走向高等教育强国,不仅是国家和民族对高等教育的期待,也是中国高等教育自身发展和走向强大的必然选择。

首先,建设高等教育强国,就要建成一批国际知名、有特色高水平的大学,若干所大学达到或接近世界一流大学水平。并通过重点建设,以点带面,带动整体发展,推进我国高等教育水平的全面提升。当今世界称得上高等教育强国的国家,都拥有一批公认的高水平大学,这些大学以其在拔尖创新人才的培养和科技文化创新方面的重要贡献在高等教育强国建设过程中发挥了重要作用。其次,建设高等教育强国,除了建设具有标杆作用的世界一流大学,还要构建一套具有世界先进水平和中国特色的现代高等教育体系。这个高等教育体系包括不同层次、不同类型的大学,而且每一层次、每一类别都应该有一批走在前面的、起到引领和示范作用的大学,这是我们建设高等教育强国进程中必须遵循的路径。再次,高等教育强国不是一蹴而就的,它需要不同类型、不同层次大学从自身实际出发的扎扎实实的建设。

行业特色型大学是一个特定的概念,是"以行业为依托,围绕行业需求,针对行业的特点,为特定行业培养高素质人才的大学或学院"。在"人无我有,人有我优,人优我特"成为大学实现跨越发展,提升核心竞争力的主要路径的今天,特色成为高水平大学建设的主要抓手。鲜明的行业背景和学科特色,独特的办学风格、优势明显的特色学科、明确的服务面向以及稳固的社会地位铺就了行业特色型大学得天独厚的优势,奠定了行业特色型大学在中国整个高等教育体系中的不可替代的重要地位。因此,合理认识,科学定位,充分发扬自己的特色,突出自己的优势,就成为建设高水平行业特色型大学的重要命题。

二、 提高质量是行业特色型大学的发展之基

质量是高等教育的生命线。我国高等教育进入了一个全方位注重教育质量的新阶段,今后我国高等教育将更加注重提高人才培养质量、提升科学研究水平和增强社会服务能力。也就是说,在我国高等教育已发展到一定的规模的基础上,提高质量将成为未来我国高等教育发展的核心任务。

首先,提高人才培养质量。人才培养始终是高校的首要任务,在高校工作中占据着中心地位。要牢固确立人才培养在高校工作当中的中心地位,要着力培养品德优

良、知识丰富、本领过硬的高素质专门人才和拔尖创新人才。高素质专门人才和拔尖创新人才的培养对于建设创新型国家,推进社会主义现代化建设,实现中华民族伟大复兴具有重大的战略意义。在这里,高素质人才和拔尖创新人才的培养既包括基础学科的人才培养,也包括应用学科的人才培养。基于此,国家隆重推出了"卓越工程师教育培养计划",该计划就是要培养造就一大批创新能力强、适应经济社会发展需要的高质量各类型工程技术人才,为国家走新型工业化发展道路、建设创新型国家和人才强国战略服务。面对这神圣的历史使命和难得的发展机遇,华北电力大学率先抓住机会,把卓越工程师人才培养列为学校教育教学改革的重大战略目标。此计划旨在借鉴世界先进国家高等工程教育的成功经验,通过教育与行业、企业的密切合作,以实际工程为背景,以工程技术为主线,着力提高学生的工程意识、工程素质和工程实践能力,培养造就一大批创新能力强、适应企业发展需要的多种类型优秀工程师,为培养造就一批适应经济和社会发展需求的、具有国际视野和创新能力强的行业领军人才,国际认可的高级工程技术人才,以及创业、研发型高端人才提供保障。

其次,提升科学研究水平。大学在知识创新、技术创新、国防科技创新和区域创新中的重大引领作用决定了其在国家创新体系中的关键地位。科学的发展从来没有像今天这样如此仰赖于大学,大学作为人才、知识和资源的汇聚地,已成为科学研究的重镇。在建设创新型国家的过程中,大学不仅要成为基础研究的主力军,而且还要成为应用研究的主力军。在基础研究方面,要坚持服务国家与鼓励自由探索相结合,尊重科学规律;在应用研究方面,要以重大实际问题为主攻方向。行业特色型大学与行业、产业之间有着与生俱来的联系,具有解决行业共性技术、关键技术、前瞻技术等重大科技问题的先天优势,在应用研究方面具有潜在的巨大的需求发展空间。因此,行业特色型大学要以应用研究为立足点,发挥学校学科优势,面向国民经济发展和行业重大需求开展前瞻性、战略性研究,以满足社会需求为动力。同时瞄准科学发展前沿,开展系统深入的战略性和前瞻性的基础研究、应用研究,推进应用研究和基础研究的共同发展。

再次,增强服务社会能力。牢固树立高校主动为社会服务的意识,利用高校资源丰厚、人才汇聚、学科综合交叉的能力优势,全方位地开展服务,推进产学研用相结合,加快科技成果转化;积极参加文化建设,参与决策咨询,充分发挥智囊团、思想库的作用。大学有其发展的稀缺资源,行业也有其发展的独特资源,唯有彼此的合作才可能实现双赢。正是由于资源的独有性与稀缺性,资源的互补与交换才可成为可能。由于资源的依赖与互补,大学特别是行业特色型大学与行业双方在人才培养、科技攻关、人才去向、社会服务等方面都具有共同的合作基础。而利用特色优势服务地方经济,促进地方发展也是行业特色型大学不可或缺的重要责任与使命。多年来,华北电力大学积极与地方政府紧密合作,从他们现实的紧迫需要出发,搭建科技企业孵化、科技成果转化和产业化的平台,共建大学科技园,真正把科技成果转化为生产力,助推地方经济快速增长。学校与北京市昌平区政府合作，积极参与“国家能源科技产业基地”和国家级高新科技研发基地未来科技城的规划建设工作，共建能源科技产业基地，促进区域能源科技产业集群区的形成，为能源科技企业提供了良好的发展环境；与河北省保定市政府联合，重点在风力发电设备、太阳能光优发电设备、新型储能材料等电力自动化设备、高效节能设备为主题的新能源与能源制造业等方面合作，形成了支撑保定经济快速增长的特色产业，支撑了“中国电谷”的繁荣发展；与苏州市人民政府合作建设华北电力大学苏州研究院，围绕新能源、智能电网等领域在科技创新、成果转化、人才培养等方面深入开展实质性的合作。此外，还与内蒙古自治区人民政府、新疆维吾尔自治区人民政府建立了战略合作伙伴关系，为促进区域能源科技产业集群区的形成、为地区能源电力产业高速发展做出积极的贡献。

三、 改革创新是行业特色型大学发展的强大动力

高等教育的发展，根本靠改革。现阶段，深化高等教育体制改革已成为全社会共同的心声。多年来，华北电力大学依托其鲜明的行业背景和先进的办学理念，一直在不断地改革与创新，在人才培养机制、办学模式、现代大学制度改革等方面都已走在了前面。

首先，创新人才培养机制改革。创新人才培养机制就是要以全面发展为理念，在以人为本的人才培养观念指引下，以提高质量为目的，以社会需求为导向，强调质量是学校生存发展的生命线，始终把培养高素质人才作为学校的中心工作。为践行这一理念，学校在经费相对紧张的情况下，斥巨资加大教学设施建设、实验室建设、校内实习基地建设、体育设施建设等的力度，强化学生多方面素质和能力的培养。同时以实施创新教育为主线，以加强创新人才培养为目标，遵循教育规律和人才成长规律，创新人才培养模式，形成了“重实践、强能力”的人才培养特色，突出加强校内工程实践基地建设；积极拓展人才培养渠道和多样化人才培养模式，创立了与行业企业联合培养人才的新机制，建立了稳定的校外工程实践基地，突出产学结合、双向推动机制。

其次，创新办学模式。行业特色型大学在长期的发展过程中，与所在行业形成了一种共生共荣、互惠共赢的紧密关系，在传统优势学科方面积聚了核心技术创新与发展的力量和优势，积淀了浓厚的行业底蕴和基础。长期以来，华北电力大学充分挖掘和利用此得天独厚的条件，努力扩大社会合作，探索高校与行业、企业紧密合作共建模式，建立了资源共享、协调合作的有效机制，在提高自身水平的同时提高了服务经济建设和社会发展的能力。作为能源电力行业的人才培养基地和科学研究基地，学校一直与广大能源电力企业保持着长期稳定、频繁互动的合作关系。近年来，学校确立了“走校企合作兴校之路”的发展战略，提出了“构建平台、强化服务、突出创新、实现双赢”的校企合作工作方针，构建了以理事会成员单位为核心，以战略合作伙伴为重点，以广大能源电力企业为基础的多层级校企合作模式，在教育、科技产业和信息

等方面展开全方位的合作与交流，实现了与企业的科技和教育资源的共享。

再次，积极探索建立学校董事会(理事会)制度，健全社会支持和监督学校发展的长效机制。2002年国家电力体制改革后，华北电力大学由原隶属于国家电力公司转为教育部直接管理。为了继续保持已有的优势和资源，学校勇于创新，成立了由国家电网公司、中国南方电网有限责任公司、中国华能集团公司、中国大唐集团公司、中国华电集团公司、中国国电集团公司和中国电力投资集团组成的校董事会，负责对学校的发展战略规划、人才培养、科学研究等重要事务进行审议、咨询与指导，这是我国首家有实际资金支持的董事会。2006年，董事会届满，作为董事会的延续，学校成立了理事会。董(理)事会的成立使学校与电力行业传统的合作关系得到了体制上的保障。这种长效和稳定的合作机制，有力地支撑了学校的跨越式发展。

我国高等教育站在一个前所未有的更加开放、更加自主的背景与机遇下规划与发展，行业特色型大学也迎来了更加广阔的发展机遇与发展空间。机遇稍纵即逝，面对时代的呼唤，作为行业特色鲜明、具有优良办学传统的华北电力大学，必将紧跟时代脉搏，不断探索与创新，以过硬的人才质量、创新的科研成果和优质的社会服务肩负起时代赋予的重任，早日迈进世界一流大学行列(见专栏9-2)。

专栏9-2　华北电力大学开展特色办学

记者：办学特色对一所大学的重要性已成为人们的共识，请问学校对于办学特色是怎样认定的，又将怎样去发展？

刘吉臻：我认为，特色首先应该是学校的目标定位特色。特色不是标新立异，不是哗众取宠，特色是指别无我有、别有我优的东西。特色决定了每一所学校存在的必要性与合理性，也预示着学校的发展未来，每一所学校都应当明确自己在社会当中扮演什么角色、发挥什么作用，这也是一种社会分工。当前，国内一些知名高水平大学在很多方面已走在前列，我们在短期内是不可能达到或者超越他们的。其实，我们不必盲目地朝着他们的强项赶超，而应根据国家的需要，找准各自定位，各安其位，在科学定位的基础上办出一流，在各自学校的目标定位上办出自己的特色。大学分成不同的类型，倘若你能在同一类型的学校里面办得最好，那你就是一流的学校。

在学科建设方面，我校的特色不是简单的电力特色或者是行业特色，国内外很多大学都有电力学科，有的整体水平比我们还要高。而我们的特色是构建和完善了能够支撑国家能源电力和谐发展的电力学科群系，在现有学科优势的基础上，重点发展环境、核能、水利水电、风能、太阳能、生物能等学科专业，开展特色研究，用特色推动学校整体办学水平的提高。以此为基点，学校延伸打造一流理工科学科体系，同时还积极发展与特色相关联的人文社科专业，比如能源法、电力法。在人才培养上，学校侧重国际一流的工程师的培养，“重实践、强能力”是我们的特色，这也是我校的毕业生与清华大学、北京大学的学生一样“抢手”的原因所在。数年来，我校本科毕业生就业率一直稳定在97%以上，在教育部直属高校中排在前列。

学校的特色还表现在大学文化方面。一所学校的特色是由历史积淀而成的，既有有形的东西，又有无形的东西，归根到底是一种有别于人的大学文化。特色还应该表现在办学理念、大学精神、教风、学风及校园文化等学校一系列的工作上。学校坚持“办一所负责任大学”的理念，并践行到教育的各个环节。学校在艰苦卓绝的创业征途中，经过几代华电人顽强拼搏和艰辛努力，逐渐形成了“团结奋进，自强不息”“爱校敬业，追求卓越”的华电精神。“团结奋进，自强不息”是我校曲折办学道路和优良精神传统的准确展示，是华电人相信自己，以精卫填海般的雄心和愚公移山般的壮志，深入挖掘自己潜力，在逆境中崛起，在曲折中前进，不断做大做强的生动体现。“爱校敬业，追求卓越”既是职业道德之凸显，更是学校繁荣昌盛之所系。我们的学校是每个学生成才的沃土，给了每位教师熔铸师德丰碑的空间，给了每位学校管理者施展才华的阵地。这种大学精神已深深植根于学校的沃土之中，感召着无数华电学子为之薪火相传，生生不息。

正是有了这些特色，学校才能向着建设高水平大学目标快速前进，不断地向世人展示自己个性魅力，并得到公认。

资料来源：《责任　特色　实践　创新——访华北电力大学校长刘吉臻》，载《北京教育》，2007(1)。

第三节　强校标尺：“响应”国家变革

现代社会，知识经济方兴未艾，科学技术日新月异，经济全球化向纵深发展，只有以更高的教育质量，更好的社会服务，更加深入、创新的科学研究，才能响应国家变革，从而肩负起时代的重任，建设高水平的大学，为国家创新体系的建设做出应有的贡献。

一、产学研合作是现代大学发展的必由之路

综观世界，知识经济的发展使科学技术越来越显示出第一生产力的巨大作用，高等学校以知识、人才以及在基础理论、高新技术等科研成果转化上的丰硕成果成为新的经济增长点的重要源头，构成了第一生产力的重要组成部分。科学技术与教育特别是高等教育的关联度也从来没有像现在这样紧密，大学从社会边缘被推到了社会的中心。大学的角色和定位、大学的教育功能都与社会紧密地结合了起来，特别是在

全面建成小康社会的历史背景下，大学功能的“公共性”更得以进一步拓展与深化，人才培养、科技创新、服务社会、引领文化的功能在新的时代背景中被赋予新的内涵，这使大学必然走向开放，直接参与和推动社会经济的发展和进步。

在建设高等教育强国的过程中，高校不仅应成为创新人才培养的主渠道以及基础研究和高技术领域原始创新的主力军，而且要在以企业为主体、市场为导向、产学研相结合的技术创新体系的建设中发挥积极作用。在新的时代发展背景下，只有深度融入经济社会之中，高校才能更好地践行教育规律，适应社会需求并引领社会发展，也才能更好地实现自身的发展与进步。其创新人才培养的能力、知识与科技创新的能力、参与国家创新体系的能力以及对社会经济发展的服务能力等，成为新一轮高等教育竞争的重要砝码，正是这样的竞争环境中，“以服务为宗旨、在贡献中发展”的思路成为众多大学在新时期发展中形成的共识。

从现代企业发展的特征来看，由粗放经济向集约经济的转化，使得在企业生产的成本结构中，新知识、高科技、创新人才的比重占有越来越大的份额，企业资本和资源的竞争更多地转化为知识和人才的竞争，技术、产品、设备的更新换代越来越频繁，企业的研发能力和研发水平成为其发展与突破的关键问题。在这种形势下，产学研的合作已成为时代的命题，与大学合作，为现代化建设寻求强有力的、高水平的科技与人才的支持是企业提高竞争力的重要保证。从发达国家高科技发展的历史来看，许多带动国民经济发展的重大科技突破都是依托高等学校产生的。每个世界著名的高科技新城都依托于一所或几所研究型大学。斯坦福大学与“硅谷”的崛起，筑波大学与高技术科学城、剑桥大学与科学园区等都是产学研结合，实现“学术—技术—生产力”之间有效转化的成功典范。迄今为止，影响人类生活方式的重大科研成果的70%也都诞生于高等学校。

因此，产学研合作是现代大学适应社会需求发展的必由之路，也是促进社会经济高效、快速进步的重要保证(参见专栏 9-3)。

专栏 9-3　校企合作是新时期学校的战略选择

2003 年，学校划转教育部直接管理，办学层次得到提升的同时，也面临着失去行业优势的危机。学校抢抓机遇，形成了由七家特大型电力企业集团组成的董事会与教育部共建的办学体制，使得大学的特色和传统得以延续，开创了我国高等教育管理体制的新模式，学校的建设与发展进入一个全新时期。在新的时代发展背景下，学校将办学视野以行业为核心逐渐放大到更为广阔的社会经济大潮之中，以与董(理)事单位等大型能源电力企业开展全方位合作为切入点，深度融入经济社会，开启校企合作新征程。

而与此同时，现代电力企业之间竞争也逐渐加剧，对新知识、高科技、创新人才的需求日益旺盛，对为之提供服务的高校的依赖性也随之增强。不少企业加大与高校合作与交流的力度，国电电力发展股份有限公司、大唐国际发电股份有限公司等大型能源电力企业率先与学校建立了长期稳定的战略合作伙伴关系，开展了人才联合培养和科技联合攻关等方面合作。

2006年，全国科技大会上明确提出把建立“以企业为主体、以市场为导向、产学研相结合”的技术创新体系作为国家创新体系建设的突破口，把大学与企业的合作上升为国家意志和时代主题。学校在对校企合作经验认真总结的基础上，根据国情与校情，提出了“走校企合作兴校之路”的发展战略，积极搭建政产学研合作平台，并明确了“搭建平台、强化服务、突出创新、实现双赢”的校企合作工作思路，实施了一系列强有力的措施：成立校企合作委员会，设置校企合作办公室，规划、协调、运作学校合作资源。2010年学校把校企合作列为高水平大学建设新的增长点，以此推进人才培养和科技创新。

资料来源：刘吉臻主编：《强校之路——华北电力大学办学理念与创新实践》，北京，高等教育出版社，2012。

二、 坚持特色发展是建设高水平大学的必然选择

大学特色不可或缺，特色大学异军突起。在我国建设高等教育强国的进程中，以特色参与竞争、以特色谋求发展成为建设高水平大学的必然选择。纵观世界知名的一流大学，突出特色、形成优势、提升水平，始终是办学中不可忽视的重要战略。特别是在日趋激烈的社会竞争中，仅仅建设一个“高原”是不够的，还要在“高原”的平台上凸显一个“高峰”，这样才能在多元格局中展现自己的风貌，在如林的强手中立于不败之地。正如华北电力大学杨勇平校长所言：“要面对国家重大战略需求，面对经济社会主战场和世界科技前沿，结合学校的基础和特色，突出学科交叉和协同创新，突出与行业产业发展的紧密结合，深入开展校企合作和国际交流，探索出一条具有华电特色的‘双一流’的建设路径，精心设计我校‘双一流’建设方案，确保‘双一流’建设深入推进，要打造‘高峰’学科，培育‘高原’学科，发展‘支撑’学科，加强学科的交叉与融合，全面提升‘大电力’学科体系的整体水平。”①

大学特色是一所大学在发展历程形成的比较持久稳定的办学特征，它突出体现在几方面：被社会所广泛认可，能形成比较优势，是一所大学可持续发展的根本所在；具有典型性、独特性和稳定性等，它可以体现为学科建设特色，人才培养特色，也可以体现为管理体制特色、大学文化特色等。需要说明的是，我国在新中国成立初期

① 《教职工代表大会开幕，杨勇平校长作工作报告》，华北电力大学官网，2017年2月17日。

实施大规模的院系调整所形成的农、林、地、矿、油、水、电等行业领域的学校，现在往往被称为行业特色型大学。但我们认为，这类由历史形成的特别类型的大学并不能天然地成为“有特色”的大学，因为行业类特色与办学办出特色并不是相同的概念。要成为真正意义上的“办出特色”的高水平大学，需要大学在长期的发展中凝聚优势，集中资源，不断积累；更需要大学在前进的进程中审时度势，把握机遇，采用“非均衡”决策，跨越式发展，真正形成自己的品牌，打造出人无我有、人有我优的强势局面。因此，对于行业型大学来说，依托行业的资源和基础，打造自己的优势品牌，形成自己的办学特色，仍然需要长期不懈的努力。

在实施校企合作、依托特色发展的道路中，行业特色型大学与行业、产业之间有着与生俱来的联系，具有解决行业共性技术、关键技术、前瞻技术等重大科技问题的先天优势。在这种形势下，学校要坚持立足行业的服务定位，加强与行业的契合，了解并满足行业发展对人才和知识的需求，形成和强化特色学科的优势，同时发挥相关学科的行业特色对该学科发展的促进作用。抓住机遇，在互动双赢中，通过建立学校整体对外合作协调的机制，搭建开放式的社会服务平台和网络，拓宽对外合作的渠道，形成多方位、多层次、多领域的开放办学格局，积极取得行业、产业及社会各界的支持，更加优化与完善自己的办学特色，求得学校可持续的跨越式发展。

三、 华北电力大学响应国家变革的实践

华北电力大学是伴随着我国能源电力工业的发展而产生和成长起来的，学校立足于为国家能源电力工业提供人才和科技支持，积极推动自身学科建设，形成了服务于我国电力工业的一批优势特色学科和学科体系。进入 21 世纪，面对世界能源以可再生能源为潮流的发展趋势，以及国家中长期能源发展规划对新能源及节能技术、环保技术的战略需求，学校作为教育部直属高校中唯一的一所以能源电力为学科特色的重点大学，勇于承担社会责任，主动打破原有的学科布局，放宽学科发展视野，积极构建和完善能够支撑国家能源电力和谐发展的完整的学科体系，形成“以优势学科为基础，以新兴能源学科为重点，以文理学科为支撑”的“大电力”学科发展体系。

针对我国能源结构不尽合理的问题，学校围绕新能源的开发和利用设置新兴学科，抢占学科制高点。率先筹建了国家第一个风能动力工程专业，并以风电学科为基础，联合水电、太阳能发电等其他可再生能源发电学科组建了全国首家“可再生能源学院”；引进了“中国核能快堆之父”等一流专家及其创新团队，“高起点、有特色”地组建了全国第五家“核工程与核技术学院”；拥有“生物质发电成套设备国家工程实验室”，在生物质发电领域走在国内前列。根据国家中长期能源发展规划，到 2050 年将实现新能源满足能源需求的 30％～40％的战略目标。在这样一个广阔前景下，学校在新能源方面的捷足先登，异军突起，将为国家能源经济的成功转型做出新的更大的贡献。

针对国内能源法律研究的稀缺，学校将文、经、法等学科与能源电力和环境保护

结合,参与起草国家《能源法》,在能源立法和能源政策、环境保护立法与政策等领域独树旗帜。针对对国家未来具有深远影响的资源与环境的关系问题,学校引进了"973"首席科学家黄国和教授及其团队,成立能源与环境研究所,站在整个人类、社会发展的高度研究资源利用问题,研究包括大气、水、有效利用、防止污染等在内的一些更加宏观的、新的资源与环境问题。

学校坚持以服务求支持、以贡献求发展的理念,把服务国家能源发展战略作为提高学校科技自主创新能力的重要途径,积极推进产学研合作,努力实现自身发展与经济社会发展的良性互动。学校以未来10年可能带动能源电力工业跨越式发展的重大核心技术领域为重点,构建了一个以大电网安全、可再生能源技术、节能减排等为重点研究领域的科学研究创新体系,着力提升服务国家能源战略及电力事业发展的能力和水平。为切实促进企业的自主创新能力和核心竞争力的提高,学校广开渠道组织科技创新团队,与企业共建科技研发中心和实验研究中心等科技创新平台,共同争取国家重大科研项目,努力实现重大突破。

为能源电力工业培养和输送高层次人才是学校的服务宗旨之一。学校根据社会和企业的需求,充分利用企业与科研院所的优势资源,实施产学研合作教育,突出人才培养与师资队伍建设特色。

四、响应国家变革需着力解决的问题

多年来,一些高校特别是工程科技类院校与企业通过广泛的校企合作取得了科技创新、人才培养与经济发展等一系列丰硕的成果,有不少学校在这方面积累了很好的经验。但产学研合作作为国家创新体系建设的一个时代的命题,仍需要长期不断地探索与发展。因为深层次的产学研合作需要基于成熟的理念、模式和机制,在这方面需要着力解决一些问题。①

第一,进一步发挥政府主导作用,形成推动产学研合作的体制与机制。高等学校是国家创新体系中重要的组成部分,培养创新型人才并为经济发展、社会进步提供一流的科技成果和社会服务是高等学校最为根本的职责,也是大学的社会责任。坚持这个社会责任,高校应根据社会需求,依托优势学科,主动参与企业的人力资源开发和科技创新,体现对企业发展的服务和推动作用。企业也要根据发展需要参与高校的人才培养和设计过程,引导和支持高校的科技开发,达成与高校的联合办学。但是我们必须看到,广泛的、深层次的、持久的产学研合作,按照国家创新体系的总体布局开展多种形式的自主创新活动,不但需要基于双方具有共同需要的动因的契合,而且需要在制度层面有一个有效的推动或制约。这里仅谈高校的大学使命或企业的社会

① 刘吉臻:《适应社会需求突出办学特色:走产学研合作兴校之路》,载《中国高校科技与产业化》,2009(8)。

责任是远远不够的，必须发挥政府的主导作用，建设有利于高校与企业实现科技创新及全面深入的产学研合作的制度环境。

从我国现阶段的情况来看，科技、教育和经济各(产业)部门之间仍存在着较为严重的条块分割，在各方利益的分配方面协调难度较大。另外还有知识产权的问题，它使各主体间形成了坚厚的行业阻隔，导致产学研的紧密配合、有效合作存在很大的问题。这些问题需要通过政府的力量进行协调，并在立法方面加以完善，出台促进产学研合作的政策、法规和相关配套制度。如从政策层面上提出鼓励产学研结合的措施，要求具有一定规模的企业必须承担产学结合的任务，同时在税收抵扣和毕业生招收选择等方面给予政策优惠等。要有具体的措施指导高校做好产学研工作，探索企业与高校双向联合、互利双赢的途径和机制。在这方面，国外有许多国家都有成功的经验可资借鉴。

第二，建立健全科学的大学评价体系，加强对行业特色型大学的支持。行业特色型大学多年来为我国基础行业的建设和发展做出了巨大的贡献，今后仍将继续成为行业人才培养和科技支撑的主要阵地，是国家科技创新能力建设的主要力量之一，在国家高等教育布局中占有十分重要的地位。但是，由于多年行业类型的发展历史所限，这些学校往往不能在综合的学科布局上显示出较强的实力，特别是划归教育部以后，与一些综合型大学相比具有一定的差距。一方面，行业特色学科是行业特色型大学的特色优势之所在；但另一方面，在政府“求高”“求全”的单一的评价体系的衡量下，这类学校不可避免地处于不公平的劣势地位，给今后的发展造成了一定的困难。

因此，国家相关部门制定教育发展政策时，如何充分考虑行业特色大学的办学历史、学科属性和服务面向，采取倾向性的支持政策，建立健全更加科学、合理的分类分层的评价体系，对不同类别、不同特点、不同层次的学校进行分别评估与认证，根据国家需求、行业需求以及高等教育发展的不同需求进行分类投入、分类管理，鼓励一批行业类型的大学能够真正办出特色，建设成高水平的大学，成为行业发展的高水平的科技创新基地，为国家创新体系建设提供强有力的支撑和服务，这是一个非常值得研究和重视的问题。

第三，进一步加强大学之间的有效合作，整合优势资源形成显著生产力。高水平的科技创新与技术研发需要依靠强有力的科研团队，而组建一支高水平的学科相互支撑、知识结构合理、人员搭配得当的科研团队，需要充分地整合优质资源。如何能够站在更高更宽的视界中集聚更多的优质资源，根据我国经济社会发展战略需求和世界科技发展趋势来凝聚与提升科技创新目标，部署新的科技生长点，大幅增强自主创新与研发能力，是我国科技创新体系中面临的又一个重要的问题。

为此，需要从更高的层面出发，进一步加强我国大学之间以及大学与科研机构之间的有效合作，整合优质资源，为高水平的科技创新积聚力量，打好基础。应该说，我国目前在这方面的工作仍显薄弱，而大学之间的合作也处于一个比较低的层面上。

我们认为，需要通过制度创新，通过推动人事制度改革、资源配置制度改革、评价体系与科技奖励制度改革等举措，来进一步整合资源，在新的层面上改革人力资源管理的现状，摆脱单位所有制的束缚，真正促成学者的自由往来、人才的合理流动，形成高水平科技学术中心，这样才能汇聚科研人才队伍、整合科研优质资源、凝练科研主攻方向、构筑科研创新平台，以此来提高大学科技创新与研发的能力与水平，打造出一流的科技创新成果，促进产学研合作向更高的台阶迈进。

第四节　强校时代：中国电力工程教育的发展

华北电力大学近60年的发展历程，是一部自强不息、团结奋进的创业史，是中国电力工程教育发展的历史缩影。在困难和曲折面前，几代华电人不退缩、不放弃，以坚忍不拔的意志和大无畏的气概克服了一个又一个的困难，始终能够在曲折中前进，在困境中崛起。历经风雨沧桑，几代华电人始终做到理想不改信念不变、追求不止，坚持致力于学校的发展壮大，逐步凝练出了“自强不息、团结奋进、爱校敬业、追求卓越”的华电精神。这种精神凝聚了学校的优良传统，体现了华电人的道德精神，也蕴涵了华电人的价值追求，是学校的快速持续发展的巨大的精神动力。①

一、沧桑岁月，历史铸就精神

大学精神是一所大学传统的高度浓缩和历史文化的深厚积淀，集中反映了大学的办学理念、治学态度和育人氛围，是衡量一所大学水平的标尺，更是大学发展的宝贵财富和精神源泉。在曲折中前进，困境中崛起，历史铸就了华电精神。

1958年开始建校时，华电就遇到了三年困难时期。校舍、师资、设备、资金严重不足，办学条件十分艰苦。广大教职工面对困难毫不退缩，秉承服务祖国电力教育事业的坚定信念，“边教学、边劳动、自己动手、创建校园”，使学校的各项工作逐渐步入了正轨。1969年“文革”初期，学校奉命“战备疏散”，当年10月南迁至河北邯郸，近千名师生分散在岳城水库及邯郸、码头、峰峰三个电厂，教学基本停止，学校陷入了困境；经过学校领导职工的不懈努力，1970年学校转迁至河北省保定市，办学条件有了一定改善。但两次搬迁使学校资产大量流失，教学设施严重破损，学校发展遭受重创。历经磨难的师生员工不灰心、不气馁，自力更生，团结一心，快速完成了教学楼堂、宿舍等校园基本设施的整治与修缮，恢复了迁校后正常教学工作。广大师生员工凭借着一种坚忍不拔、锲而不舍的精神和信念，用自己的实际行动推动着学校的发展。

“文化大革命”结束，中国迎来了改革开放的春天。1978年2月，学校步入全国重点院校行列，同年，在北京原校址创办了华北电力大学北京研究生部，并成为“文

① 刘吉臻：《秉承华电精神办好负责任大学》，载《中国高等教育》，2008(18)。

革”以后首批培养研究生的院校。华电人紧紧抓住有利发展机遇奋力拼搏，使学校办学规模逐步扩大，办学质量稳步提升，各项事业取得了长足进展。1995 年 9 月，经原国家教委批准，华北电力学院(含北京研究生部)与北京动力经济学院合并组建华北电力大学。大学的组建使学校的发展跨入了一个新的阶段。建设一所高水平大学是华电人的奋斗目标和美好愿望。学校领导班子和全校师生继续发扬团结奋进爱校敬业的优良传统，整合两地资源，发挥合力效应，探索出适合学校实际、独具特色的“两地办学、实质性一体化”的管理运行机制，构建起适应国家高等教育发展需要、符合学校历史特点、灵活高效的现代大学管理体制，使学校得到进一步的快速发展和壮大。20 世纪 90 年代中期，国家实施“211 工程”计划，在原电力工业部的领导下，华北电力大学开始了“211 工程”建设的进程。2005 年 9 月，国家正式批准华电跻身于国家“211 工程"院校的行列，实现了全体华电人的又一个美好的梦想。2003 年，学校最终实现了划归教育部管理的方案，同时组建了由国家电网公司、南方电网公司和五大发电集团组成校董会与教育部共建华北电力大学。面对历史形成的两地办学格局，学校认真面对，科学规划，发挥两地优势，明确布局定位，坚持在办好一所大学的前提下，整合校内资源。经教育部批准，于 2005 年 9 月，学校校本部由河北省保定市变更为北京，保定部按分校区管理，加速了实现宏伟办学目标的进程(参见表 9-1、表 9-2)。①

表 9-1　2001—2011 年学生情况统计表

年份	本科生数	专科生数	博士生数	硕士生数	留学生数	合计
2001	10 487	987	153	983	15	12 625
2002	12 827	2 066	203	1 411	65	16 572
2003	14 927	2 632	255	1 906	86	19 806
2004	16 885	2 055	356	2 248	97	21 641
2005	18 265	1 638	484	2 934	138	23 459
2006	19 301	883	531	3 551	107	24 373
2007	19 901	103	614	4 007	152	24 777
2008	20 149	49	685	4 205	117	25 205
2009	20 431	0	758	4 707	164	26 060
2010	20 364	0	813	5 205	267	26 649
2011	20 550	0	889	5 956	289	27 684

注：本表统计的本科生为全日制本科生。留学生是指攻读学历学位的全日制留学生，语言生、短期进修生等不含在内。

资料来源：刘吉臻主编：《强校之路——华北电力大学办学理念与创新实践》，309 页，北京，高等教育出版社，2012。

① 参考刘吉臻主编：《强校之路——华北电力大学办学理念与创新实践》，序言、1～11 页，北京，高等教育出版社，2012。

表 9-2　2001—2011 年教职工情况统计表

年份	教职工数			专任教师数			具有博士学位的教师		高级教师职称结构			
									正高级		副高级	
	合计	北京	保定	合计	北京	保定	人数	比例(%)	人数	比例(%)	人数	比例(%)
2001	2 326	928	1 398	963	415	548	84	8.72	159	16.51	344	35.72
2002	2 410	978	1 432	1 082	474	608	108	9.98	189	17.47	378	34.94
2003	2 451	1 029	1 422	1 163	538	625	133	11.44	181	15.56	384	33.02
2004	2 625	1 123	1 502	1 304	598	706	186	14.26	214	16.41	421	32.29
2005	2 781	1 200	1 581	1 456	676	780	240	16.48	247	16.96	398	27.34
2006	2 848	1 236	1 612	1 556	730	826	349	22.43	267	17.16	417	26.80
2007	2 875	1 266	1 609	1 586	743	843	399	25.16	272	17.15	438	27.62
2008	2 869	1 249	1 620	1 649	769	880	467	28.32	285	17.28	452	27.41
2009	2 887	1 289	1 598	1 679	805	874	552	32.88	318	18.94	504	30.02
2010	2 901	1 344	1 557	1 726	861	865	634	36.73	312	18.08	501	29.03
2011	2 918	1 391	1 527	1 761	904	857	720	40.89	347	19.70	524	29.76

资料来源：刘吉臻主编：《强校之路——华北电力大学办学理念与创新实践》，310 页，北京，高等教育出版社，2012。

二、脚踏实地，实践成就辉煌

“办一所什么样的大学？”“如何办好这样一所大学？”的问题摆在了华电人面前。华北电力大学科学判断形势，认真把握机遇，描绘发展蓝图，走出了一条规模、结构、质量效益协调发展的兴校之路，用一个又一个的事例演绎着新时代的华电精神。

第一，坚持走全面、协调、可持续的发展道路。面对我国高等教育改革发展的新形势，华电结合自身实际，在做好各项改革和建设的基础上，保持办学规模的适度增长。根据我国能源电力发展需要，不断优化学科专业结构，构建了“以优势学科为基础，以新兴能源学科为重点，以文理学科为支撑”的“大电力”学科专业体系，使学校在能源电力领域始终保持优势。学校在电气、动力等优势学科的基础上，加快发展环境、核能、水电、风能、太阳能、生物能等学科，积极发展经济管理、法学、数学物理等文理学科，注重机械、电子、材料控制信息以及文理学科与能源电力学科的结合，通过相互渗透、交叉融合各学科的内涵，形成自身的特色。同时，学校还加大了一级学科博士点、国家级重点学科、省部级重点学科博士点、硕士点、本科专业的建设力度，基本形成了以工为主，工、理、文，经管、法等协调发展，并具有鲜明特色的学科专业布局。

学校适应国家能源电力事业的战略需求，依托“大电力”学科的传统优势，积极参与国家能源电力科技创新体系。学校承担国家“863”项目、“973”项目、国家自然科学基金项目等国家级科研项目，建设电力系统保护与动态安全监控教育部重点实验室、电站设备状态监测与控制教育部重点实验室以及高电压与电磁兼容实验室等一大批重点实验室，为国家的能源电力事业和科技创新发展做出贡献。学校积极推动地方经济的发展，为推动北京市昌平区能源产业基地、保定市“中国电谷”等高新技术产业基地的发展做出贡献。学校走校企合作兴校之路，与国家电网公司等七家电力企业集团组建董事会平台，大力推动校企合作，从而推动学校快速发展。此外，学校还大力实施“人才强校”战略，建立了“博士化、国际化、工程化”人才队伍培养体系。

第二，认真贯彻党的教育方针，模范遵守国家的各项方针政策，承担起办学的政治责任；在办学过程中，不断推进教育教学改革，提高教育教学质量，承担起办学的质量责任。学校在各项事业蓬勃发展、经费相对紧张的情况下，仍然加大教学建设、实验室建设、社会实践体育活动等方面的投入力度，学校整体上求得和谐发展。学校强化“重实践，强能力”人才培养特色，投入巨资加强各类实验室、校内实习基地建设，使本科生的实验开出率达到100%；建立了电子电工实验教学中心、电厂仿真实践教学基地和工程实践中心等实践教学基地，强化了学生实践能力培养。

在高等教育大众化背景下，华北电力大学依然把培养精英人才作为己任，把教育教学和人才培养作为学校核心竞争力的重要组成部分，强调质量是学校生存发展的生命线，把培养高水平的人才作为学校应尽的社会责任和历史使命，突出教育主题，创新教育思想，开展教学改革，成功地走出了一条凸现特色教育的改革发展之路。积极拓展人才培养渠道和多样化人才培养模式(参见表9-3、专栏9-4)。

表9-3 历年校代会上校长工作报告下一学年度重点工作

年份	下一学年度重点工作
2003	(一) 继续推进“211工程”建设，争取正式列入国家“211工程”二期建设规划 (二) 调整学科专业布局，优化学科专业结构 (三) 提高办学层次、教育质量和科研水平，努力向研究型大学迈进 (四) 积极开展国际交流与合作，走国际化发展道路 (五) 推进产、学、研结合，创建高科技园区 (六) 大力推进信息化建设，以信息化带动现代化 (七) 完善人力资源开发机制，造就高水平的师资和管理队伍 (八) 深化内部管理体制改革，大力推进实质性一体化办学 (九) 加强和改进党的建设、思想政治工作和精神文明建设，为改革和发展提供思想保证和精神动力

续表

年份	下一学年度重点工作
2004	(一) 不断兴起学习“三个代表”重要思想的新高潮,进一步加强和改进党的建设和思想政治工作 (二) 加强宏观思考和战略研究,科学制定发展规划 (三) 启动学校 2004—2008 年学科建设规划,力争进入国家“211 工程”二期建设行列 (四) 实施“人才强校”战略,大力加强教师队伍建设 (五) 增强科技创新和高新技术开发能力 (六) 加强教学条件建设,提高教育质量和办学水平 (七) 积极开展国际交流与合作,走国际化发展道路 (八) 全面推进素质教育,做好招生就业工作 (九) 坚持依法治校,提高管理水平
2005	(一) 加大学科建设力度,争取在重点实验室和学位点的申报中取得突破 (二) 坚持科技创新,推进科技工作的可持续发展 (三) 继续实施“人才强校”战略,深化人事制度改革 (四) 大力加强教学工作,切实提高教学质量 (五) 加强校园建设,改善办学条件,提高后勤服务水平 (六) 加强领导班子能力建设,推进依法治校、规范管理、从严治教 (七) 进一步加强对外交流与合作,提高学校国际知名度 (八) 做好校董会和校友联络工作,争取更多的办学资源 (九) 坚持“育人为本、德育为先”,做好学生思想政治工作 (十) 深入开展保持共产党员先进性教育活动,加强和改进党的建设和思想政治工作,确保学校安全与稳定
2006	(一) 科学谋划,充分论证,努力做好“十一五”发展规划 (二) 增强自主创新能力,提高科学研究和高新技术产业水平 (三) 加大学科建设力度,全面推进“211 工程”建设 (四) 大力推进教育教学改革,进一步提高教学质量 (五) 创新体制机制,深化校内改革 (六) 扩大国际交流与合作,提升学校国际化水平 (七) 做好筹建第二届校董会相关工作,推进产学研相结合 (八) 继续加强和改进思想政治工作,大力推动校园文化建设 (九) 全面加强党的建设,为学校的改革与发展提供政治保障
2007	(一) 全力以赴迎接教育部对我校本科教学工作水平评估 (二) 集中力量推进学科建设 (三) 加大力度实施人才强校战略 (四) 不断提升科技创新的层次和水平 (五) 积极开展国际交流与合作 (六) 全面提升学校的管理水平 (七) 加强学生德育和思想政治教育工作 (八) 大力推进和谐校园建设 (九) 全力实施与保定市建立“中国电谷”的发展战略 (十) 高质量、高效率完成校园基本建设工作 (十一) 加强财务管理,提高服务水平 (十二) 进一步拓宽校企合作渠道,构建良好的外部发展环境 (十三) 加强校园信息化建设 (十四) 做好 2008 年 50 周年校庆的筹备工作

续表

年份	下一学年度重点工作
2008	(一）深入推进人事制度改革，搞好人才队伍建设 (二）完善创新人才培养体系，稳步提升教育教学质量 (三）强化科技创新能力，提高产学研合作水平 (四）加强学科建设，完善“大电力”学科体系 (五）加快实施国际化战略，进一步扩大国际影响 (六）大力提高管理工作水平 (七）全力做好党建和思想政治工作 (八）以各项工作的优异成绩迎接五十周年校庆
2009	(一）全力以赴做好“211 工程”三期建设工作，抢占优势学科制高点 (二）巩固教育教学质量，加强创新性人才培养力度 (三）完善科技创新体系，谋求产学研合作的更大发展 (四）继续推进人事制度改革，实现人力资源优化配置 (五）深化国际交流与合作，不断提高学校的国际竞争力 (六）将提升管理水平摆在更加突出的位置 (七）继续推进党建和思想政治工作
2010	(一）科学制定学校“十二五”发展规划 (二）加大学科建设力度，扎实推进“211 工程”三期建设任务 (三）巩固教育教学质量，加强创新型人才培养力度 (四）努力提升科技创新水平，进一步拓展产学研合作 (五）深化人事制度改革，加大师资队伍建设力度 (六）全面推进国际化进程，提高大学的国际竞争力 (七）大力提高管理工作水平 (八）继续推进党建和思想政治工作
2011	(一）精心做好学校“十二五”发展规划制定工作 (二）进一步加强学科建设力度，力争“985”优势学科创新平台建设取得突破 (三）深化教育教学改革，构建创新型人才培养体系 (四）加大科技创新力度，进一步提升产学研合作水平 (五）深入推进人事制度改革，加快高水平师资队伍建设步伐 (六）全面推进国际化进程，提高国际竞争力 (七）持续提升管理工作水平 (八）继续推进党建和学生思想政治工作
2012	(一）优化学科结构，推进“大电力”学科体系的整体提升 (二）推进校内劳动人事改革，营造激励教职员工奋发向上的制度氛围 (三）加强内涵建设，稳步提高创新人才培养质量 (四）加快协同创新步伐，着力提升科技创新能力 (五）创新产学研合作模式，提高科技转化能力与社会服务水平 (六）推进“国际化”战略，进一步提高国际竞争力 (七）改善办学条件，进一步提高保障能力和服务水平 (八）加强大学生思想政治教育工作，促进大学生健康成才、全面发展 (九）加强党的建设与干部队伍建设，全面推进现代大学管理制度建设

续表

年份	下一学年度重点工作
2013	（一）攻坚克难，全力做好重点学科的内涵建设工作 （二）积极实施“大人才”发展战略，加大高水平师资队伍建设力度 （三）继续推进教育教学改革，加快完善创新人才培养体系 （四）稳步推进协同创新，着力提升科技创新能力 （五）多元化推进产学研深度融合，增强科技成果转化和社会服务能力 （六）开辟多种有效渠道，切实加快“国际化”进程 （七）持续优化资源配置，提高办学效益 （八）加强和改进大学生思想政治教育工作，促进学生全面成长成才 （九）加强党的建设和干部队伍建设，构建与完善适应高水平大学建设要求的现代大学管理制度
2014	（一）以大学章程制定为核心，全面完善学校管理制度体系 （二）全面规划、重点突破，推进学科建设再上新台阶 （三）深化“大人才”战略，加强人才工作的制度化、科学化建设 （四）全面深化教育教学改革，完善高层次创新人才培养的体制机制 （五）深化科技创新体制机制改革，全面提升科研综合实力和原始创新能力 （六）全方位加强校企合作与国际交流，不断提高学校开放度和影响力 （七）创新思想政治教育模式，促进学生健康成长 （八）持续推进规范化管理，不断提高办学效益和服务水平 （九）巩固深化党的群众路线教育实践活动成果，全面推进党建与大学文化建设
2015	（一）科学谋划发展蓝图，制定学校“十三五”发展规划，着力提升学科建设水平 （二）深化劳动人事制度改革，推进人才队伍建设再上新台阶 （三）深化教育教学改革，加强创新人才培养体系建设 （四）深化科技体制机制改革，提升学校科技创新能力和水平 （五）加强平台和项目建设，切实推进学生工作改革创新 （六）加大力度、开拓创新，着力推进校企校地合作与对外合作交流 （七）深化后勤管理体制改革，加强服务保障体系建设 （八）全面加强党建与思想政治工作，为建设高水平大学提供根本保障
2016	（一）从严治党，依法治校 （二）内涵发展，提升质量 （三）重点突破，争创一流 （四）问题导向，深化改革 （五）强化特色，拓展资源 （六）弘扬精神，实现跨越

资料来源：2003—2016 年历年“华北电力大学文件”，教代会校长工作报告。

专栏 9-4　谋划科学发展：实施“三步走”战略

2009 年，学校以深入开展学习实践科学发展观活动为契机，认真分析了学校面临的新形势，深入研究了学校的发展战略，提出了建设高水平大学的“三步走”战略，并按照“有特色、高水平”的要求，提出了“六项战略任务”；在 2010 年学校第一次党代会上，“六项战略任务”被进一步细化为“九项战略任务”。“三步走”是学校发展战略的重要理论成果，成为新时期学校建设高水平大学的战略蓝图。

“三步走”战略提出的背景

进入 21 世纪以来，学校以科学发展观为统领，励精图治，开拓创新，各项事业稳步前进。特别是进入“十一五”时期以后，学校进入了一个快速发展期，各项工作呈现出生机勃勃的可喜局面，广大师生员工和各级领导干部切实感受到了科学发展带来的丰硕成果。在此基础上，学校党委确定了建设高水平大学的奋斗目标，进一步明确了学校的发展方向，学校已经站在了一个全新的发展起点上。

2008 年，以庆祝建校 50 周年为契机，学校总结了 50 年的办学经验和办学成就，全面梳理了办学思想。2009 年，学校深入开展了学习实践科学发展观活动，确定了“立足新起点，谋划新发展，推进高水平大学建设”的实践活动载体，将此活动作为推进学校科学发展的难得机遇和强大动力，进一步系统地总结了办学经验，认真全面地分析了学校发展面临的新形势，认为未来一个时期，既是中国高等教育发展的关键期，也是学校发展的战略机遇期，是学校适应社会需求，把握高等教育发展规律，朝着高水平大学奋斗目标全力加速的时期，因此，学校必须紧抓机遇，对未来学校的发展道路进行战略规划，加速学校科学发展。

2009 年 8 月，学校召开暑期务虚会，在广泛调研与深入论证的基础上，专题研讨学校的发展战略。学校通过务虚会全面梳理了学校发展历史，认真分析了学校面临的发展形势，提出了“三步走”战略，对建设高水平大学的目标进行了中长期和阶段性规划。

学校的中长期目标是：到 2020 年把学校建成国内一流、国际上有一定影响、具有鲜明特色的多科性、研究型、国际化高水平大学。为了实现这个目标，学校把高水平大学的建设进程分为三个阶段：2006—2010 年为夯实基础阶段；2011—2015 年为加速冲刺阶段；2016—2020 年为高位发展阶段。

“三步走”战略具有深刻的思想内涵和科学依据

推动科学发展，关键是要有一个科学的发展目标。所谓科学的发展目标，一是要符合客观实际，立足现实；二是要解放思想，正确评估自身的发展潜力，把现实性和可能性有机结合起来。有了符合实际的、科学的发展目标，才会不断实现跨越。“三步走”战略正是基于这样的出发点和立足点提出的。

首先,“三步走”战略建立在学校对建设高水平大学现实性的统一认识之上。如果说在世纪初,学校对于建设一所什么样的大学还处于初步探索阶段,那么,在经历了21世纪近十年跨越式发展之后,学校上下对于高水平大学的建设目标已经达到了高度的统一,树立了极大的信心。客观地审视学校几年来的发展状况,把握学校发展的态势,通过科学比较、理性分析,全校师生都充分认识到了建设高水平大学的坚实基础和发展优势:一是从根本上解决了学校的管理体制,为跨越式发展打下了坚实基础;二是创建了学校的发展战略体系,为跨越式发展奠定了理论基石;三是构建了“大电力”学科体系,为跨越式发展注入了强大动力;四是走出了一条校企合作兴校之路,为跨越式发展开辟了重要途径;五是实施了两地实质性一体化办学,为跨越式发展创造了有利条件;六是践行了“办一所负责任大学”的理念,为跨越式发展提供了根本保证。

其次,“三步走”战略建立在对高等教育发展规律的深刻把握,即学校建设高水平大学具有内在的可能性和必然性的基础之上。综观世界高等教育发展史,所谓的高水平大学,从来都不是一个发展模式,而是一个多样化的集群,满足着国家或社会多样化的需求。综合性的大学可以建设为世界一流大学,单科性的行业类大学同样可以建设成为高水平大学。学校多年积累的行业优势使学校的发展有着独一无二的特色与基础,只要按照科学发展观的要求,以“超常规的思维、超常规的举措、超常规的努力”来聚精会神搞建设,一心一意谋发展,学校就完全有可能建设成为一所具有鲜明特色的高水平大学。

同时,“三步走”提出的三个阶段,就其时间规划上也有着充分的科学依据。从当前到2020年是我国全面建设小康社会、建设创新型国家的重要时期,社会经济将进入一个高位发展的全新时期,高等教育也将面临一个全新的发展格局。因此,国家对高等教育提出了更高的发展要求,也为学校建设高水平大学创造了重大机遇期。而在这之前,学校的建设与发展主要依据“十一五”与“十二五”两个五年规划,具有不同的建设目标和阶段性工作任务。三个发展阶段既有不同建设目标、不同工作重点,同时又互为承继,一脉相承。

“三步走”战略推进学校高水平大学建设

根据“三步走”发展战略,学校按照“有特色、高水平”的要求,提出了“六项战略任务”。2010年,学校第一次党代会将“六项战略任务”进一步细化为“九项战略任务”,主要包括:第一,坚持学科立校,丰富和完善“大电力”学科体系;第二,坚持人才强校,建设高素质、高水平的人才队伍;第三,坚持科研兴校,推进学校向研究型大学转变;第四,坚持育人为本,全面提高人才培养质量;第五,坚持开放办学,增强学校国际竞争力和影响力;第六,坚持校企合作,继续提升学校社会服务水平;第七,坚持多元投入,建设功能强大的现代化校园;第八,坚持制度创新,构建独具特色的现代大学制度;第九,坚持文化引领,全力推进和谐校园建设。

“三步走”战略是学校在新的历史起点上对未来十年发展的规划和部署，是深入学习实践科学发展观活动的重要理论成果，是学校发展史上办学思想与发展战略的高度凝练与升华。“三步走”战略提出以来，全校教职员工进一步统一了思想，坚定了信心，增强了使命感、责任感和紧迫感，紧紧围绕“九项战略任务”投入高水平大学建设的征程之中，取得了一个个令人瞩目的成就。2010年，学校以“十一五”建设的胜利收官圆满完成了“三步走”的第一阶段“夯实基础”的任务；在认真学习和把握国内外高等教育发展与能源电力发展形势的基础上，学校又科学制定了“十二五”发展规划，以昂扬的姿态跨入了“三步走”的“加速冲刺”阶段。

资料来源：刘吉臻主编：《强校之路——华北电力大学办学理念与创新实践》，北京，高等教育出版社，2012。

三、 潜移默化，文化引领进步

作为一所大学，既要有大师，也要有大楼，同时还应该具有体现自己特色和价值的大学文化。大学应当是先进文化的引领者。这种文化外化为学校的领导作风、教风、学风和校风。一直以来，学校把大楼、大师和大学文化作为大学核心建设的三项工程。

领导者的言行和作风对学校师生有着很强的示范效应，是各项工作的基础。学校历届领导班子都把团结作为事业发展的基础，认真贯彻党的教育方针，重视党的建设，重视思想政治工作、精神文明及和谐校园文化建设，坚持执行党委领导下的校长负责制和民主集中制，依法治校理教，领导班子的战斗力凝聚力不断得到增强。尤其是在学校发展的几个关键历史时刻，领导班子成员能够拧成一股绳，心往一处想，劲往一处使，站在学校长远发展的战略高度，科学制定发展规划，把握发展机遇，克服前进中的困难，谱写了团结奋斗、奋发向上的历史篇章。

培养人才的主体是教师，提高教学质量的关键是教风。华北电力大学把华电精神贯彻到教风建设当中，有力地促进了优良教风的形成。学校把师德师风教育纳入思想政治教育体系，加强制度建设，多途径对教师教学质量进行综合评价，实行师德“一票否决制”，建立了激励机制，对师德师风优秀的教师进行表彰。学校先后涌现出一大批师德高尚、业务精湛、勤奋严谨的优秀教师。他们爱校敬业、追求卓越、治学严谨，成为了华电校园里的师德典范、精神楷模。

教师的敬业精神、严谨的治教态度、严格的教学管理和自觉的责任心，带动了优良学风的建设。名师担任本科生班主任，用学识和人格魅力帮助学生树立正确的人生观、价值观和成才观；学校狠抓各项学生管理制度的落实，从严治学、从严治校，不断夯实学风基础建设；推行弹性学制，制定科学的学分标准，打破严格的专业界限，从根本上提高学生的积极性主动性；高度重视考风建设，不断规范考试管理，严肃考试纪律。学校通过特色鲜明的实践教学体系培养学生的创新精神，不少学生在本科阶段就发表学术论文，参加老师课题组的科学研究，毕业论文质量不断提高。华电学子勤于学习奋发向上，敢于创新，把华电精神不断发扬光大。

校风是领导作风、教风和学风的综合反映，是大学先进文化的集中体现。学校以华电精神为核心，营造良好的办学氛围。新生入学后要系统接受校史校情教育，领悟和弘扬本校的大学精神，增强他们对大学精神的认同和践行的自觉性；通过开设形式多样的第二课堂，华电大讲堂等学术活动，培养学生科学文化素质；文明修身主体教育活动，富有创新精神的社团活动，培养和发展学生个性，充分展示他们的才能；学校重视物质文化建设，建设具有文化内涵的基础设施，既为教学、科研、学生活动提供良好的场所，又能陶冶学生情操。

华电精神熏陶着每一个华电人，不仅体现在他们的言谈举止、立身处事之中，而且渗透到他们的文化意识与精神品格之中，由外在转化为内在，由校内延伸到校外，成为华电人终身的精神财富和动力源泉，他们用自己的行动阐释和演绎着华电独有的精神风貌，践行和引领着先进文化，并由此形成了教风严、学风好、校风正的校园氛围，不断续写着德育与智育相结合的完美篇章(参见专栏 9-5)。

专栏 9-5 “办一所负责任的大学”

记者：“办一所负责任的大学”的办学理念是学校的特色之一，学校又是怎样践行这一理念的呢？

刘吉臻：“办一所负责任的大学”是新形势下学校对“办人民满意的教育”的诠释，是对“办一所什么样的大学和如何办这么一所大学”问题的回答，也是学校结合自身定位，在服务社会的过程中逐渐凝练而成的办学理念。所谓负责任的大学，可以解释为：大学应该为国家、社会、学校师生以及学生家长承担起社会赋予的相应职责，即政治责任、道德责任、法律责任和质量责任。

提出该办学理念 3 年多来，负责任的内涵不断丰富和完善，目前已成为华电人的一种价值观念、行为准则和工作标准。它是广大师生员工在工作过程中达到的一种共识和普遍价值观的认同。学校的教师员工都以此为标准，工作兢兢业业、敬业爱岗、追求卓越，事业心和责任心不断增强，一丝不苟地履行社会赋予大学的所有职责。同时，它也是我们党政领导团队在大学管理过程中所形成的理性认识、理想追求及有关的大学教育思想观念，并逐渐升华为大学精神的重要内涵。

在社会主义市场经济条件下，学校的改革发展等问题的决策和规划都面临着取舍，“对国家、社会和师生负责，让人民满意”是我们的唯一标准。背离客观现实、教育规律，仅仅做表面文章、不负责任的事情，我们坚决不干。比如学校规模问题，我们强调质量责任，走内涵发展的道路：控制本科生规模，适度增加研究生数量，要不惜一切代价提高教育教学质量，把学生的培养质量当作学校的头等大事来抓。高质量工程人才的培养必须有高额经费的支撑。大学在这方面愿不愿意花费或者愿意花费多少，也是衡量一所大学是否是负责任大学的标准之一。我校在教学、实验、实践等一系列环节都投入了大量资金，并在经费和地皮紧张的情况下，斥以巨资租用土地建成了工程训练中心，同时学校还积极主动与电力企业合作建立了几十个社会实践基地。这些都是"办一所负责任的大学"的理念在人才培养上的具体体现。而对于大学生就业问题，我们强调政治和社会责任。一所负责任的大学还应该急社会之所急，切实关注广大人民群众所普遍关注的问题。学校一方面注重提高学生的教育质量，加强学生创新能力、实践能力等综合素质的培养，另一方面还注重结合市场需求培养符合社会所需的人才。学校依据我国工业和能源发展的需求，有目的地拓展了社会急需的部分专业。

教育事业不是产业，应该少一些功利，多一份责任。当前，教育界出现的这样或者那样的一些问题，很大原因在于功利色彩过于浓厚。急功近利必然导致对教育本质的扭曲，导致人才培养目标的偏离。学校应该立足于社会和市场的需求，尽可能地、尽全力地去满足学生、家长、社会的期望，并且上升为学校的工作目标和办学理念，否则就不是"一所负责任的大学"。"办一所负责任的大学"是我们教育追求的一种境界。

资料来源：《责任　特色　实践　创新——访华北电力大学校长刘吉臻》，载《北京教育》，2007(1)。

第十章　教育建构人才与国家的命运共同体

第一节　国家战略需求决定人才供给

中国高等教育的发展步入了以提高质量为核心的内涵式发展新阶段，质量意识已经成为我国高等教育发展的国家战略，提升质量是每所高等学校在未来发展中最核心最紧迫的任务。教育规划纲要指出，“把促进人的全面发展、适应社会需要作为衡量高等教育质量的根本标准”。人的全面发展是一种最终指向，而适应社会需求是人才培养的根本要求，是实现人的全面发展的主要途径。正确认识和把握质量标准，是高等学校实现教育功能、找准定位、办出特色、不断提高高等教育人才培养质量的重要前提，对高等学校的办学起着根本性的导向作用。

一、经济社会快速发展需要高等教育的有力支撑

高等教育与经济社会的深度融合是高等教育步入社会中心之后的一个重要特征，也是世界高等教育发展历史的一个共同趋势。随之，高等教育人才培养的社会适应性就成为高等教育的一个重要理论问题，成为衡量和评价高等教育质量与水平的重要尺度。从世界范围来说，发达的社会经济总是与相应程度的教育水平联系在一起。一个国家高等教育发展的水平如何，首先看它是否满足了这个国家社会经济的发展需要，这是高等教育社会属性的重要特征。

我国高等教育的改革发展历程深刻地印证了这个轨迹。中国高等教育改革发展的进程，始终与中国经济社会的转型、改革与发展紧密联系在一起。改革开放特别是新世纪以来，国家全面建设小康社会的宏伟目标把教育推向了优先发展的战略地位，国家大力实施“科教兴国”“人才强国”的战略方针，作为科技第一生产力和人才第一资源重要结合点的高等教育，迎来了前所未有的重大发展机遇。数年来改革发展的历程表明，我国以最短的时间、最低的成本、最高的效率走过了发达国家几倍时间走过的历程，并以高等教育发展目标的社会化、发展规模的大众化和结构功能的多样化为标志，实现了高等教育体系在数量、质量、类型、层次、结构等多方面的协调发展，为国家全面建设小康社会培养了一大批中国特色社会主义的合格建设者和可靠接班人。在人才培养、科技创新、社会服务、文化传承与创新等方面，有力地支撑了国家经济社会的快速发展，对中国社会的进步起到了重要的推动与引领作用，铸就了一条具

有中国特色的高等教育改革发展的成功之路。“围绕中心、服务大局，把高等教育与经济社会发展紧密结合，不断满足人民群众日益增长的高质量、多样化的高等教育需求”是中国特色高等教育发展道路的宝贵经验。

电力是关系国计民生的支柱性产业，新世纪以来，我国电力行业一直保持高速发展的态势。2011 年底，我国发电装机容量达到 10.5 亿千瓦，仅次于美国居世界第 2 位，年发电量达 4.8 万亿千瓦时，超过美国跃居世界第 1 位。特别是近年来，我国连续 4 年年增电力装机容量近 1 亿千瓦，而法国、意大利、英国的电力总装机容量分别为 1.1 亿、1.0 亿、0.9 亿千瓦。也就是说，我们一年的新增装机就大致相当于法国、意大利、英国的总装机容量。再比如，复杂大电网的安全运行是世界性的难题，许多国家都发生过重大安全事故，给经济社会造成巨大负面影响。像 2003 年 8 月 14 日北美大停电、2012 年 7 月 31 日印度大停电，都产生了灾难性的严重后果。而我国多年来能够持续保持这样一个全球规模最大的发电生产与电网的安全稳定运行，在电力系统安全稳定控制技术、特高压输电技术、特大型水利水电工程技术、大规模新能源开发利用技术等领域已经位居世界领先水平。这些非常了不起的成就，正是由于我国高等学校向电力行业源源不断地输送了大批优秀的专业人才。不仅如此，许多高校还在电力科技创新方面做出了突出的贡献，在行业核心技术、关键技术方面努力攻克难题，在许多方面实现了行业的自主创新，推动电力工业发展水平走在了世界前列。这是中国高等教育支撑国家经济社会快速发展的一个缩影。从这个角度，我们可以更加全面地认识中国高等教育取得的巨大成就，也更加坚定了坚持走中国特色高等教育发展道路的决心和信心。①

二、社会多层次人才需求是各级各类高等学校提升质量、办出特色的内在要求

中国经济社会和高等教育蓬勃发展的大好形势，为各级各类高等学校的发展提供了良好的发展机遇和广阔的发展前景。但是，即使如此，面对着更加激烈的国际竞争、面对着社会经济不断发展的新的要求、面对人民群众更加多元化的旺盛需求，高等教育提高质量仍然是未来发展中一个严峻而现实的课题。对于各级各类高等学校来说，只有坚持科学合理定位才是提升质量、办出特色的根本出路，而找准发展定位、谈质量、谈特色则离不开对质量标准的认识和把握。“促进人的全面发展”是大学人才培养目标的共性，而“适应社会需要”则体现了不同学校的定位与个性。大学如何找准定位、提升质量、办出特色、彰显个性，这是一个重要的理论问题。

成功的大学从来没有统一的办学模式。对于每一所大学而言，“促进人的全面发展”是大学人才培养目标的共同属性，而“适应社会需要”则应该是大学找准定位、彰

① 刘吉臻：《把握定位推进高等教育人才培养质量不断提升》，载《中国高等教育》，2012(21)。

显特色与个性的出发点。从国家层面讲，由于标准不明、定位不清而出现的高等学校办学的同质化曾是影响高等教育发展的一个重要问题，也是导致我国人才培养与社会需求之间出现结构性矛盾的深层次原因。譬如，一方面，我国经济社会的快速发展迫切需要高等教育培养适用性专业人才；另一方面，一些高等学校培养的大量人才难以找到合适的就业岗位，造成了“适销不能对路”的社会问题。同时，对高等学校而言，如果不能在经济社会飞速发展的潮流中找准对应的发展定位或及时调整发展思路，也会面临着在越来越激烈的高等教育竞争格局中被淘汰出局的危机。

社会需求的多样性决定了大学的多样性。每所高校的发展历史、资源禀赋、文化传统各不相同，科学定位自身的发展目标至关重要。譬如有些大学定位要培养科学家、业界领袖、杰出精英，也有院校定位于培养工程师、应用性专门人才，有的大学要办成世界一流大学，有的学校则定位于面向地方经济服务。不同类别、不同层次的学校要在适应不同方面的社会需要中找准自身的定位，在明确定位的基础上努力办出特色、办出质量、办出水平，并在不断的提升中达到更高更远的目标。

以华北电力大学为例，作为国家唯一以能源电力为学科特色的高等学校，学校长期服务于国家电力工业，具有与电力工业发展相应的较为齐全的学科专业体系。新世纪以来，学校审时度势，认为“电”依然是学校获取长足发展的安身立命之本，同时也要在时代的发展中寻求新的发展活力。学校紧密跟踪国家战略需求，抓住能源电力发展的重要机遇，结合学校的实际，全面构建起“以优势学科为基础、新兴能源为重点、文理学科为支撑”的“大电力”特色学科体系，以学科建设为龙头着力，带动了人才培养、师资队伍、科技创新、平台建设等全方位的发展。学校正是在满足社会需求的过程中，获取了可持续发展的生命动力，走出了一条特色发展之路。像华北电力大学这样的学校还有很多，而只有各级各类高校的高质量、高水平，才能够实现中国高等教育真正意义上的高质量、高水平。

在这个问题上，我国高等教育的研究与导向也应该进行反思。高等教育大众化阶段的本质特征就是多样化的形成。我们要充分学习借鉴世界高等教育体系的多样化标准，从多个国家的优势、特色而不仅仅是英美体系的一种标准来研究、学习、借鉴和衡量我们的教育发展，如德国的工程技术教育、法国的职业教育等，使我们的高等教育真正具有宽广的发展视野，全面适应我国的国情，适应我国社会经济发展的多方面需求，建构起多样化类型、层次和结构的高等教育体系，这样的高等教育才可能是适应我国经济社会发展的、具有可持续发展性的教育体系，也才可能实现中国高等教育高质量、高水平的发展(参见专栏 10-1)。

专栏 10-1　刘吉臻校长谈“双一流”背景下大学精神的内涵与实质

2015 年 10 月 1 日，时值天津大学 120 周年华诞之际，天津大学主办了“中外大学校长圆桌会议”，会聚海内外知名大学校长、顶尖教育专家，共商高等教育在新形势下改革发展面临的机遇和挑战，分享治学育人理念。嘉宾们围绕“大学的精神与使命”主题，分别对“大学精神的内涵与实质”“大学的机遇与挑战”“大学治理创新”三个议题展开交流讨论。17 所海外院校以及 28 所中方院校的 100 余名嘉宾参会。华北电力大学校长刘吉臻教授作为受邀嘉宾在论坛上围绕大学精神的内涵与实质议题做了发言，发言内容在《中国高教研究》2016 年第 1 期上予以刊登。刘吉臻校长的主要观点和见解如下：

我们谈论的大学精神是一个长期的话题。每一所大学都有自己的校训、有自己确立的精神文化，这对于一所大学来说十分重要。然而，我们更应当审视自身的办学行为与提倡的大学精神距离有多远，并把主要关注点放在如何践行自己的大学精神上来。作为校长，我们必须面对理想与现实的脱节，传统与现代的冲突，良知与功利的矛盾，并不得不在这些矛盾与冲突之中做出艰难的抉择。大学精神的坚守不是好高骛远，也不是自命不凡，更不是自我标榜。大学精神应由这所大学的每个人用行动来书写，由公众所认同。大学的精神不应该成为写在墙上、挂在嘴上的东西，而应当是这所大学历史形成的共同价值观和行为准则。

这里我提两个问题，第一，当今时代赋予大学的责任究竟是什么？有哪些变化？第二，大学之间发展的差距会继续拉大还是缩小？或者说，我们距离世界一流大学有多远？我的观点是，大学职能回归到人才培养的本源将成为时代的潮流，也就是说人才培养是社会赋予大学最根本的任务。从理论上讲，大学职能的泛化百害而无一利。教育的根本任务就是培养人才。对于每个家庭、每个用人单位来说，他们最希望大学做的事情，是把学生培养好，对大学最基本的评价是看它把学生培养得如何。对第二个问题的回答，就是要用人才培养的标准创建一流大学。习近平总书记说得好，一定要以“中国特色、世界水平”建设我们的一流大学。我们绝不能按照西方所谓名牌大学的标准与模式来建设中国的一流大学，其中的关键是回答中国特色的问题。中国特色的核心应是以人才培养为标准，以培养大批中华民族伟大复兴需要的合格人才为目标，建设好中国的世界一流大学。

资料来源：《大学的精神与使命（观点摘编）》，载《中国高教研究杂志》，2016(1)。

第二节　下一个工业革命与电力的“大能源观”

在我国建设创新型国家的过程中，推动行业产业结构优化调整、提高行业自主创新能力已经成为关系国民经济快速发展的紧迫而重大的战略任务。面对国家和行业发展的新形势、新要求，行业特色型大学如何依托行业优势，服务国家战略需求，抢抓机遇，科学规划，构建具有自身特色的学科体系和创新平台，更好地为国家、社会、行业创新发展提供技术支持和人才保障，推进学校事业又好又快发展，已成为高水平行业特色型大学需要着力探讨的理论和实践问题。

一、紧密追踪时代步伐，把握能源电力发展的前沿态势

紧跟行业发展趋势，服务行业发展前沿，是行业特色型大学可持续发展的关键所在。

在能源电力领域，能源短缺、环境污染、气候变化已成为人类社会共同关注的重大问题。应对上述问题的基本策略是大力开发低碳能源与能源的高效清洁利用。为此，世界各国针对自身生存发展的状况以及人类共同的问题调整与制定本国的发展战略。同时，也通过政治、经济、军事、外交的手段开展国际竞争与合作。哥本哈根世界气候变化大会既体现了世界各国对能源气候问题的高度重视，也显现出解决这些问题的艰难。中国作为世界最大的发展中国家，做出了“到2020年单位国内生产总值二氧化碳排放比2005年下降40％到45％”的庄重承诺，这既体现了我国对世界担负的责任，也为制定我国未来能源发展战略指明了方向。

低碳能源开发是以低能耗、低污染、低排放为基础的能源开发模式，是人类社会继农业文明、工业文明之后的又一次重大进步。结合目前能源领域的开发利用现状，低碳能源开发主要包括煤基(传统化石能源)清洁能源开发和新能源开发两大部分。能源的高效清洁利用，核心是能源技术和减排技术创新、产业结构和制度创新，电动汽车、半导体照明、建筑节能、工业节能等是新能源和节能减排的重点领域。特别值得一提的是，在以保护环境、节约能源为特征的低碳经济产业链中，智能电网已成为全球聚焦的话题。智能电网是以物理电网为基础，将现代先进的传感测量技术、通信技术、信息技术、计算机技术和控制技术与物理电网高度集成的新型电网。它以充分满足用户对电力的需求和优化资源配置，确保电力供应的安全性、可靠性和经济性，满足环保约束，保证电能质量，适应电力市场化发展等为目的，实现对用户可靠、经济、清洁、互动的电力供应和增值服务。美国和欧洲非常关注智能电网、大电网的建设，中国到2020年将全面建成统一的坚强智能电网。智能电网将如同Internet一样连接千家万户，成为不可或缺的与生产生活密切相关的公共系统。

面对能源领域发展的新形势和新的研究发展方向，《国家中长期科学和技术发展规划纲要(2006—2020年)》将加快发展节能技术和清洁能源技术，大力开发可再生能源、促进能源结构优化作为国家能源发展的重点领域。大力发展能源产业，确保能源安全成为我国的基本国策。

华北电力大学作为以能源电力为学科特色的“211工程”重点建设高校，伴随着国家能源电力工业的发展而产生并成长，半个世纪以来，始终承担着中国能源电力领域科技创新，培养高素质人才的重任。特别是进入21世纪，面对以新能源与可再生能源为潮流的世界能源发展新趋势，学校勇于创新，抢抓机遇，科学制定发展规划，把

国家战略转化为学校的发展战略、发展目标，积极对接国家战略产业，在人才培养、科技创新等领域主动服务国家战略需求，实现了一系列重要的突破和跨越式的发展。国家未来能源发展战略需求，为学校建设一所特色鲜明的高水平大学提供了新的突破口，同时也为学校进一步打造学科优势、产生重大科技成果指明了发展方向。“新能源时代”的到来为实现学校事业的再一次腾飞创造了前所未有的发展空间和战略机遇。

二、瞄准国家能源战略需求，构建“大电力”特色学科体系

从 1958 年建校以来，华电逐步形成了服务于国家能源电力工业的一批优势特色学科和学科体系。跨入 21 世纪，学校以学科建设为龙头，坚持和谐与创新兼顾，特色与一流同步，瞄准国家战略，拓宽学科视野，结合国家《可再生能源发展“十一五”规划》和新能源振兴规划战略要求，超前谋划，科学论证，在电气、动力、自动化和经济管理等优势学科的基础上，以“能源电力”为核心，加快发展环境、核能、水电、风能、太阳能、生物质能等学科，同时注重机械、电子、材料、控制信息及文理学科与能源电力学科的结合，通过互相渗透、交叉融合，抢占学科制高点，凝练新的学科发展方向，全面构建起“以优势学科为基础，以新兴能源学科为重点，以文理学科为支撑”的“大电力”特色学科体系，率先踏上绿色新能源的战略高地。

21 世纪之初，新能源的开发和利用刚刚起步，学校以前瞻性的眼光，充分预见学科发展的变化趋势，率先于 2002 年组建了核工程与核技术专业，成为国内第五个拥有核电专业的高校；2006 年，创建了国内第一个风能动力工程专业；2007 年，成立了全国首家“可再生能源学院”，学院与中国科学院、英国剑桥大学、丹麦科技大学等国内外高水平大学和科研机构开展深度合作，积极致力于可再生能源、清洁能源的开发和利用，取得了显著成效；2008 年，经国家发改委批准，成功申报“生物质发电成套设备国家工程实验室”，致力于开发适合我国国情的高效、低成本生物质发电技术和成套设备，为我国生物质发电行业提供技术支撑；2009 年，科技部正式批复学校组建的国家火力发电工程技术研究中心，对促进我国火力发电整体技术水平的不断提升，加速我国火力发电领域高端技术的推广和应用，起到了重要的作用。此外，学校依托人文与社会科学学院建成“北京能源发展研究基地”，在能源立法和能源政策、环境保护立法与政策等领域独树一帜。

几年来，华电大力发展新能源学科，在核电、风电、水电等学科方面的研究展现出勃勃生机。同时，学校注重能源学科与 IT 学科、经管人文学科的融合，强化“大电力”特色学科体系，力求在战略层面抢占新能源绿色技术发展制高点，为高水平大学发展和建设提供新动力、开辟新空间，成功地走出了一条传统学科优化、发展的转型之路。(参见专栏 10-2、专栏 10-3)

专栏 10-2 “大电力”学科体系建设跨上新台阶

学校坚持以学科建设为龙头，围绕“大电力”学科体系建设，在继承和保持传统优势学科的基础上，不断优化学科布局，凝练学科方向，加强平台建设，全面深化学科内涵建设。

学校围绕国际前沿和国家能源环境领域的战略性问题，成立了环境与化学工程系，充分整合优势资源、创新模式、高起点地组建了环境研究院。学校全面开展学科调研，逐步推进文理学科振兴计划，新增公共管理（MPA）和应用统计（MAS）2 个硕士专业学位授权点。

新能源电力系统国家重点实验室、生物质发电成套设备国家工程实验室、国家火力发电工程技术研究中心三个国家级科研平台经过多年建设相继在基础理论研究和应用研究等方面取得若干标志性成果，以优异成绩通过国家验收，使学校形成了集 3 个国家级科研平台、19 个省部级科研平台、1 个国家国际科技合作基地、4 个北京市国际科技合作基地、4 个“111 引智基地”以及国家大学科技园为一体的高水平科技创新基地。

资料来源：《深化改革　依法治校全面推进高水平大学建设》，“华北电力大学文件”，华电校〔2015〕1 号。

专栏 10-3 聚焦国际学科前沿和国家能源电力发展战略，加强学科内涵建设，不断丰富和完善“大电力”特色学科体系

学校坚持“学科立校”，着力凝练方向、汇聚队伍、打造平台，大力推进学科内涵建设。“电力科学与工程”列入国家“985 工程优势学科创新平台”建设行列，成为学校继列入国家“211 工程”重点建设大学之后的又一次历史性重大突破；电气工程学科、动力工程及工程热物理学科国内最新排名分别位居全国第 6 位和第 11 位，比上一轮评估分别上升了 3 位和 1 位。“工程学”学科进入世界 ESI 前 1% 行列，电气与电子工程学科入选 QS 全球顶尖学科。

优化学科布局，不断丰富和深化“大电力”特色学科体系。积极发展水电、风电、核电、太阳能、生物质能等新兴能源与可再生能源学科；高起点组建环境与化学工程系、环境研究院，不断拓展适应国家战略需要的清洁能源与环境学科体系；实施“文理学科振兴计划”；基本形成以工为主、理工渗透、电与非电交融、理工经管文法协调发展、特色鲜明的“大电力”学科体系。

扎实推进学科与学位点建设。“211 工程”三期建设项目正式通过国家验收；新增 2 个一级学科博士学位授权点、15 个一级学科硕士学位授权点和 2 个硕士

专业学位授权类别，自主设置了9个二级学科博士点；新增11个省级重点学科；"控制科学与工程"学科获批博士后科研流动站，实现了5个一级博士点博士后科研流动站全覆盖。

资料来源：刘吉臻主编：《聚焦"双一流" 开启"十三五"推动高水平大学建设再上新台阶》，"华北电力大学文件"，华电校〔2016〕2号。

第三节 国家电力行业发展决定电力大学的发展

一、电力行业发展新趋势对人才提出新要求

从整体上看，现代电网技术的发展主要有两大趋势：一是输电的电压等级、方式的进步，如特高压交直流输电技术等，其目的是适应电力大规模、远距离、高效安全传输。二是智能化技术在电网中的应用，通过在电网中引入智能手段，来确保其更加安全可靠、经济高效运行。特别强调的是，除能源的大规模开发利用外，能源分布式开发利用以及与之匹配的微型电网也是一个值得高度关注的趋势。能源分布式开发利用，是一种与传统能源开发的思维方式不尽相同的模式。

电力人才培养，既有与其他专业人才培养的共性特征，也有特殊之处。在共性方面，体现为教育首先是要促进人的全面发展。所谓全面发展，就是要培养学生具有健全的人格、良好的品德、健壮的体魄、较高的情商、奋斗的精神、责任心、勇于担当的品质等。情商包括与人合作、沟通、为人处世等能力，它在现代社会中尤其重要。在特殊要求方面，人才要适应未来科学技术发展、工程应用等趋势，具备与之相应的知识和能力。这是一个不断发展的动态过程，实现这一点，就需要在大学阶段培养良好的科学素养，打下扎实的理论基础。同时，要注重培养学生的创新意识，让他们不但掌握书本知识，还能具有创新思维、创新能力、创新精神和自我发展能力。

真正优秀人才的成长需要在不同阶段接受各种历练。大学是学生奠定良好素养的重要阶段，而大学毕业走向社会后的工作阶段同样是成才的重要时期，有时甚至更为重要。这就意味着，要想成为一个优秀的人才，必须在一生之中不停地去学习、掌握新知识，完善知识体系，将学习作为一项终身事业。在个人具备主动学习、不断学习的这种意识的基础上，学校和企业还要更紧密地互动，为理论和实践的结合提供条件。总之，人才是在不断地学习和实践中历练出来的。学校和企业要紧密结合互动起来，把产、学、研合作与全过程的人才培养结合起来，为优秀拔尖人才培养提供平台。①

① 刘吉臻：《电力发展新趋势对人才提出新要求》，载《国家电网报》，2013年3月15日。

二、 电力行业发展战略决定“大电力”学科体系建设

服务电力行业发展战略是电力大学学校的发展目标，加强“大电力”特色学科体系的建设，为学校人才培养、科技创新、社会服务各方面的发展注入了可持续发展的活力，使学校各项事业朝着又快又好的方向发展。华北电力大学在短短几年中，办学实力大幅提升，社会声誉显著提高，实现了教育事业的跨越式发展。①

（一）聚焦能源电力，积极参与国家科技创新体系

华电以大电网安全、可再生能源技术等研究领域为重点，着力提升服务国家能源战略及电力事业发展的能力和水平。学校参与的国家“973 计划”超超临界机组的国产化建设项目，加快了我国大容量、高参数、环保型机组的国产化进程；获国家科技进步二等奖的“火电厂厂级运行性能在线诊断及优化控制系统”，是学校具有自主知识产权的重大标志性成果，已广泛应用于大型发电企业的大型机组；国家“973 计划”项目“大型燃煤发电机组过程节能的基础研究”进一步提高了大型燃煤发电机组的综合能源利用效率，满足了燃煤发电的深层次节能需要；参与“太阳能热发电技术及系统示范”国家“863 计划”重点项目，在太阳能热发电控制关键技术方面取得突破；积极参与国家电网公司特高压示范工程，获得“国家电网公司特高压交流试验示范工程特殊贡献单位”称号。

近年来，华电先后主持和承担国家“973 计划”项目、“863 计划”项目、“国家科技支撑计划”项目、国家自然基金和社科基金项目、国际合作及相关部委重点项目。学校承担国家科技项目的经费每年均以近 100%的速度增长。学校的科研实力大大增强，产生了一批自主创新的科研成果，成为能源电力工业的科技储备基地。

（二）积聚优秀人才，实现队伍建设的突破

学校的良好发展也为优秀人才的积聚奠定了坚实的基础。近年来，学校培养和引进“长江学者”讲座教授、国家自然科学基金杰出青年基金获得者、中国科学院“百人计划”等高端人才，“电力系统保护与安全防御”“电站设备状态监测与失效预防”两个团队入选教育部创新团队，“大电网保护与安全防御”项目列入“高等学校学科创新引智计划”。在新兴能源领域，学校先后引进国家“863 计划”的重大工程项目“中国实验快堆工程”副总工程师陆道纲教授及其团队、“973 计划”首席科学家黄国和教授及其团队等，在核电、风电、水电、太阳能等领域建立了高水平的学术队伍，有力地支撑和推动了新兴学科的发展建设。学校大力推动青年教师“博士化、国际化、工程化”培养工程，积极选派优秀青年教师赴国际知名大学深造，促进人才快速成长，为学校发展注入强大动力。（参见专栏 10-4）

---

① 刘吉臻：《服务国家能源战略需求构建大电力特色学科体系》，载《北京教育》，2010(3)。

专栏 10-4 引进培养并重 构筑人才高原

进入21世纪,我国高等教育的改革与发展站在了一个新的历史起点之上,建设特色鲜明的高水平大学成为众多高校矢志不渝的奋斗目标。而能不能跻身于高水平大学行列,关键在于师资队伍,特别是高端人才队伍,这是高水平大学的灵魂和根本所在。为有效缓解和逐步打破高水平大学建设进程中高层次优秀人才缺乏的制约瓶颈,学校党委全力实施"人才强校"战略,通过多项举措,创新用人机制,打造高端队伍,经过持续不断的努力,取得了较为丰硕的成果,为高水平大学建设奠定了重要的人力资源基础。

确立人才强校战略 明确人才工作思路

经过反复调研、认真分析,学校准确客观地把脉人才格局和存在的问题,认为学校与国内外高水平大学的主要差距在于高层次人才缺乏,学术大师、领军人物及拔尖后备人才严重不足,教师队伍的博士率较低、国际化程度和国际交流能力较弱等方面。为此,学校提出了"人才强校"战略,把人才队伍建设作为头等大事和中心工作来抓,着力加强教师队伍建设。

在"人才强校"战略指导下,依据人才成长规律,并结合校情实际,学校科学地提出了"用好现有人才、引进急需人才、培育未来人才"的人才工作基本思路,相继出台了一系列政策措施,如《"151人才工程"实施办法》《关于认真做好责任教授岗位聘任的通知》《关于进一步加强师资队伍建设的若干意见》《人才引进暂行办法》等。本着"提高质量、控制规模、改善结构、科学管理"的原则,学校进一步加强制度建设,创新管理模式,以超常规的思维、超常规的努力和超常规的举措,全面落实人才工作思路,卓有成效地全力推进人才队伍建设。

在战略思路明晰的基础之上,学校在第一次党代会提出的"六项战略任务"中确立了"加大拔尖创新人才的培养引进力度,产生若干名站在国际前沿的学术领军人才"的目标,为进一步加强人才工作特别是打造高端队伍指明了前进的方向。

用好引进培育并举 强化人才队伍建设

在贯彻执行"用好现有人才、引进急需人才、培育未来人才"工作思路的过程中,学校党委坚持以学科规划为中心,针对传统优势学科、新兴能源学科、文理支撑学科的不同特点和需求,用好、引进、培育并举,有步骤、分阶段地推进师资队伍建设。在具体工作中,紧紧抓住人才这条主线,特别是对学科规划的实施起着关键性作用的高端人才,坚持以高层次人才队伍建设为战略抓手,引进和培育一批学术大师,组成金字塔型的高水平创新团队,带动一批与战略性新兴产业相关的学科专业,实现了学科跨越式发展,塑造和提高核心竞争力,进而带动学科全面升级和师资队伍整体水平的提升。立足实际,用好现有人才。学校相继实施了"151

人才工程”“责任教授制度”“创新人才支持计划”。以学校现有人才为基础，通过“151人才工程”，确定了一大批有突出贡献的学科带头人、优秀中青年学术骨干和青年学术骨干为培养对象；通过责任教授制度，确立了一批学科责任教授、教学责任教授；通过创新人才支持计划，确定了一批学术领军人才支持计划人选、学科带头人支持计划人选、青年骨干教师支持计划人选。对入选人员分别给予特别资助，激励他们勇担重任，支持他们成为学校教学科研工作的脊梁。同时，学校也通过几次遴选活动摸清了人才家底，树立了工作信心，明确了努力方向，进一步加强了学术梯队建设，调整了学术队伍的学历结构、专业结构和年龄结构，为建立充满活力和具有竞争意识的人才培养和使用机制奠定了基础。

加速发展，引进急需人才。学校出台了“杰出人才引进计划”，面向海内外，利用多种渠道，实行“一事一议，特事特办”，引进或柔性引进包括中国工程院院士、“千人计划”“长江学者”“杰出青年”、中科院“百人计划”在内的高层次学术领军人才。一批具有海外留学经历的博士纷纷加盟华电，形成了一支活跃在学术前沿领域的“洋博士”军团；学校注重“大师＋团队”的队伍建设模式，建立“学术特区”和“人才特区”，构筑人才“高原”；同时，通过高等学校学科创新引智计划，引进海外智力，打造世界一流的学科创新基地，培育具有国际化视野的人才队伍。几年中，学校引进的各类人才特别是新兴能源学科专业人才的数量明显增多，为促进学校学科转型、加速新兴能源学科发展、推进高水平大学建设发挥了关键作用。

放眼未来，培育未来人才。学校制定了《推进青年教师“博士化、国际化、工程化”的若干规定》，扎实推进青年教师“三化”工程，加强对青年教师的培养和支持力度，促进青年人才尽快成长成才。通过“博士化”工程，提升青年教师的学历层次，进一步改善师资队伍的学历结构；通过“国际化”工程，拓展青年教师的学术视野，造就一批走在国际学术前沿的高水平人才；通过“工程化”工程，增强青年教师工程实践和创新能力。“三化”工程的实施，辅之以严格的岗前培训制度和教师资格准入制度，使一大批青年教师在教学科研岗位上迅速进入角色，厚积薄发、迸涌而出，快速成长为高水平大学建设的生力军，为学校的长远发展提供了源源不断的高素质人才储备。

创新管理考评机制　优化人才成长环境

人才的质量和数量决定着学校的发展速度。多年来，学校坚持“以人为本”的管理理念，相继出台了一系列人才管理和考核激励政策文件，创新管理考评机制，坚定不移地推进“人才强校”战略各项任务的落实，人才成长环境得以不断优化。

一是在用人观念上打破论资排辈的传统观念，确立“德才兼备，重在实绩”的选才标准，把岗位实践作为发现和识别人才的根本途径，努力把每一个人才都放在适当的岗位上，让人才的创造性得到最大限度的发挥，着力营造舒心的学术生态环境以及良好的工作环境，切实解决好人才的后顾之忧，努力构建全过程的人才服务体系。

二是深入推进人事制度改革，完善教师考评制度。将岗位设置与学科建设、师资队伍建设紧密结合起来，建立起基于岗位管理的教师聘用、晋升晋级、考核评价、分配激励四位一体相互配套衔接的新型教师管理制度体系，进一步改进和完善教师的绩效考核评价机制和薪酬分配竞争激励制度，特别是向教学科研一线教师实施政策倾斜，加大对优秀拔尖人才的支持力度，充分调动了广大教师的积极性和创造性；逐步完善教师分类管理和分类考核办法，明确不同类型教师的岗位职责和任职条件，制定相应的聘用、考核、晋升、奖惩办法，形成了人才辈出、人尽其才的良性人事制度环境；重点扶持教学科研团队或基层学术组织，为高水平教学科研团队的涌现创造有利条件；完善师德考核评价制度，建立学术道德委员会，把师德师风表现和学术作风作为教师聘用的基本条件，列入考核的重要内容，以弘扬优良师德师风，惩治学术失范行为。

三是设立人才工作专项经费，加大对人才工作的投入。学校建立了多元化的人才经费投入机制，除了加大学校发展性投入中用于人才队伍建设的经费比例外，还通过统一协调、整体实施，多方筹措资金，注意提高资金的使用效率，确保经费足额用于高水平人才的引进和师资队伍建设，切实加强经费的监督与管理，提高人才投入使用效益，为改善师资队伍的教学科研条件打下了坚实基础。

经过不懈努力，学校师资队伍不断壮大，整体素质明显提高，结构明显优化，国家“千人计划”入选者 4 人、“长江学者”2 人、“973 计划”首席科学家 3 人，4 人获国家杰出青年科学基金、7 人入选国家“百千万人才工程”、1 人入选“青年千人计划”、28 人入选教育部“21 世纪优秀人才支持计划”，在高层次人才建设方面取得了重要突破。一批展现学校特色优势，积淀深厚、结构合理、层次较高的教学科研团队也迅速崛起，以其对教学科研工作的突出贡献，受到了上级主管部门和学界的肯定和赞赏，被认定为“教育部创新团队”和“国家级教学团队”，为高水平大学建设做出了突出贡献。

资料来源：刘吉臻主编：《强校之路——华北电力大学办学理念与创新实践》，北京，高等教育出版社，2012。

（三）加强产学研合作，拓宽社会发展平台

华电历史上先后隶属电力工业部、水利电力部、能源部和国家电力公司等行业部门，与能源电力行业具有共生共荣、唇齿相依的鱼水关系。学校充分发挥这种行业的资源优势，以国家电网公司、中国南方电网有限责任公司和五家大型发电集团公司组成的校董事会为桥梁，先后与国电电力发展股份有限公司、大唐国际发电股份有限公

司、华北电网公司等十几家大型能源电力企业达成战略合作创新联盟。学校成立了“校企合作办公室”和“重大项目管理办公室”，把服务国家能源产业转型作为提高学校科技自主创新能力的重要途径。同时，学校还不断拓展合作领域，与煤炭、电信等20多家企业深度合作，共同组建“节能研发中心”“可再生能源研究中心”“光电信息技术产业基地”等研究机构，积极参与绿色煤电、环境保护以及国家新能源大工程、大项目建设，加快科技成果转化，服务资源节约型、环境友好型社会建设。

学校坚持以服务求支持、以贡献求发展的原则，大力推动科技成果转化，助推国家产业基地快速发展。学校与北京市昌平区政府合作，共建“国家能源科技产业基地”，促进区域能源科技产业集群区的形成；与河北省保定市政府联合，重点在新能源与能源制造业等方面开展合作，支持了保定“中国电谷”的繁荣发展；与新疆维吾尔自治区建立了长期的战略合作关系，着眼于未来中国西部能源电力的开发，等等。几年来，学校在所在区域逐渐形成了具有“能源电力”特色的产业群体，凸显强劲的发展和竞争优势，对区域经济、政治、社会和文化方面产生了积极影响。

（四）大力实施产学研合作教育，培养高素质创新人才

学校将人才培养与国家新能源发展重大需求相对接，大力实施产学研合作教育，为能源建设领域输送高素质人才。学校积极实施教学改革，加大课程建设力度，突出“厚基础、重实践、强能力”的人才培养特色，构建了以“四模块”为框架的实验与工程实践教学体系。学校利用校企合作平台，建立了100多个实习基地，通过与企业、科研院所共建研究生工作站，实行双导师制，培养了学生的工程实践能力和创新精神。学校与中国广东核电集团合作构建“3+1”人才培养模式，为中国核电事业输送了大批优秀人才。能源电力、光电信息、IT行业等30多家大型企业集团纷纷在学校设立奖学金，鼓励优秀毕业生加盟。近年来，学校就业率一直稳定在97%左右，毕业生因“作风扎实、动手能力强、有较强的创新精神”博得电力企业及其他用人单位的广泛赞誉。

新电力、新希望。华电近几年来以优势特色学科体系为基础，以服务国家电力行业战略需求为目标，以产学研合作为契机，大力推动科技创新，满足国家和行业发展对人才和知识的需求，形成了多方位、多层次、多领域的开放办学格局，取得了行业、产业及社会各界的支持，赢得了可持续的跨越式发展，有力地推动了高水平大学建设的步伐。实践证明，只有把国家的发展需求转化为学校的办学目标，才可以保持良好的发展势头，使学校成为引领科技不断发展的源头与高素质人才的摇篮，为建设创新型国家提供有力的支撑。（参见专栏10-5）

专栏 10-5 加强协同创新：走校企合作兴校之路

校企合作进一步做大做强了学校的特色与优势，推动了学校的跨越式发展，促进了合作各方核心竞争力的共同提升，使各方在创新型国家建设中发挥了应有的作用，同时也为学校找到了一条提高科学研究能力和人才培养质量、优化学校经费结构的有效途径，探索出了一条大学发展的成功之路。主要体现在四个方面：

一是校企合作为学校争取到了比较充裕的发展资金。2003 年以来，学校通过董(理)事会共筹资逾 2 亿元，获得企业奖(助)学金近千万元；学校科研经费很大一部分来自校企、校地合作，2011 年的 5 亿元科研经费中有 57% 为横向课题。

二是校企合作支撑了学校高水平科研平台和基地的建设。学校与战略合作伙伴龙基电力集团合作，联合建设"生物质发电成套设备国家工程实验室"，实现了学校国家级科研平台的突破；在理事单位的支持下，"国家火力发电工程技术研究中心""新能源电力系统国家重点实验室"也获批立项建设。

三是校企合作为学校重大科研项目和奖项的获得提供支撑。学校通过校企合作参与国家创新体系建设，在智能电网、新能源、环境等领域承担了一批国家"973 计划""863 计划"项目；学校与西安热工院等共同完成的"火电厂厂级运行性能在线诊断及优化控制系统"项目，以及与华北电力设计院工程有限公司、中国国电集团公司等共同完成的"大型火电机组空冷系统优化设计与运行关键技术及应用"项目均获国家科技进步二等奖。

四是校企合作还直接参与学校创新型人才的培养过程。学校与多家企业开展"订单式"人才培养，共建本科生实习实践基地、研究生工作站，共建教师"工程化"基地等，为培养具备创新精神、实践能力强的高素质人才做出了积极贡献。学校还努力为企业提供员工的继续教育与培训，如大唐国际等企业就将高级培训中心设在了学校。大量卓有成效的校企合作，在提升学校办学实力的同时，进一步扩大了学校在行业和社会的影响。2010 年 10 月，学校的"改革行业高校校企合作模式与机制"项目成为国家教育体制改革试点项目，标志着学校的校企合作模式与机制获得国家层面的支持和认可。

资料来源：刘吉臻主编：《强校之路——华北电力大学办学理念与创新实践》，北京，高等教育出版社，2012(1)。

第四部分

高等工程教育家：对个人融入国家发展“为人师表”的再认识

第十一章　责任感与性情

第一节　个人“威严”是电力行业的特色

一、个人“威严”的来源

高等工程教育家给人的第一印象往往是“望之俨然，即之也温”，远望觉得有威严，接近之后又觉得很温和。

这种威严，首先是“中和”性情的“中节”表达，是修为，绝对不是情绪化的表露。情绪化的“发威”只能说是一种情绪失控，谈不上威严。高等工程教育家的威严是性情中的威严，或者说来自“中和”的性情，是《中庸》里所说的“喜怒哀乐之未发，谓之中；发而皆中节，谓之和。中也者，天下之大本也；和也者，天下之达道也。致中和，天地位焉，万物育焉。”古今君子同流，天人性情节发。人之性情与天之性情，都会有感而发，但都会当义乃出，而不会妄发，如董仲舒所言：“使好恶喜怒，必当义乃出，若暖清寒暑之必当其时乃发也，人主掌此而无失，使乃好恶喜怒未尝差也，如春秋冬夏之未尝过也，可谓参天矣。深藏此四者而勿使妄发，可谓天矣。”（《春秋繁露·王道通三》）“喜怒之有时而当发，寒暑亦有时而当出，其理一也。当喜而不喜，犹当暑而不暑；当怒而不怒，犹当寒而不寒；当德而不德，犹当夏而不夏；当威而不威，犹当冬而不冬也；喜怒威德之不可以不直处而发也，如寒暑冬夏之不可不当其时而出也。”（《春秋繁露·威德所生》）人皆有喜怒哀乐，但能发而皆中节，是一种修为，使得喜怒哀乐的表达均能恰到好处。所以除了“中和”性情，个人威严实际上更多来自修为。

这种威严，是含而不发，而不是虚空中的装作。表面的装作，那是“作威”，不是“威严”。真正的威严是来自“深藏不露”。也如孟子所云“有诸己之谓信”，所以也是一种“威信”，不用表露，就能让好人产生信任的安全感，对坏人产生震慑的威力。

这种威严，来自严于律己。“威严”中的“严”并非对人严厉，而是对自己的态度。正如老子所言：“胜人者有力，自胜者强。”孔子亦言：“克己复礼。”儒家所强调的“礼”含有制度之意，“克己复礼”也含有将权力关进制度笼子里的意思。所以难点并不在于要求别人必须如何，而是在于严于律己。尤其是对于领导干部而言，更需要以“三严三实”中的“严于修身、严于用权、严于律己”来要求自己，这也是作为一名共产党员的威严的来源所在。

这种威严，来自言行一致，知行合一，以及言必信行必果。因而每一句话都能体现出分量，每一行动都为往后积累出言之威信，让听其言者心里踏实，观其行者深受鼓舞。

这种威严，来自责任的担当，来自作为科学家、教育工作者、大国工匠、政治家所肩负的科技强国、科教兴国重任。

二、 个人“威严”是电力行业的特色

个人“威严”与电力行业的特色，类似于个人与集体的一种关系，两者相互交融，相互支撑。个人威严毫无疑问也是属于整个电力行业的，其威严也是来自电力行业的代表性，因而从这一关系来看，也可认为个人威严来自电力行业的特色。另一方面，这也意味着这一个人威严更多集中体现在电力行业里，更多地带有电力行业的特色。而这样的特色是相互的，电力行业同样也因而带有个人的色彩。实际上，整个行业特色是由众多个体特色汇聚而成，其中杰出代表的特色尤为凸显，甚至成为整体的主色调，使得整个行业更多地体现为该个体的特色。如果说电力行业整体是众多个体的加权之和，那么体现威严的个人就是其中具有高权重的个体。

个人威严能成为电力行业特色，关键在于其能对集体提供重要依据，是电力体系的战略支撑点，也是牛顿所说的巨人的肩膀。这些依据包括学术权威、学生导师、教育机构领导、科技创新带头人、产业标准、政治代表以及官产学研的整合能力。通过经得起检验的学术著作、源源不断的科技创新、具有代表性的政治观点，个人威严所支撑的电力行业特色是持久的、稳固的且影响深远。“君子所过者化，所存者神。”高等工程教育家所过之处我们都能感受到其所带来的变化和影响。

第二节　让人“尊重”来源于朴实

一、 马克思主义者的朴实作风

朴实向来是马克思主义者一贯的作风。在不同时期，朴实作风有不同的表述。习总书记关于“三严三实”的论述，是新形势下我们党对党员领导干部政治品格和做人操守做出的最基本规范，体现了新一届中央领导集体从严从实的鲜明执政风格，贯穿着马克思主义执政党建设的基本原则和内在要求，是对马克思主义执政党建设理论的创新与发展。

中国共产党历来重视作风建设。“三严三实”的提出是我们党的朴实作风的必然体现，是对党的作风建设理论的传承与创新。以毛泽东、邓小平、江泽民、胡锦涛、习近平为代表的中国共产党人，将马克思主义党建理论同中国共产党建设的具体实际相结合，从各自的时代特征出发，创立了既相互联系又各具风采的党的作风建设思

想，它们共同构成了“三严三实”作风建设新概括的理论基础。在新民主主义革命时期，毛泽东提出了理论联系实际、密切联系群众、批评与自我批评的三大作风，并着重指出这三大作风是中国共产党区别于别的政党的三个显著标志。在改革开放的新时期，以邓小平为代表的第二代领导集体针对党所面临的新形势、新任务和出现的新问题，更加重视党的作风建设，把党的作风建设提高到了关系党和国家生死存亡的高度。以江泽民为代表的第三代领导集体对党的作风建设的各个方面做出了全面要求，提出了共产党员尤其是领导干部要加强党性锻炼、全党要大兴调查研究之风、改进工作作风和思想方法、切实转变领导作风、讲学习、讲政治、讲正气、坚持群众观点和群众路线、大力发扬艰苦奋斗的精神、改进党的思想作风、学风和工作作风等一系列重要思想。以胡锦涛为代表的中央领导集体则结合时代的新特点和新要求，创造性地提出要按照科学发展观的要求来加强党的作风建设，强调要大力弘扬求真务实精神，要在各级领导干部中大力倡导勤奋好学、学以致用、心系群众、服务人民、真抓实干、务求实效、艰苦奋斗、勤俭节约、顾全大局、令行禁止、发扬民主、团结共事、秉公用权、廉洁从政、生活正派、情趣健康等方面的良好作风。党的作风建设是党的建设的永恒主题，而不同的时期党的作风建设有不同的内容。在全面深化改革和国际风云变幻的今天，习近平总书记秉承了党的历代领导集体高度重视作风建设的优良传统，以新的时代要求、新的实践经验，用质朴凝练的语言，创造性地提出了“三严三实”作风建设新要求，大大丰富和发展了党的作风建设理论。

“三严三实”传承了共产党人的优良传统，与“三大纪律八项注意”“三大作风”“八个坚持、八个反对”以及“八项规定”、反对“四风”等，一脉相承又与时俱进，是对管党治党优良传统和求真务实作风的发展和深化。“三严三实”也蕴含着中华民族优秀传统文化的精华，融汇了修身齐家治国平天下的思想精髓，是对中华文化从政修养精华的继承和发展，是对中国优秀政治道德和个人品德的当代诠释。

“三实”以实为本、以实提能、以实显绩，是行动路线、工作原则和操作方法，是引导党员干部掌握科学的方法论，蕴含着一切从实际出发、实事求是的思想路线，涵盖修身用权律己、谋事创业做人多个方面，体现了马克思主义者的科学世界观和方法论的有机统一。

二、让人“尊重”来源于朴实

作为马克思主义者，高等工程教育家保持着一贯的朴实作风，在为人和做事上也认真践行着“三严三实”要求。高等工程教育家以务实的作风干事创业，集中展现了马克思主义者的人格力量，即坚定的理想信念、执着的为民情怀、踏实的工作作风、强烈的担当精神，同时也展现了其党性修养、道德情操、领导艺术、榜样作用，赢得了广大师生的尊重。

作为领导者，朴实作风能营造良好政治生态环境。政治生态状况，直接决定着从政环境的好坏，关系着党、学校的形象和人心向背。政治生态清明，工作环境就优良，就能凝心聚力、鼓舞士气。政治生态污浊，庸俗的“圈子”文化、潜规则就会大行其道，必将在党内、校内滋生消极腐败。保持朴实作风，就是要严肃党内政治生活、校内政治生态，进一步明规矩、严纪律、强约束，坚决反对吹吹拍拍、团团伙伙、人身依附；坚决反对弄虚作假、投机钻营，形成从严从实的氛围，营造风清气正、激浊扬清的政治生态，使每一名师生都能健康成长。

良好的政治生态环境能培育健康向上的价值体系。价值体系是人们的行为依据，也是一种风尚，它要求源头清正，上行下效。领导者的朴实作风能达到正本清源，春风化雨的作用。在此情况下，人们尊重一位领导与崇尚一套价值体系是等效的。

第三节　使人“敬畏”的为人师表

一、 春风化雨的力量

春风化雨，润物无声，以天下之至柔，驰骋天下之至坚，这就是“春风化雨”的力量。成就了一代霸业的管仲，认识到这方面的缺位时，不得不感叹“嗟乎！我穷必矣！吾不能以春风风人，吾不能以夏雨雨人，吾穷必矣！”而孔子之影响力悠久而深刻，正因为这种春风化雨的力量。

春风化雨有力量，是因为这是一个爱学习，见贤思齐的民族。“三人行，必有我师焉。择其善者而从之，其不善者而改之。”(《论语·述而》)“见贤思齐焉，见不贤而内自省也。”(《论语·里仁》)中华民族之所以生生不息，中华文明之所以成为世界唯一没中断过并延续至今的古文明，是因为无论从为人到做事，中华民族都善于从先进者处吸取先进之物。

春风化雨有力量，是因为这是一个尊师重教的国度。尊师在中国有着悠远的历史。最早在《国语·晋语》中，就将师与君、亲并列，看作百姓万民的根本，倡导要将这三者同等对待。在《礼记·学记》中，则有“建国君民，教学为先”“化民成俗，其必由学”的说法。而教学的主导是教师，教育工作需要教师来实现和完成。由教育的重要，进而强调要给予教师崇高的礼敬。先秦诸子百家尽管在如何治疗社会乱象上开具的处方不同，但在尊师上则完全一致。道家的创始人老子说：“不贵其师，不爱其资，虽智大迷。”墨家的创始人墨翟强调，弟子后生对于老师，应当“修其言，法其行，力不足，知弗及而后已。”在法家著作《管子》一书中，收录有《弟子职》，详细规定了学生对老师恭敬的态度和服侍的礼仪。杂家代表作的《吕氏春秋》，更有专门的《尊师》一章，认为无论是什么人，无论是富贵还是贫贱，尊师都是义务，是使命。儒家的代表人物荀子对先秦诸子尊师的思想做了集大成的阐释。他进一步将“师”与天、地、君、亲并列，最早提出了“天地君亲师”的序列：“天地者，生之本也；先祖者，类之本也；君师者,治之本也。无天地,恶生?无先祖,恶出?无君师,恶治?”在他看来,天地是生存的根本,祖先是族类的根本,君师是政治的根本。没有天地、祖先和君师,就没有人的存在,没有天下的太平。《荀子·大略》中更指出:“国将兴,必贵师而重傅;国将衰,必贱师而轻傅”,把尊师重教提升到关乎国家兴衰的高度。

春风化雨有力量,是因为这是知识、精神从高势位往低势位的自然流向。就像热力学第二定律,热量只能自动从高温物体往低温物体传输,知识、精神也是沿着自然流向从高势位往低势位方向灌输。在高位者,形成一种势能,春风化雨,润泽万物;在低位者,高山仰止,心向往之。

二、 使人“敬畏”的为人师表

华北电力大学在校生3万余人,在高等工程教育家春风化雨下,可谓桃李满天下。作为接近这些高等工程教育家的我,更是受益匪浅。他们为人师表,更让我常怀敬畏之心。

这份敬畏之心,来自见贤思齐的向往和深刻的自省。如孟子所言:“舜人也,我亦人也。舜为法于天下,可传于后世,我由未免为乡人也。”高等工程教育家无论是品格还是学术上的造诣,令人在自省之余产生“高山仰止,景行行止,虽不能至,心向往之”的志趣。

这份敬畏之心,来自上行下效的鞭策。“教者,效也,上为之,下效之。”(《白虎通·三教》)上位的人怎么做,下面的人就起而效法。上位者的言行举止对下位者具有明显的教育作用。孔子亦言:“政者,正也。子帅以正,孰敢不正。”它道出了一个教育规律,为人师者的表率作用,是最好榜样,对学生能产生不可替代的感化力、鞭策力。

第四节　学生“铭记”在于真情实感

一、 责任感与性情的完美交融

华北电力大学刘吉臻校长在接受采访①时曾指出:“‘办一所负责任的大学’(见专栏11-1)的办学理念是学校的特色之一,是新形势下学校对‘办人民满意的教育’的诠释,是对‘办一所什么样的大学和如何办这么一所大学’问题的回答,也是学校结合自身定位在服务社会的过程中逐渐凝练而成的办学理念。所谓负责任大学,可以解释为:大学应该为国家、社会、学校师生以及学生家长承担起社会赋予的相应职责,即政治责任、道德责任、法律责任和质量责任。提出该办学理念多年来,负责任的

---

① 赵英臣,吴素华:《责任　特色　实践　创新——访华北电力大学校长刘吉臻》,载《北京教育(高教版)》,2007年1月10日。

内涵不断丰富和完善，目前已成为华电人的一种价值观念、行为准则和工作标准。它是广大师生员工在工作过程中达到的一种共识和普遍价值观的认同。学校的教职员工都以此为标准，工作兢兢业业、敬业爱岗、追求卓越，事业心和责任心不断增强，一丝不苟地履行社会赋予大学的所有职责。同时，它也是我们党政领导团队在大学管理过程中所形成的理性认识、理想追求以及有关的大学教育思想观念，并逐渐升华为大学精神的重要内涵。”（参见专栏 11-1）

专栏 11-1　责任理念的提出及内涵

“办一所负责任的大学”，这是在新的时期学校对“办人民满意的教育”的一种理解和诠释，是学校教育工作矢志追求的一种境界，也是学校作为独立法人的高等教育机构向国家、社会、学生及家长所做出的庄重承诺。既体现了一种重大的政治责任、社会责任，也体现了一种严肃的法律责任、道德责任。

华电是一所以电力学科为主、多学科并存发展的重点大学。多年来，学校在坎坷的发展历程中不断前进，特别是“十五”以来实现了跨越式的发展，由一所原国家电力公司所属的电力类行业院校成为教育部直属的国家“211 工程”建设的全国重点大学。面对历史形成的北京、河北两地办学格局，学校顺利完成了校本部由保定市变更为北京市的战略调整，实行两地实质性一体化管理的办学模式。在这个过程中，学校改革发展的许多问题都面临着决策与规划的取舍，特别是市场经济对学校教育的冲击。大学活动边界的不断扩大，使学校面临着很多机遇，也存在着很多诱惑。在这种情况下，学校坚持科学的发展观，坚持把全面、协调、可持续发展的思想贯穿在学校的一切工作之中，提出“办一所负责任大学”的理念，就是要坚持教育以育人为本、质量第一，坚持无论面临什么样的情况，都要对国家、社会负责，对学生负责，让人民满意始终是学校奉行的唯一标准。在这样的办学理念指导下，几年来，学校走内涵发展的道路，控制本科生规模。适度增加研究生数量，在人才培养中贯彻“以学生为本、质量固本、学科立本”的指导思想，保证教学投入在学校的核心地位，以为学生提供良好的教育服务为宗旨，从学生的全面发展需要出发，积极推进教育教学改革，营造良好的育人环境与成才氛围，使教育教学质量稳步提高。与此同时，学校也获得了更好、更快的发展平台。

这一办学理念在学校提出和形成以来，得到了全体华电人的认同、理解，它不仅是学校党政领导团队在大学管理过程中所形成的理性认识、理想追求和办学思想，更成为华电凝聚人心，促使华电人团结奋进、敬业爱岗、追求卓越的大学精神的核心所在。在这个过程中，华电人努力在工作过程中践行这一办学理念，使之成为一种全体教职员工共同认可和遵循的价值观念、行为准则和工作标准，“负责任”的内涵也因此得以不断地丰富和完善。

开展教学评估工作以来，学校进一步厘清了办学思路，找准了办学定位，凝练了办学特色，“办一所负责任的大学”的办学理念得到了进一步的认识、凝聚和升华。

资料来源：刘吉臻：《教学评估：大学责任理念的凝练与强化》，载《中国高等教育》，2007(9)。

负责任是华北电力大学一贯的特色，其内涵也不断丰富和完善，已成为华电人的一种价值观念、行为准则和工作标准。当责任感具体化为日常工作的准则和标准时，这实质上也是从感性认识到理性行为的升华，克服了感性上的情绪性，浮现出对事不对人的制度化、规范化、程序化。但这并不意味着少了一分性情，反而是真性情的流露。正所谓“明心见性”，明了负责任之心，真性情就会呈现。孟子亦曰：“尽其心者，知其性也。知其性，则知天矣。”(《孟子·尽心上》)孟子尽心说源自《中庸》：“唯天下至诚，为能尽其性。能尽其性，则能尽人之性。能尽人之性，则能尽物之性。能尽物之性，则可以赞天地之化育。可以赞天地之化育，则可以与天地参矣。”《中庸》所谈之“性”，其内涵也是不断地丰富和完善，并外化为赞助天地化育的责任，从而能与天地并列，这和华北电力大学的负责任精神是同一道理。由此可见，从高等工程教育家身上可发现，责任感的尽处，是真性情的全面呈现，性情的尽处，是高度的责任感，两者达到完美的交融，均源自“真情实感”，也就是《中庸》所说的“至诚”。

二、学生“铭记”在于真情实感

高等工程教育家这份沉甸甸的责任感，是对广大师生和社会的责任承载，虽然外在表现为学术、工作的严谨和领导岗位的严肃，但却是外冷内热，其内心深处是暖人心的真情实感，让学生们铭记。

铭记之深莫过于刻骨铭心。高等工程教育家高度的责任感，足以震撼人心；内在炽热的真情实感，又能温暖人心。这种外冷内热，刚柔并济的穿透力能深入学生内心深处，点燃学生的责任感，照亮人性的真善美，传递前赴后继的师承使命。

铭记之大莫过于心怀天下。“圣人无常心，以百姓心为心。”(《道德经》)华北电力大学刘吉臻校长曾指出：“‘怎样才是对国家、社会和师生负责，怎样才能让人民满意’是我们的唯一标准。”所以，高等工程教育家之心也无他，就是国家、社会、师生、人民之心。他们让我们铭记的，正是这份心怀天下之心，它超越了个人之间的恩惠，是在学生心中培养起一颗“百姓之心”。

第十二章　朴素地认识科学事业

第一节　科学事业是要动脑的

一、科学的基本内涵

关于“科学”一词的含义，科学史家丹皮尔（W. C. Dampier）认为：“拉丁语词 scientia 就其最广泛意义来说，是学问或知识的意思。但英语词‘science’却是 natural science（自然科学）的简称，虽然最接近的德语对应词 wissenschaft 仍然包括一切有系统的学问，不但包括我们所谓的 science（科学），而且包括历史、语言学及哲学”。在中国 science 最初被译为“格致”，借用了《大学》中“致知在格物”的名言。1897 年，康有为和严复接受了日文汉字，将 science 译为“科学”，意为分科之学。[①]

在西方，一些科学家对科学定义进行考究，比较著名的有：达尔文认为：“科学就是整理事实，从中发现规律，做出结论”；爱因斯坦在《科学与宗教》一文中对科学做了解释，他认为，“科学就是一种历史悠久的努力，力图用系统的思维，把这个世界中可感知的现象尽可能彻底地联系起来。说得大胆点，它是这样一种企图：要通过构思过程，后验（posterior）地来重建存在”。达尔文指出了科学的内涵，即事实与规律。科学要发现人所未知的事实，并以此为依据，实事求是，而不是脱离现实的纯思维的空想。至于规律，则是指客观事物之间内在的本质的必然联系。爱因斯坦对比宗教来理解科学。并得出，科学解决的是“是什么”问题，得到“客观知识”；宗教解决的是“应该是什么”问题，告诉我们“终极目的”。因此，科学是建立在实践基础上，经过实践检验和严密逻辑论证的，关于客观世界各种事物的本质及运动规律的知识体系。

二、科学事业是一项以脑力劳动为主的知识生产活动

科学事业既是一种系统而复杂的知识体系，也是一项有计划、有组织的社会活动，更是一个包含了科学方法、科学规范和精神气质的价值体系。科学事业是科学工作者围绕科学发现、科技发明、创造创新而进行的科学劳动，从体力劳动和脑力劳动的角度来看，科学劳动无疑是一项以脑力劳动为主的知识生产活动。

---

① 李喜先：《科学：定义、特性及科学系统观》，载《科学》（66 卷 4 期），2014 年 7 月。

从心理学维度来看，科学家需要创造性思维。从心理学维度来看关于创造性思维过程，英国心理学家华莱士（Wallas）[①]提出了“四阶段说”，认为创造性思维经历以下四个阶段：第一阶段，创造的准备期（preparation）。它包括发现问题，收集资料，以及从前人的经验中获取知识和得到启示。第二阶段，酝酿期（incubation）。这阶段主要是冥思苦索，其中也包括利用传统的知识和方法，对问题做各种试探性解决。第三阶段，明朗期（illumination）。也就是在上阶段酝酿成熟基础上脱颖而出，豁然开朗，亦即突然出现灵感或产生顿悟的时期。只有这个阶段才摆脱了旧经验、旧观念的束缚，产生超常的新观念、新思想。第四阶段，验证期（verification）。也即对灵感突发时所得到的初具轮廓的新想法进行检验和证明。这也是利用逻辑的力量，以检验其理论上的合理性与严密性；利用观察、实验等方式证明其事实上的可能性等。不完备处则可在验证阶段予以修正。从创造性思维过程来看，每一个阶段都体现了科学家用脑工作的过程。第一阶段，是学习阶段，体现了科学家好学求知的心态。第二阶段，是思考阶段，利用自己已有的丰富知识，进行思考。第三阶段，是收获阶段，所学所思终于开花结果，并通过“顿悟”体现出来。第四阶段，是证实阶段，通过科学方法进行论证，上升为科学发现、理论、发明创新等科技成果，造福于人类社会。

创造性思维的作用必须通过逻辑的与非逻辑的思维形式具体地体现出来，其中尤其是通过想象、直觉与灵感发挥作用而体现出来。因而，此种创造性思维的成果，并不是既存知识的再生（reproduction），而是既存知识的重组（restructuring），在知识重组的创造性思维过程中，一个很重要的机制是二元联想，即两个思想或理念，原来是无关的，最后被连结成为相关，而产生创造性。[②] 从开发创造性思维的角度看，其根本的区别在于：前者主要是运用一般智力和逻辑思维，以线性的、集中式或收敛思维方式（convergent thinking），指向问题的解决。它对于解决方案或程序基本上业已确定的情况具有重要意义，所以它的作用主要体现在创造过程的前阶段（即准备阶段）和后阶段（即验证阶段）。后者则主要是运用创造性思维，以非线性的、发散式的思维方式（divergent thinking）指向问题的解决。[③]

无论是科学发现、科技发明还是创造创新，都是一种脑力劳动的再创造过程。这一过程主要通过想象、直觉与灵感表现出来。想象是创造创新的源泉。爱因斯坦认为：“想象比知识更重要”[④]，想象实质上是一种科学猜想，是一种能自由地运用严密的科学推理方式进行猜想。没有想象，直觉和灵感也不会出现。直觉是人们在认识

---

① Wallas G. Stage in the creative process[A]. Rothenberg A, Hansman C R. The Creativity Question [C]. Duke University Press, 1976.

② Koestler A. The Act of Creation[M]. New York: MacMillan, 1964.

③ Guilford J P. Creative Intelligence In Education[M]. Los Angeles: Los Angeles County Office of Superintendent of Schools. 1958.

④ ［德］阿尔伯特·爱因斯坦：《爱因斯坦文集》（第一卷），许良英、范岱年译，284页，北京，商务印书馆，1976。

过程中突然产生的飞跃。亚里士多德说："除了直觉外没有任何东西比科学知识更为真实，了解原始前提的将是知觉——证明不可能是证明的创造性根源，因而也不可能是科学知识。因此，如果它是科学知识以外的真实思维的唯一种类，知觉就是科学知识的创造性根源，而科学的创造性根源是掌握原始的基本前提。"①直觉具有不确定性、非理性和非逻辑等特征，直觉是心灵宁静以及专注于某物之后才出现的，因此，科学家往往淡泊名利并具有超常的专注力。灵感是人类创造心理处于激发状态的表现，是一种突如其来的对问题的理解和顿悟。灵感的出现看起来是非理性和非逻辑的，但是，灵感的背后需要一定的知识积累，以及严密的逻辑思维作为支撑。在这种脑力劳动再创造过程中，心灵的自由与精神的独立是必需的。

第二节　科学事业是要积累的

我国数学家华罗庚说过："科学成就是由一点一滴积累起来的，唯有长期的积聚才能由点滴汇成大海"。科学事业亦是如此，没有量变就没有质变，量变是质变的前提和必要准备，质变是量变的必然结果。爱因斯坦认为：西方科学的形成是以两个伟大的成就为基础的，一是古希腊哲学家们发明的记录在欧几里得几何学中的形式逻辑体系；一是文艺复兴时期发现进行系统的实验有可能找到自然现象之间的因果关系。中国的先贤们没有走出这两步，在我看来不值得大惊小怪。要是这些发现果然都做出了，那倒是令人惊奇的事。② 这说明科学的产生也是以系统的知识体系以及实验为基础，由无数热爱科学的科学家或科学工作者经过历代的积累而形成的，不是一蹴而就的事情。

我们都知道科学是西方近现代社会的产物。如果想深入理解科学内涵，就要充分系统地理解西方知识体系。回顾科学的发展历程，是一个不断积累和发展的过程，从古希腊到欧洲文艺复兴，科学发展推动了社会巨大的进步，改变着人类生活。

一、古希腊的科学成就

纵观世界各地各民族的古文明，有许多零散的文明，唯独古希腊创造了希腊文明，将经验上升到理论，从特殊具体的单称命题，上升到了一般、抽象的全称命题，从而成为了近代科学的思想之源。古希腊的主要科学成就可见表 12-1。

古希腊科学哲学具有以下特点：第一，古希腊的自然科学崇尚"理性"。他们认为，表面现象变化的背后存在其不变性，这就是事物的内在规律，只有掌握了这种规律，才能认识世界的本质。这种思维从个别具体到一般抽象、从一般抽象到个别具

---

① [古希腊]亚里士多德：《工具论》，李匡武译，156 页，广州，广东人民出版社，1984。

② 摘自：爱因斯坦在 1953 年给美国加利福尼亚州圣马托的斯威策(J. E. Switzer)的一封信。

表 12-1　古希腊的主要科学成就

姓　名	科学领域	科学成就
泰勒斯[①]	政治家 天文学家 数学家 商人 工程师	精确地预言了日食；计算出一年的时间是 365 天；应用三角学的概念测量了金字塔的高度；第一个提出月亮是靠反射太阳光而发光；提出了宇宙本源问题——万物源于水，排除了宇宙本源超自然因素的干预，将众神从这一领域清理出去，促进人们理性地对客观事物进行思考，正是这样，泰勒斯及其同时代人的思想才流传下来，最终形成了现代科学
毕达哥拉斯[②]	哲学家	毕达哥拉斯学派提出："数是万物之源"，体现了古希腊科学界对抽象一般的追求，抛开表面现象去寻求内在变化的不变性，使人类对世界的认识一步步走向深入，从感性上升到理性，从现象逐渐认识到本质
芝诺[③]	数学家 哲学家	提出一系列关于运动的不可分性的哲学悖论，被称为芝诺悖论。辩证法的创始人
默冬[④]	天文学家	公元前 432 年，古希腊天文学家默冬宣布了他的发现：19 个太阳年与 235 个朔望月的日数相等，即 19 年中必有 12 年是平年，7 年是闰年，19 年 7 闰的周期置闰规则，这一默冬周期也被称为默冬章
柏拉图[⑤]	综合学者	创立柏拉图学院，课程包括：几何学、天文学、音乐学、算数。尤其重视数学，学院门口树立一块牌子："不懂数学者不得入内。"柏拉图认为：真正的实在是理念，数学是通向理念世界的工具
亚里士多德[⑥]	哲学家 科学家 教育家	百科全书式的科学家；主要有以下成就： 提出知识论，这样的知识由证明产生，而证明本身则是三段论的一种形式；形式逻辑的创始人，提出归纳法和演绎法，以形式逻辑为基础的演绎推理方法，其核心就是"证明"的概念，它体现了思维的程序性，使思维过程有条理、清晰和容易 地上世界由土、水、气、火，四大元素组成。其中每种元素都代表四种基本特性(干、湿、冷、热)，天上世界由以太组成 生物学的创始人，其贡献主要在动物分类、解剖、胚胎发育等方面，根据动植物的特点与差异将其划分成群类，描绘了一幅以人和哺乳动物为顶端，而低等植物在底层的生物阶梯略图

① 舒虹：《科学五千年(一)》，33～37 页，长春，吉林人民出版社，1991。

② 舒虹：《科学五千年(一)》，56～59 页，长春，吉林人民出版社，1991。

③ 吴国盛：《科学的历程(上册)》，69～72 页，北京，北京大学出版社，2002。

④ 吴国盛：《科学的历程(上册)》，76～77 页，北京，北京大学出版社，2002。

⑤ [英]G. E. R. 劳埃德(G. E. R. Lloyd)著：《早期希腊科学：从泰勒斯到亚里士多德》，孙小淳译，97～120 页，上海，上海科技教育出版社，2004。

⑥ 吴国盛：《科学的历程(上册)》，79～81 页，北京，北京大学出版社，2002。

续表

姓　名	科学领域	科 学 成 就
欧几里得[①]	数学家	其著作《几何原本》建立的几何体系是公理化的几何体系，这种公理化体系在经典科学的建立过程中得到了充分的运用，对科学体系的建立非常重要
阿基米德[②]	哲学家 科学家 数学家 物理学家	确立了静力学和流体静力学的基本原理；证明杠杆原理；证明物体在液体中所受浮力等于它所排开液体的重量，被称为阿基米德原理；发明的机械有引水用的水螺旋，能牵动满载大船的杠杆滑轮机械，能说明日食，月食现象的地球-月球-太阳运行模型 阿基米德还采用不断分割法求椭球体、旋转抛物体等的体积，这种方法已具有积分计算的雏形

体，使我们的认识从感性阶段上升到了理性阶段。同时这种对于理性存在的追求给科学规定了一个目标，那就是求真求实，要求科学结论能反映客观世界的本质。第二，古希腊的自然哲学将主观与客观区分开来，这种客观性的确立对科学的发展具有推动意义，因为科学是发现宇宙本质的事业，我们探索科学的目的是认识世界的运行规律。第三，古希腊对科学哲学的研究体现了一种“经验”与“逻辑”相结合的方法，这种方法在科学诞生的初期大大促进了科学的繁荣。

二、 科学移居阿拉伯世界

在中世纪(公元5世纪西罗马帝国灭亡到15世纪意大利文艺复兴)，由于基督教的兴起，教会视希腊学术为异端邪说。柏拉图学院被封，亚历山大图书馆被焚毁[③]，标志着希腊文明日渐衰落。

公元622年7月，穆罕默德在麦地那建立起自己的权威和武装力量，这一年标志着伊斯兰教的正式诞生，被定为伊斯兰教的纪元元年。伊斯兰教逐渐受到阿拉伯人民的广泛拥戴，随后穆罕默德以及继任者连年征战。公元750年，伊拉克的阿布·阿拔斯建立了阿拉伯的第二个王朝——阿拔斯朝。阿拔斯统治时期，阿拉伯的经济繁荣、文化发达，科学事业有了极大进步。由于伊斯兰教教义鼓励阿拉伯人求知向学，形成了科学传播的土壤，希腊文明来到伊斯兰。希腊学者在遭受罗马帝国迫害时，大多来到了波斯和拜占庭，阿拉伯人征服波斯后，继承了希腊的学术遗产；在阿拉伯帝国极盛时期，阿拉伯人也从拜占庭那里获得了许多希腊书籍，其中包括欧几里得的《几何原本》。阿拔斯朝的哈里发们不仅鼓励搞商业和贸易，而且愿意支持科学事业，这就为科学的发展再次营造了良好的氛围。哈里发哈伦·拉希德奖励翻译希腊学术

---

① 舒虹：《科学五千年(一)》，109页，长春，吉林人民出版社，1991。

② 伍义生：《中国大百科全书》74卷(第一版)“力学”词条：阿基米德，1页，北京，中国大百科全书出版社，1985。

③ 吴国盛：《科学的历程(上册)》，111～114页，北京，北京大学出版社，2002。

著作，开翻译希腊典籍之风。后任哈里发阿尔·马蒙于公元 830 年在巴格达创办了一所“智慧宫”。设有两座天文台、一个图书馆和翻译馆，招聘了一批专职翻译人员，从希腊语、波斯语、叙利亚语翻译希腊科学著作。[①] 史称为百年翻译运动，见专栏 12-1。

专栏 12-1　百年翻译运动

百年翻译运动从阿拔斯王朝初期开始，可分为三个时期：

第一时期：公元 754—809 年，即阿拔斯王朝第二任哈里发曼苏尔执政期至第五任哈里发哈伦·拉希德执政期。这一时期被译成阿拉伯语的印度科学文献，除《西德罕塔》，还有数学和天文方面的专著《悉昙多》、医学方面的《苏色卢多》。一些有关天文学、医学方面的希腊文献和著作有叶哈亚·伯特里格翻译的托勒密的四部有关星体测定方面的论文——《四部集》。这一时期由希腊语、古叙利亚语、古波斯语译成阿拉伯语的科学文献著作，不仅有医学、天文学两大领域，还涉及数学、逻辑学、哲学、伦理学诸方面，如从希腊语翻译成阿拉伯语的就有托勒密的《麦吉斯帖》，欧几里得的《几何学原理》和其他数学论文，亚里士多德有关逻辑方面的专著《分析前篇》《范畴学》《解释学》等。从古叙利亚文翻译成阿拉伯语的有尤尔菲列尤斯的有关逻辑学著作《伊赛果吉》。从波斯语翻译成阿拉伯语的有寓言故事《克里莱与迪姆乃》(带有伦理色彩)等。第一阶段的翻译较注重实用性。

第二时期：813—833 年，即阿拔斯王朝第七任哈里发麦蒙执政时期。这一时期的翻译活动，已从原来的注重实用价值转向注重文化、学术价值。阿拉伯穆斯林通过近 100 年的努力，在自身文化素质上已经具备了吸收外来高层次文化的条件。曼苏尔、拉希德时期的翻译运动造就了一大批热衷于宣扬希腊、波斯、印度文化的文人。

麦蒙时期翻译的主要著作有：柏拉图的《政治家篇》《法律篇》《蒂迈欧篇》《理想国》，亚里士多德的《论动物的产生》《天空和世界》《论生灭》《论灵魂》《形而上学》《论道德》《诡辩》《生物史》《精神论》，以及欧几里得的《未解决的问题》，托勒密的一些有关数学、天文学方面的论文和著作，盖伦所著的七本解剖学巨著等。

到了第七任哈里发麦蒙时代，翻译事业达到顶峰，形成中世纪著名的“翻译运动”。麦蒙设翻译馆，聘请各方学者，集中在巴格达，从事有计划的、正规的翻译工作。当时主持翻译工作的，是基督教徒侯奈因等。在这期间，希腊、波斯的古籍，包括哲学、医学、文学、天文学、地理学等几乎全部被译成阿拉伯文或叙利亚文了。这个时期的翻译工作达到了顶峰，是百年翻译运动的鼎盛时期。

---

① 吴国盛：《科学的历程(上册)》，117～119 页，北京，北京大学出版社，2002。

第三时期：833年—10世纪后半叶。在这100余年时间内，哈里发政权虽然更迭频繁，但翻译活动继续得到各任哈里发的支持，并被列为一门独立的学科，成为这一时期整个学术活动不可或缺的组织部分，得到了充分的发扬。

这一时期翻译的学术文献，仍以希腊学术为主。例如，柏拉图的《申辩篇》《青年的礼仪》《几何原则》。亚里士多德有关逻辑学方面的著作如《驳辩》《论雄辩》《诗学》，有关自然科学方面的著作如《感觉和被感觉》等，以及他的有关伦理方面的十二篇论文。加连林的《歌声》、亚里士多德的《论和谐》和《论节奏》、欧几里得的《论音乐》和《论卡龙》，毕达哥拉斯的有关音乐方面的文献等。

节译的柏拉图的著作有《斐多篇》《高尔吉亚篇》《克利托篇》《欧梯弗罗篇》《普罗塔歌拉篇》《斐德罗篇》《诺曼篇》《拉该斯篇》《查密迪斯篇》等。

除此之外，从其他语种翻译的主要著作有《乃卜特农书》《旧约》和印度萨斯库利特的有关音乐方面的论文。

这一时期穆斯林的翻译家不仅注重对原著的翻译，而且还翻译了许多亚历山大学派对亚里士多德原著的注释本，从而使学术研究更趋系统化和科学化。

资料来源：张志忠《百年翻译及其贡献》，载《文化纵论》，2008(1)。

百年翻译运动使阿拉伯人很快掌握了最先进的科学知识，为进一步的科学创造打下了基础。希腊文明成为了阿拉伯人取之不尽的精神财富。正是在这样历史背景下，阿拉伯人继承并保存了古希腊的优秀科学文化，同时也开始了自己的科学创造。

三、 中世纪后期欧洲的科学发展

中世纪后期，欧洲的科学发展主要经历了以下几个转折点：从11世纪开始，十字军东征带回了希腊文明，欧洲在教会学校基础上建立了大学，经院哲学让人们开始广泛接受理性科学，实验科学的产生促进了科学的快速发展。

1. 十字军东征促进欧洲学术复苏

从阿拉伯人那里带回了中国的四大发明和希腊的自然哲学文献。12世纪，欧洲掀起了翻译阿拉伯文献的热潮，希腊原始文献经过叙利亚文，到阿拉伯文，再被译为拉丁文。亚里士多德、柏拉图、欧几里得和托勒密的科学著作开始为欧洲人所熟悉。当时已知的希腊科学与哲学文献都被译成当时欧洲学术界通用的拉丁文。1270年，亚里士多德的著作全部被译成拉丁文，为日后亚里士多德在经院哲学中统治地位的确立开辟了道路。通过翻译希腊古典文献，欧洲学术得以复苏。

2. 大学的诞生对欧洲的科学发展产生了积极的影响

世界上第一所大学是1158年创立的波仑亚大学，它起初是一个因讲授罗马法而著名的讲学中心，后来有学生和教师组织了一个大学（行会）。仿照波仑亚大学的模式，欧洲各地先后出现了巴黎大学（1160 年）、牛津大学（1167 年）、剑桥大学（1209 年）、阿雷佐大学（1209 年）、帕多瓦大学（1222 年）、那不勒斯大学（1224 年）、里斯本大学（1290 年）等。这些大学不仅有学生组织的公立大学（如帕多瓦大学），也有教会开办的教会大学（如巴黎大学、牛津大学）和国王创办的国立大学（如那不勒斯大学）。大学成为欧洲学术活动的中心场所，它们以独特的功用促进知识在欧洲的传播，大学培养出来的人才在促进古希腊学术复兴和阿拉伯著作的翻译中起了重要作用。

3. 经院哲学为科学的传播提供了渠道

大约公元 9 世纪，教父哲学让位于经院哲学。经院哲学采用推理的方式对基督教义给出分析和解释，因此，柏拉图和亚里士多德的著作得以传播。托马斯·阿奎那在他的巨著《神学大全》中，成功地建立了一种亚里士多德的思想与天主教神学相协调的思想体系，这一体系后来成为天主教教义的哲学基础。托马斯崇尚理性，他将亚里士多德的逻辑学运用到对神学的解说上，为其他知识树立了理性的榜样。为近代科学的诞生提供了条件。①

4. 实验科学成为探索世界的重要方法

罗吉尔·培根是近代实验科学精神的先驱。罗吉尔·培根从老师格罗塞特那里学到了批判和怀疑精神，提出了人们之所以犯错误有四个原因：一是对权威过于崇拜；二是囿于习惯；三是囿于偏见；四是对有限知识的自负。因此，培根反对按照书本和权威来裁定真理，而主张靠“实验来弄懂自然科学、医药、炼金术和天上地下的一切事物”。实验科学成为探索世界的重要方法，推动了科学的快速发展。②

西方人在思想上的进步，得益于吸收了希腊科学的精髓；大学的出现让科学得以广泛传播和发展，大学、知识和哲学的发展启迪了人们的心智；“经院哲学”创造性地吸收了亚里士多德学说，使这一学说成为支持基督教教义的完备智力体系，实现了理性与神学完美的交融；实验科学让理性回归，促进了欧洲科学的快速发展，并为后续 17 世纪的科学革命埋下了伏笔。

总之，追溯科学发展历程，我们会发现古希腊的科学与哲学文化与现在的科学是如此接近，科学发展的历程，正是沿着古希腊文明的方向不断积累的过程。

---

① 参阅吴国盛：《科学的历程（上册）》，165～166 页，北京，北京大学出版社，2002。

② 另外，1267 年，罗吉尔·培根写出三部著作：《大著作》《小著作》《第三著作》。在这些著作中，提出了数学的重要性。相继提出并叙述了光的反射定律的折射现象，谈到了放大镜的制造；主张地球是圆的，提出了环球航行的设想，哥伦布曾受到这一思想的影响；许多机械制造和各种发明，包括火药的记载。吴国盛：《科学的历程（上册）》，166～168 页，北京，北京大学出版社，2002。

第三节　科学事业是大家共同的

一、科学事业是公共物品

（一）公共产品的内涵与特征

公共产品(Public goods)通常与私人产品(Private goods)相对称，萨缪尔森认为："某种私人物品的总消费量等于全部消费者对私人物品的消费总和。但公共产品与私人产品不一样，公共产品的消费总量则等于任何一位消费者的消费量。公共产品是这样一种物品，在增加一个人对它分享时，并不导致成本的增长(它们的消费是非竞争的)，而排除任何人对它的分享都要花费巨大的成本(它们是非排他性的)。"①无论每个人是否愿意购买它们，它们带来的好处不可分割地散布到整个社区里。② 根据萨缪尔森的定义，公共产品具有两个本质特征：消费的非竞争性，即一个人对公共产品的消费不会影响其他人从对公共产品的消费中获得的效用，即增加额外一个人消费，该公共产品不会引起产品成本的任何增加；受益的非排他性，即在技术上没有办法或很难将不付费的个人或者厂商排除在公共产品的获益范围之外。即使有些公共产品可以在技术上实现排他性，但是排他的成本也非常的高昂，以至于不可行。

由于这种定义的技术性和严格性，实际上此类公共产品为"纯公共产品"(pure public goods)。结合运用这两个指标及其不同的组合，后来的学者相继提出"非纯公共产品"(impure public goods)、"混合产品"(mixed goods 或 joint goods)、"俱乐部产品"(club public goods)、"公共资源"(common pool resource)等概念。此类产品被称为"准公共产品"。见表 12-1。

表 12-1　公共产品的经典概念框架

	消费的竞争性	消费的非竞争性
受益的排他性	私人产品	俱乐部产品
受益的非排他性	公共资源	纯公共产品

其中，俱乐部产品一般不具备消费的竞争性，但通过一定的制度安排，消费可以限制在特定的成员(付费成员)范围内，也就是说可以排除其他人(不付费成员)对该

① P. A. Samulson. The Pure Theory of Public Expenditure. The Review of Economics and Statistics, Vol. 36, No. 4. (Nov., 1954), pp. 387～389.

② [美]保罗·A. 萨缪尔森·威廉·D. 诺德浩司：《经济学》，胡代光等译，571 页，北京，北京经济学院出版社，1996。

产品的消费。因而,俱乐部产品不一定需要公共财政的支持,而是可以向实际上消费该产品的使用者收费来获取支持。公共资源是指在特定区域范围内,消费的排除比较困难而消费具有竞争性的那些资源和产品。例如:"公共牧场"和"公共渔场"等公共资源领域。此类产品由于个人的理性行为导致集体行动的非理性,从而造成比较严重的负外部性。如果相关主体之间协调和沟通的成本难以合理分担,或者进行这类谈判的阻碍大到难以克服的话,则公共资源的浪费和非理性利用就不可避免。科斯的产权理论①有助于此类问题的解决。

(二)科学事业的公共物品属性

科学无国界,科学是属于全人类的。科学无国界有两层含义:一是指科学成果可以由全人类无国界地分享;二是指无论某种科学发现和技术发明最初是属于东方科学还是西方科学,全人类科学界都可以无国界地学习效仿。因为,科学是人类智慧的结晶,是属于全人类的财富,为全人类所共享。从这一层面来理解,科学具有纯公共产品属性,即消费的非竞争性以及受益的非排他性特征。

科学事业具有公共产品属性。由于科学的纯公共产品属性,围绕科学而开展的科学事业也具有公共产品属性,但不一定是纯公共产品属性。这是因为:科学无国界,但科学家却是有国界的。各国在科学事业等研究领域的竞争,说明了科学事业的准公共产品属性。加之探索科学发现以及科技发明的科研器材和资源具有受益的排他性和消费的非竞争性,因此,在一定的时空下,科学家以及科研工作者完成的科学事业具有一定程度的受益的排他性和消费的非竞争性。科学是属于全人类的,科学事业也是全人类的共同追求的事业。从这一层面来看,科学事业具有准公共产品的特征,但它又超越了准公共产品的内涵。科学事业具有广泛受益的非排他性,包含并超越了消费的竞争性。这是因为科学事业是围绕科学而存在的事业,科学事业的外在封锁不能锁住科学家内在想把科学成就分享给人类的精神诉求。随着社会的发展,人类觉悟的提高,科学事业的发展过程应该是一个由准公共产品到纯公共产品的实现过程。

二、科学事业需要大家一起来完成

科学劳动是一项特殊的、以脑力劳动为主的知识生产活动,是一种复杂的、高难度、高水平的社会劳动。这种性质决定了它不仅仅由一个人来完成,而是需要大家一

① 董建新等著:《现代经济学与公共管理》,147页,北京,社会科学文献出版社,2006。科斯定理认为,当交易费用为零时,政府仅仅通过设定资源使用的权力就可以使外部性内部化。一旦设定了资源使用的财产权,在相关集团之间将既定的权力自由交换为现金支付将是有效的。即交易成本较小时,可通过市场产权的准确界定和产权人之间的谈判来解决外部性问题。因为外部性的影响可以反映在临近不动产价值中。因此,政府只需要做好制度安排,界定和保护好产权,降低交易成本就可以达到良好的效果。

起来完成。

科学事业具有公共产品属性。公共物品的供给模式需要政府主导，调动社会各方资源，多方参与一起完成。科学事业是一项有益于全人类的公共产品，而科学事业的研发更需要大量社会资源的投入。因此，科学事业的科研体制安排不应该局限于某一种体制。无论是政府垄断还是市场主导，抑或社会力量的自愿供给模式，都存在着各自的局限，因此，任何一种单独的模式都不可能实现复杂丰富的科学事业的有效供给，而环境技术条件的变化更使得任何一种单一的供给模式都难以适应。可见，科学事业的科研体制安排必然要求考虑各种因素，联合各方力量，充分发挥多元主体的优势。为推进科学技术事业的健康发展，高校也应该走开放之路，深度融入经济社会之中，最大限度地利用社会资源来开展科学事业。（见专栏 12-2、12-3）

专栏 12-2　产学研合作是现代大学发展的必由之路

时代的发展和选择使大学从传统的象牙塔中挣脱出来，走向开放之路

综观世界，知识经济的发展使科学技术越来越显示出第一生产力的巨大作用，高等学校以知识、人才以及在基础理论、高新技术等科研成果转化上的丰硕成果成为新的经济增长点的重要源头，构成了第一生产力的重要组成部分。科学技术与教育特别是高等教育的关联度也从来没有像现在这样紧密，大学从社会边缘被推到了社会的中心。大学的角色和定位、大学的教育功能都与社会紧密地结合了起来，特别是在建设小康社会的历史背景下，大学功能的"公共性"更得以进一步拓展与深化，人才培养、科技创新、服务社会、引领文化的功能在新的时代背景中被赋予新的内涵。这使大学必然走向开放，直接参与和推动社会经济的发展和进步。

大学自身的发展、进步与竞争也在新的时代背景下得以重新审视

在建设高等教育强国的过程中，高校不仅应成为创新人才培养的主渠道以及基础研究和高技术领域原始创新的主力军，而且要在以企业为主体、市场为导向、产学研相结合的技术创新体系的建设中发挥积极作用。在新的时代发展背景下，只有深度融入经济社会之中，高校才能更好地践行教育规律，适应社会需求并引领社会发展，也才能更好地实现自身的发展与进步。其创新人才培养的能力、知识与科技创新的能力、参与国家创新体系的能力以及对社会经济发展的服务能力等，成为新一轮高等教育竞争的重要砝码，正是在这样的竞争环境中，"以服务为宗旨、在贡献中发展"的思路成为众多大学在新时期发展中形成的共识。

现代企业的发展需要大学强有力的合作与支持

从现代企业发展的特征来看，由粗放经济向集约经济的转化，使得在企业生产的成本结构中，新知识、高科技、创新人才的比重占有越来越大的份额，企业资

本和资源的竞争更多地转化为知识和人才的竞争，技术、产品、设备的更新换代越来越频繁，企业的研发能力和研发水平成为其发展与突破的关键问题。在这种形势下，产学研的合作已成为时代的命题，与大学合作，为现代化建设寻求强有力的、高水平的科技与人才的支持是企业提高竞争力的重要保证。从发达国家高科技发展的历史来看，许多带动国民经济发展的重大科技突破都是依托高等学校产生的。每个世界著名的高科技新城都依托于一所或几所研究型大学。斯坦福大学与“硅谷”的崛起，筑波大学与高技术科学城，剑桥大学与科学园区等都是产学研结合，实现“学术—技术—生产力”之间有效转化的成功典范。迄今为止，影响人类生活方式的重大科研成果的70%也都诞生于高等学校。

因此，产学研合作是现代大学适应社会需求发展的必由之路，也是促进社会经济高效、快速进步的重要保证。

资料来源：刘吉臻：《适应社会需求 突出办学特色：走产学研合作兴校之路》，载《中国高校科技与产业化》。

专栏12-3　发挥学科优势，突出行业特色，在服务国家、行业、区域经济发展的过程中拓展国际国内办学资源

学校围绕大学理事会、协同创新中心与创新战略联盟、战略合作伙伴三个合作层级，不断拓展校企、校地、校校合作交流的深度和广度。当选中电联副理事长单位，成功组建以中电联及国家电网公司等7家央企为成员单位的第二届大学理事会。联合清华大学、中国电力科学研究院、国网智能电网研究院等7家单位，牵头组建“智能电网协同创新中心”；与中国国电集团公司筹划成立“智能发电协同创新中心”；与中国华能集团公司、中国大唐集团公司、中国华电集团公司等18家单位共同发起成立“中国火力发电产业技术创新战略联盟”；与11所高水平行业特色大学共同倡议组建北京高科大学联盟。与北京市、河北省、新疆生产建设兵团、苏州市、珠海市等地方政府及中国南方电网公司、国家电投集团公司、中广核集团公司等大型企业共50余家重要战略合作伙伴在基础性、关键性、前沿性等重点技术领域进行联合科技攻关、人才培养等产学研合作；加快推进能源电力智库建设，为国家新一轮电改、能源互联网行动计划以及行业企业决策提供智力支持；获批国家级专业技术人员教育基地，全方位开展各类层次专业技术培训。

把国际化作为学校发展的三大战略增长点之一，不断拓展国际合作伙伴。加强与剑桥大学、曼彻斯特大学等国际高水平大学的交流与合作，先后成立中欧可

再生能源创新中心等一批国际科技合作平台；新增4个“111”国际引智基地。推动中外合作办学招生体制及教育教学模式改革，扩大品牌效应；与美国西肯塔基大学共同举办的孔子学院荣获“全球示范孔子学院”称号。

资料来源：《关于印发第六届第四次教代会校长工作报告和大会决议的通知》

第四节 科学事业是要培养人的

一、科学人才培养的条件

培养热爱科学的人才是科学发展的根本，而科学人才的培养不仅需要个人条件，还需要外在环境，即培养人才的土壤，两者缺一不可。古希腊哲学家亚里士多德在《形而上学》一书中曾归纳了哲学和科学产生的三个条件：第一是好奇心，只有人们对外部世界表现出困惑和惊奇，才会感受到自己的无知，才会为摆脱无知而去求知。第二是闲暇，知识阶层不必为生计而忧虑，这样他们就能专心致志地从事自己喜爱的脑力劳动。第三是自由，人们对科学的思考是自由的，不受其他的目的和利益所支配。这是针对个人条件而言。外在环境也同等重要。我国物理学家李政道认为，“中国有五千年灿烂文化，文化交汇可以创造新的概念，也是原创性科研成果的源泉”[①]。这一观点说明我国具备科学人才成长的文化土壤。

二、科学人才具备的素养

《左传》有言：“太上立德；其次立功；其次立言。”这为科学人才的素养提供了评价标准。首先是立德：做人的要求。从古今中外科学家身上可以看到他们所共有的一些特征：淡泊名利、品高志坚；谦逊好学、求真务实；勤奋精进、持之以恒；胸怀宽广，乐观向上等优秀品质。如果想成为科学人才，成为科学家，就需要培养这样的品质。其次是立功：做事的要求。当今社会，科学事业需要团队合作才能完成。因此。要求科学人才不仅具有极高的理解力，还需要具有团队精神，坦诚无私，精诚合作，加速获得科学成果，此外，从事科学的人才还需要具备敢于质疑、大胆批判的学术精神。在一定程度上，引领科学发展的方向。再次是立言：就是做学问的要求。做学问就要坚持科学精神，要以科学原则指导自己的科学探索之路。既要做到广博，又要做到专精。一方面，科学人才应对不同科学领域都有所涉猎，各学科之间的交流、渗透，融会贯通是科学发现与创新的最好途径。另一方面，在特定的研究领域有独到的见解、

① 李政道：《独具特色的中国博士后制度前程似锦》，中国高等科学技术中心：《李政道文选》，95～107页，上海，上海科学技术出版社，2008。

精深的学问,为更好地融合其他学科知识提供条件。

三、科学人才的成长规律

(一)确立科学人才培养的宗旨

确立科学人才培养的宗旨:以探索真理为第一要义。即探索客观世界各种事物的本质及运动规律。科学家从事科学研究的动力,是为着求知本身的目的而不是任何其他目的,是为了正确地解释这个世界,认识这个世界,探寻宇宙的奥秘。对科学的追求超越了任何功利的考虑,获取科学知识本身就是其宗旨目标。

(二)营造科学人才成长的环境

为科学人才营造成长的环境,需要建立良师益友团队。真正培养科学人才,不能只依靠课堂教学,不能只依靠高科技的教育工具,一定需要良师陪伴成长。需要良师与学生建立亲密的师生关系,甚至一对一地教导。因为身传重于言教,导师以身作则,学生耳濡目染,假以时日,科学人才方能够健康成长。同时,益友之间相互帮扶、共学共勉以及精诚合作有利于科学人才的成长。此外,还要为科学人才创造更多发展机会,尤其给那些具有发展潜力的科学人才创造机会。因人而异,因材施教,对不同群体、不同成长期的青年人才进行有针对性的培养和使用,并通过切实有效的措施加以保障。

党的十八大站在我国教育改革发展新起点上,面对由高等教育大国迈向高等教育强国的新形势,提出要切实推动高等教育的内涵式发展,对于全面提高高等教育质量、推动高等教育科学发展具有重要且深远的意义。如何有效提高人才培养质量,刘吉臻校长提出,提高质量是教育的核心任务,是每一所大学所面临的重大问题。必须对教育质量的根本标准有一个清晰的认识,把握人才培养的规律,找准人才培养的着力点,从人才培养的全过程和全方位构筑促进人才培养质量提升的完整体系。(见专栏 12-4、12-5)

十年树木,百年树人,科学人才的培养需要代代相传,需要薪火相传。

专栏 12-4　对全面提高人才培养质量的再思考——标准、规律、机制

提高质量是教育的核心任务,是每一所大学都面临的重大问题。解决这个问题,必须对教育质量的根本标准有一个清晰的认识,把握人才培养的规律,找准人才培养的着力点,从人才培养的全过程和全方位构筑促进人才培养质量提升的完整体系。

深化对人才培养质量根本标准的认识，切实做到人的全面发展与适应社会需要的有机统一

《国家中长期教育改革与发展规划纲要(2010—2020)》指出：衡量教育质量的根本标准，一是促进人的全面发展；二是适应社会需要。这是我们认识和把握教育质量标准的重要思想依据。人的全面发展不可能脱离一定的社会需求而独立存在；但是过分强调适应需求，人的全面发展就会成为"无源之水"。从这一意义上讲，人的全面发展是一种最终指向，而适应社会需求是人才培养的重要前提，是实现人的全面发展的主要途径。

探索人才培养规律，从人才成长的全过程审视大学教育阶段的培养目标，避免急功近利，揠苗助长

大学在人才培养中应避免两种倾向：一是急功近利；二是揠苗助长。急功近利过分强化教育的"工具性"特征，忽视人的全面发展，所培养的人"上手快"，但"后劲不足"。揠苗助长则力求在大学教育阶段，在有限的时空内解决人才培养所有的问题，毕其功于一役。而这一点，正自觉或不自觉地成为我们在确立人才培养目标上的主流观点。

明确社会用人单位在人才培养方面的责任，构建大学与社会在人才培养方面的协同机制

要通过立法等手段，明确社会用人单位，尤其是国有大中型企业在人才培养方面的责任，努力改变社会和企业对高等教育批评多、关心少，质疑多、支持少的局面，形成大学与社会在人才培养方面的协同体系，营造有利于优秀人才培养的良好社会氛围与政策环境。

资料来源：刘吉臻：《对全面提高人才培养质量的再思考——标准、规律、机制》，载《中国电力教育》。

专栏 12-5　深化教育教学改革，加强创新人才培养体系建设

深入推进教育教学改革。以促进学生全面发展为目标，以社会需求为导向，以强化创新教育为核心，以提升教师教学能力为保障，全面打造集"四三三"核心课程、"四模块"实践教学、"四环节"综合培养(选修课程、综合设计、创新活动、素质教育)为一体的具有鲜明华电特色的创新人才培养体系。

加强教育教学信息化建设，加强优质课程建设，深化基础课教学改革。建立优质核心课程与优秀教学团队认定制度，制订"夯实本科教学基础，加强创新人才培养"行动计划；制定教师教学发展规划，提高教师教学能力和水平。

探索多元化的人才培养目标定位与多样化的人才培养模式；健全专业动态调整机制与转专业制度，推动工程教育专业认证工作；全面修订研究生培养方案，推进研究生招生生源保障机制改革；制定学校研究生学位点自评估方案，扎实做好核科学与技术、翻译硕士、会计硕士等5个学位点专项合格评估工作。

以创新人才培养为核心，加强创新文化建设。深化“创新实验班”培养模式改革，完善“学研双驱”培养模式，探索拔尖创新人才培养的模式和机制；推动大学生创新实践活动，建立“学校引导、学生主导、项目依托、常态运行、自我管理”的群众性创新实践活动体系及长效机制。

加强校企协同育人体制机制建设，构建人才培养实践教学体系。组建“中国电力行业卓越工程师培养联盟”，制定电力行业卓越人才评价标准；推进示范性研究生工作站建设，促进研究生联合培养基地内涵发展。

进一步提升继续教育工作水平。推广中国电力行业远程继续教育网，推进国家级专业技术人员继续教育基地建设，力争成为教育部第一批继续教育试点改革高校。

资料来源：《关于印发六届三次教代会校长工作报告和教代会决议的通知》

第十三章　注重实践

第一节　要去实践

一、马克思主义的实践观

马克思主义认为：实践是人类能动地改造世界的物质性活动，马克思在《关于费尔巴哈的提纲》中认为“全部社会生活在本质上是实践的”[①]，并强调哲学的重要使命在于指导实践、改造世界，认为“哲学家们只是用不同的方式解释世界，问题在于改变世界”。[②]

在马克思主义哲学体系中，辩证唯物主义认识论认为实践与认识之间是辩证统一的关系，其中实践对认识具有决定作用：实践是认识的来源，实践是认识发展的动力，实践是认识的目的，实践又是检验认识正确与否的唯一标准。同时，认识反作用于实践：正确的认识科学的理论对实践有巨大的指导作用；错误地认识不科学的理论则会把实践引向歧途。[③] 实践的观点是马克思主义辩证唯物认识论的第一的和基本的观点，无论是直接经验还是间接经验最终都来源于实践，人们为了实践而去认知，并且人们对于外界的认识只有回到实践中才能检验其是否是真理性认识，才能发现错误，总结经验，正确的认识将指导实践并达到预期的结果；因此取得科学的理论具有极端的重要性。要在实际工作中遵循实践、认识、再实践、再认识的认识规律，这样才能得到正确认识并指导实践，并将认识继续升华为真理。

二、要去实践，并在实践中实现主观能动性和客观规律性的统一

实践出真知，实践使认识得以产生和发展。要想检验认识，要想深化认识，要想得到真理，要想解释实践，要想理解实践，要想服务实践，就必须深入实践中去，除此之外别无他法。关于这一点，毛泽东在《实践论》中指出离开实践的认识是不可能的，并引用了一个成语——“不入虎穴，焉得虎子”来进行说明。他还说：世上最可笑的是那些“知识里手”，有了道听途说的一知半解，便自封为“天下第一”，适足见其不自

---

① 《马克思恩格斯选集》第1卷，56页，北京，人民出版社，1995。

② 《马克思恩格斯选集》第1卷，57页，北京，人民出版社，1995。

③ 《马克思主义基本原理概论》，63～66页，北京，高等教育出版社，2013。

量而已。知识的问题是一个科学的问题，来不得半点的虚伪和骄傲，决定需要的倒是其反面——诚实和谦逊的态度。你要有知识，你就得参加变革现实的实践。你要知道梨子的滋味，你就得变革梨子，亲口吃一吃。你要知道原子的组成同性质，你就得实行物理学和化学的实验，变革原子的情况。你要知道革命的理论和方法，你就得参加革命。①同样地，实践是检验真理的唯一标准，思维、思考、想法是否反映了客观实际，是否具有科学性与真理性，只能通过实践来检验。

要在实践中实现主观能动性和客观规律性的统一，首先必须要尊重客观规律；人们在实践活动中要达到预想的目的，就一定要使自己的思想符合客观事物的发展规律，如果不符合，就会在实践中遭遇失败；因此人们只有在认识和掌握客观规律的基础上才能达到认识世界和改造世界的目的。认识和改造自然界，要尊重自然界的规律；认识和改造社会，要尊重社会规律。人们对客观规律的认识越深刻、越准确，就越能有效地发挥主观能动作用。其次，要发挥主观能动性，规律具有客观性，是事物本身固有的本质的必然的联系，但是规律是可以被人认识并运用的。人具有不同于动物的自觉能动性，人们在需要的驱使下，为了满足自身的需要会自觉地发挥主观能动性，认识规律并在实践活动中运用规律。②

专栏 13-1　实践是检验真理的唯一标准③

怎样区别真理与谬误呢？一八四五年，马克思就提出了检验真理的标准问题："人的思维是否具有客观的真理性，这并不是一个理论的问题，而是一个实践的问题，人应该在实践中证明自己思维的现实性和力量，亦即自己思维的此岸性。关于离开实践的思维是否具有现实性的争论，是一个纯粹经院哲学的问题。"这就非常清楚地告诉我们，一个理论，是否正确反映了客观实际，是不是真理，只能靠社会实践来检验。这是马克思主义认识论的一个基本原理。

实践不仅是检验真理的标准，而且是唯一的标准。毛主席说："真理只有一个，而究竟谁发现了真理，不依靠主观的夸张，而依靠客观的实践。"辩证唯物主义所说的真理是客观真理，是人的思想对于客观世界及其规律的正确反映。因此，作为检验真理的标准，就不能到主观领域内去寻找，不能到理论领域内去寻找，思想、理论自身不能成为检验自身是否符合客观实际的标准，正如在法律上原告是否属实，不能依他自己的起诉为标准一样。作为检验真理的标准，必须具有把人的思想和客观世界联系起来的特性，否则就无法检验。人的社会实践是改造客观

① 《毛泽东选集》第一卷，3 页，北京，人民出版社，1991。

② 《马克思主义基本原理概论》，58 页，北京，高等教育出版社，2013。

③ 刘吉臻：《坚定信心 真抓实干 全面推进高水平大学建设》，载华北电力大学 2013 年《关于印发 2013 年教代会校长工作报告、工会工作报告及双代会决议的通知》。

> 世界的活动，是主观见之于客观的东西，实践具有把思想和客观实际联系起来的特性。因此，正是实践，也只有实践，才能够完成检验真理的任务。
>
> 资料来源：特约评论员：《实践是检验真理的唯一标准》，载《光明日报》，1978 年 5 月 11 日。

三、 思考的实践

实践是实践者的实践，对现实的思考和想法要去实践。这些思考和想法可以通归到“意识”的范畴里。恩格斯说意识是地球上“美丽的花朵”，辩证唯物主义认为意识是能动的，具有目的性、计划性和创造性，能够指导实践、改造客观世界。而实践是主观见之于客观的活动，是连接具有主观能动性的实践主体与具有客观物质性实践对象的桥梁；同时实践具有普遍性、直接现实性的特点，通过实践，人们可以将自己的平时思考所得，针对某些问题的想法付诸实践，并在现实中将思考、想法与实践结果进行对比，看其是否得到了实现。如果没有实现，就应该进一步找出原因，是想法错了，还是受到了实践环境和实践条件的约束，或是受限于当时生产实践所能达到的深度和广度。如果思想只是停留在大脑层面，那就是永远只是思想；同样地，教育思想也是需要去实践的，需要以学校、老师、学生等为具体主体去具体落实和实施，这样才能检验教育思想的正确性，才能推动学校治理、人才培养、教育发展。同时，实践与思维、认识是统一的整体，正确的思维和认识可以很好地指导实践，实践不能脱离思维和认识独立存在，没有思维和认识就没有实践。

四、 学习的实践

在进行理论学习的同时要加强实践。要在实践中实现主观与客观、知与行的统一。“读万卷书，行万里路”，“纸上得来终觉浅，觉知此事要躬行”；古人很早就意识到通过读书学习得来的间接经验一定要回到实践中去指导具体的实践才能得到检验，一定要在实践中亲身体验学习到的间接经验是否真如书上所说；只有深入地进行实践，才能深化认识，对理论有更加深刻的理解，才能将理论知识融会贯通、熟练运用。纸上谈兵、坐而论道是很容易的，但是，关键还在于身体力行；在进行理论学习的同时，如果不注重理论联系实际，不懂得如何在实践中进行具体运用所学理论知识，那么所产生的危害则是巨大的。学生在学校学习了大量的理论知识，但是却缺乏实践，因此得来的间接经验始终是不完全的，这将影响学生对知识的掌握、贯通和运用，影响学生的动手实践能力，延长学生将来在工作岗位上的适应时间。因此，学生在学习理论知识的同时要加强实践。

五、 实验的实践

马克思主义认为科学实验是重要的社会实践形式之一，科学实验是推动历史前进的有力杠杆，科学实验能够提高物质生产和改造社会活动的水平，使人类能够更合理地从自然界获取生活资料，进而促进社会全面进步。比如，19 世纪末 20 世纪初，以电力的发明为代表的第二次工业技术革命使得电力取代蒸汽机从而成为新的动力，从而促进社会生产力的迅速发展和经济社会的全面进步。因此，科学实验要去不断地进行实践。科学实验与生产实践紧密联系：一方面，科学实验以生产实践为基础，是存在于生产实践过程中的科学实验；另一方面，科学实验对于生产实践的进一步发展具有巨大的推动作用。只有经过各种类型的科学实验，才能获得为顺利进行生产实践所必需的正确认识。从科学实验中获得的对自然界的认识，应用到生产实践中，就会不断促进生产技术的进步与革命，大大地提高改造自然界的能力。① 从科学实验到生产性实验，再到生产实践，通过反复的小规模科学实验，不断积累正确的科学理论知识，然后指导具体的较大规模的生产实践就能够提高生产效率，提高生产力，从而推动物质性生产实践活动的发展，进而推动人类社会的发展。

六、 治理的实践

治理理念要去实践以达到善治。治理是针对存在的问题进行的解决过程，问题即理想与现实之间的矛盾，是理想与实践之间的差距，是导致目前状态达不到理想状态、预期状态的不利因素。治理的过程就是解决这些问题、消除这些因素的过程。治理理念是在对理想与现实进行比对之后所形成的解决思路和解决方案，这些思路和方案一定要付诸实践，才能指导具体的实践活动以解决问题、消除不利因素。这样才能发现思路和方案的不足、缺点和错误或是实践活动的局限、不足，才能改变思路、修正方案、改变实践环境与条件，才能更好地推动下一步的实践活动。新时期，党中央提出要推进国家治理体系与治理能力的现代化，我们要将这一理念贯彻到治理学校、管理学校的工作当中，及时发现日常管理工作、治理学校中的缺漏和不足，全面提升学校的治理水平和管理水平，深化学校治理结构与治理体系改革，进一步健全和完善现代大学制度，将学校建设成为国内一流的高水平大学。②

---

① 佟桂琴：《从马克思主义认识论看科学实验》，载《昭乌达蒙族师专学报(汉文哲学社会科学版)》，第 18 卷第 3 期，第 13 页。

② 刘吉臻：《聚焦“双一流” 开启“十三五”推动高水平大学建设再上新台阶》，载华北电力大学 2016 年《关于印发第六届第四次教代会校长工作报告和大会决议的通知》。

第二节　实践促进高等电力工程教育不断发展

一、高等电力工程教育的重要性与特殊性

工程技术人才的成长过程有其自身的内在规律，一般而言，这个过程中必须具有系统的专业学习经验和丰富的专业实践经验。所谓的成长过程，是学习与实践相互交织、互为补充的综合过程。针对高等院校学生实践能力不足的问题，学校应当形成“重实践，强能力”的人才培养特色，要坚持理论联系实际，重点培养学生的动手实践能力、解决问题的能力。[①] 高等院校，尤其是高等工程院校应当设立一定数量的科研院所和实验基地，使得学生可以在这些实验室进行实验、实践和学习。

高等工程教育在高等教育中占据重要地位，电力工业已成为世界各国涉及国家经济命脉的支柱产业，是国民经济发展中最重要的基础能源产业，是国民经济的第一基础产业；电力同时又是我国工业体系中的基础工业和重要部分，不仅关系基本民生而且更关系到国家安全、政治稳定，由此可见高等电力工程教育的关键性和重要性。并且，高等电力工程教育承担着培养成千上万电气高级工程技术人才的重任，而高级电力工程师的培养直接关系到国家能源电力战略目标的实现和能源电力科技核心竞争力的实现，进而关系到国家科教兴国战略的实施。因此，要高度关注高等电力工程教育，把高等电力工程教育与人才培养放在国家能源战略的重要环节，集中优势资源、设立专项资金重点投入建设一定数量有电力特色、水平高超的高等工程院校。

二、建立高等电力工程教育实践教学体系

华北电力大学一直以来十分重视学校的电力高等教育与人才培养，学校注重发挥“重实践、强能力”的人才培养特色，构建了由基本实验模块、校内实践模块、仿真实践模块、校外工程实践模块的“四模式”工程教育实践教学体系，为学生的实践能力的培养打下坚实的基础。基本实验模块开设基础实验、专业基础实验和专业实验课，重点提高学生理论联系实际的科学素养，夯实专业基础。校内实践模块由工程训练、课程设计、毕业设计等环节组成，并为学生的自主实践活动服务；学校投巨资加强了校内创新实践基地建设，兴建了工程训练中心等一批国家级实验教学示范中心。仿真实践模块将仿真技术引入实践教学，建立了火电、核电机组仿真，电力系统仿真，电网调度仿真等仿真系统，形成了学校实践教学的鲜明特色。校外工程实践模块由认识实习、生产实习、毕业实习等环节组成，学校在电力企业建立了百余个校外实习基地，

---

① 刘吉臻：《从行业需求看高等教育人才培养》，载《高等工程教育研究》，2008(3)。

保证实践教学任务的完成。[①]

新的实验与工程实践教学体系注重“四个突出”：在基本实验教学模块中，改革传统的演示性、验证性实验，突出实验内容的综合性与设计性；在校内工程实践模块中，改革金工、电工等传统的单纯操作式的实习内容，增加设计、工艺、制造等30多个系列的设计性试验项目，突出工程实践的设计性与创新性；利用校董事会组织体制，在校外建立石景山电厂、河南新乡电厂、唐山陡河电厂等几十个实习基地，突出产、学、研结合的教学管理模式；建立火电机组、核电机组、电网调度等仿真系统，将现代仿真技术引入实验与实践教学中，突出实践手段的先进性。[②]

为将高等电力工程教育实践教学体系落到实处，为切实加强学生的动手能力、实践能力、解决问题的能力，学校还设立了一定数量的科研机构、各类实验室、校内实习基地，使学生的实验开出率达到100%，包括已有的国家火力发电工程技术研究中心、生物质发电成套设备国家工程实验室、新能源电力系统国家重点实验室等国家级重点科研机构以及电子电工实验教学中心、电厂仿真实验教学基地和工程实践中心等实践教学基地，学生可以在这些科研机构和实践基地进行实验、实践和学习；学校还进行定期电厂认识实习、生产实习、毕业实习、社会实践等实践教学，使学生深入电力生产一线，向一线工程师学习，这些举措有助于增强学生的科研实力、实践能力、理论联系实际的能力以及分析问题与解决问题的能力，有助于推动学校电力工程教育与人才培养事业的发展。（参见专栏13-2）

专栏13-2　构建高等电力工程教育实践教学体系

高质量的人才培养是学校发展的基础与关键所在。学校确立了“合格＋拓展”的创新人才培养模式，构建了“平台＋模块”(1＋2＋N)的课程体系，“平台”保证人才的基本素质和全面发展的共性要求，体现宽口径、厚基础的培养特色；“模块”注重对同专业不同方向人才的分流培养，体现了个性原则。学校构建了基本实验模块、校内实践模块、仿真实践模块、校外工程实践模块所组成的“四模块”工程教育实践教学体系。基本实验模块开设基础实验、专业基础实验和专业实验课，重点提高学生理论联系实际的科学素养，夯实专业基础。校内实践模块由工程训练、课程设计、毕业设计等环节组成，并为学生的自主实践活动服务；学校投巨资加强了校内创新实践基地建设，兴建了工程训练中心等一批国家级实验教学示范中心。仿真实践模块将仿真技术引入实践教学，建立了火电、核电机组仿真，

① 刘吉臻主编：《强校之路——华北电力大学办学理念与创新实践(2001—2011)》，5～6页，北京，高等教育出版社，2012。

② 赵英臣，吴素华：《责任　特色　实践　创新——访华北电力大学校长刘吉臻》，载《北京教育(高教版)》，2007(1)。

电力系统仿真，电网调度仿真等仿真系统，成为学校实践教学的鲜明特色。校外工程实践模块由认识实习、生产实习、毕业实习等环节组成，学校在电力企业建立了百余个校外实习基地，保证实践教学任务的完成。

资料来源：刘吉臻主编：《强校之路——华北电力大学办学理念与创新实践(2001—2011)》，5～6页，北京，高等教育出版社，2012。

三、 校企合作促进高等电力工程教育实践

刘吉臻校长指出要努力创造能够促进校企合作，共同培养学生实践能力的制度环境。从我国目前人力资源的现状来看，由于电力企业是技术密集型行业，具有很强的专业性，而大多数工科院校和工程院校的毕业生并不能达到电力企业的岗位要求。究其原因，一方面，从工科院校、工程院校的角度看，它们缺乏与企业的沟通与合作，也没有形成开放的办学机制，导致学生往往得不到去企业实践学习的机会，从而使学生的动手能力、实践能力得不到应有的锻炼，毕业生走上工作岗位后往往需要很长的适应期；另一方面，从企业的角度看，大多数的企业并没有动力参与办学，也没有形成常态化、制度化的培训机制。长此以往，这些因素将会阻碍电力工程教育的发展和人才培养。针对这些问题，需要我们协调、组织、促进高等教育与企业持续、长期合作的行业性活动，采取措施促进校企合作环境的形成。自2003年以来，华北电力大学与中国广东核电集团、国家核电技术公司、中国电力科学研究院、国网智能电网研究院、施耐德电气、魏德米勒等50余家国内外大型能源电力企业结成战略合作伙伴关系，就联合培养创新型人才、产学研用领域合作达成共识，并进入深度合作阶段。

刘吉臻校长指出，在一些发达国家，校企合作发展水平相当之高，如德国的学徒制职业教育(法律明确规定，初中毕业后不再升学的学生，必须要接受三年或三年半的职业教育才能进入企业工作；学生既要在学校学习理论知识，也要到企业参与一线生产进行技能培训)，还有美国辛辛那提大学工学交替的合作教育制度(学生到企业实践学习的时间一般在一年以上，成绩计入学分，学生不仅可以在企业得到工程实践训练，还可以得到勤工俭学的机会)，并且学生在企业的实践学习受到立法保护。借鉴他国经验，我国应当积极探索高校与企业的产学研用方面双向合作以实现互利共赢的途径和机制，加强双方在产学研用方面的合作。政府要在政策上和财税上鼓励、支持学校与企业合作办学、联合培养学生实践能力的活动；社会上应当形成注重学生实践能力培养，营造校企合作的良好氛围；高校应当拿出切实可行的方案来促进校企合作。这样一来，在校企联合培养人才以及产学研用合作过程中，学生的实践能力、动手能力、学习能力会得到很大程度的提高。(参见专栏13-3)

专栏 13-3 校企合作推动工程实践教育

校企合作直接参与到华北电力大学创新型人才的培养过程。学校与多家企业开展“订单式”人才培养，共建本科生实习实践基地、研究生工作站，共建教师“工程化”基地等，为培养具备创新精神、实践能力强的高素质人才做出了积极贡献。学校还努力为企业提供员工的继续教育与培训，如大唐国际等企业就将高级培训中心设在了学校。

校企合作支撑华北电力大学科研实践基地建设。学校与战略合作伙伴龙基电力集团合作，联合建设“生物质发电成套设备国家工程实验室”，实现了学校国家级科研平台的突破；在理事单位的支持下，“国家火力发电工程技术研究中心”“新能源电力系统国家重点实验室”获批立项建设。

资料来源：刘吉臻主编：《强校之路——华北电力大学办学理念与创新实践(2001—2011)》，220页，北京，高等教育出版社，2012。

四、与时俱进地推进高等电力工程教育实践

为更好地推动电力科学研究、电力高校发展、电力人才培养事业，要坚持与时俱进地开展教育实践，电力工程教育要根据经济社会发展、国家能源战略部署、电力行业发展的要求与需求进行教育实践活动。当前中国经济社会进入新常态，中国的能源电力格局进入深度变革阶段，为适应新常态，推动经济转型和结构调整，我国积极进行国家能源电力领域的改革，积极推动能源革命与能源转型，进行能源电力供给侧结构性改革。转变我国能源电力发展方式的关键在于依靠科技进步和人力资源。对于我们这样一所以能源电力为特色的大学而言，这既赋予了我们重大的责任，也给我们提供了难得的机遇。[①] 在此大背景下，电力工程教育实践要更多地转向对风电、核电、太阳能、地热能、生物质能发电以及智能电网、特高压技术、火电清洁高效化等领域的科学实验研究和教育教学，要使国家在新能源、互联网+能源领域的研究与教学走在前列，在能源电力领域支撑“一带一路”倡议实施，支持构建全球能源互联网，进行产能国际合作。鉴于此，电力工程教育要更加注重在相关领域的实践活动，要构建“大电力”学科体系，抢占可再生能源等新兴学科发展的先机，要适度调整专业规划、课程设置以及教学内容，要引进先进前沿技术、引进杰出人才，为能源转型培养国家战略和电力事业急需的合格人才。

---

① 刘吉臻：《深化改革 强化管理 努力开创高水平大学建设的新局面》，载华北电力大学2012年《关于印发2012年教代会校长工作报告、吴志功书记讲话及教代会决议的通知》。

第三节　启动工程教育的人文社会科学体系构建

一、 人文社会科学与工程教育

人文社会科学在工程教育中具有十分重要的地位和作用，联合国教科文组织曾特为此作了这样的定义：人文科学是为工程师描述历代积累下来的人类经验在心灵上的展现，阐述人的理智、文化和情感的演进录，社会科学则是构筑人的社会和政治的发展录。[①] 纪宝成教授也指出人文社会科学在科教兴国中的重要作用：自然科学与人文社会科学的划分是学科的划分，而非实践的划分。人类的实践活动要求各门知识共同起作用，其中人文社会科学所起的支撑、导引、保证作用绝对不可忽视。科学技术转化为生产力的过程，是自然科学一步一步地投向人文社会科学怀抱的过程。对"科教兴国"要全面理解，不能片面理解为"技术兴国"。21 世纪中国社会的发展必须认真克服重理轻文的倾向，使人文社会科学有一个更大的发展[②]。

新时期，为更好地实施"科教兴国"战略，我们迫切需要改革高等教育体制机制，在高等工程教育中构建人文社会科学学科体系，使主要以理工科为学术背景的学生受到人文社会科学的陶冶，帮助学生树立正确的世界观、人生观和价值观，帮助学生树立良好的职业道德观念和社会责任感，塑造健全的人格和品质，促进学生心智的成熟与发展。同时，人文社会科学还能帮助学生活跃思维，积累文化沉淀，了解悠久文明；在人文社会科学的学习中，理工科学生将了解不同于理工学科的知识、思维、问题，这将极大地开阔学生的视野，发散学生的思维，增长学生的见闻，帮助学生把处理工程技术问题同社会问题联系起来，这对于培养高水平、高素质人才，促进学生的全面发展具有极为重要和极为深远的意义。比如，当代中国科学家钱学森、华罗庚、袁隆平等人，他们在自身的专业领域成就卓越，同时在艺术、文学领域亦是表现不俗，拥有深厚的艺术底蕴，他们均表示艺术、文学对促进人的全面发展的极为重要。（参见专栏 13-4）

专栏 13-4　当代中国科学家的艺术造诣

中国的伟大科学家钱学森、华罗庚、袁隆平等人不仅在自身的专业领域成就卓越，为中国科学事业做出了巨大贡献，同时他们在艺术领域亦是表现不俗，拥有深厚的艺术底蕴，他们在艺术领域的造诣对自身的科研工作帮助相当大。比如，

① 蒋建湘，庞青山：《发达国家高等工程教育中的人文社会科学教育》，载《江苏高教》，1997(1)。

② 纪宝成：《新世纪要更加重视人文社会科学》，载《中国人民大学学报》，2001(1)，1 页。

钱学森在音乐、绘画、摄影等方面都颇有造诣，尤其喜欢弹钢琴；钱学森家的客厅约有20平方米，一架钢琴占去1/4的面积；听音乐是钱学森主要的休闲方式。他认为，音乐引发了他幸福的联想，他说："音乐里所包含的诗情画意和对人生的深刻理解，丰富了我对世界的认识，学会了广阔的思维方法。音乐让我避免死心眼、避免机械唯物论，想问题更宽一点、活一点。"而华罗庚在文学方面的造诣颇高，他曾在访苏途中诗兴大发，吟诗一首以表达自己焦急难耐的心情，他吟道：我欲高飞云满天，我欲远走水溢川。茫然四顾拔剑起，霜华直指霄汉间。袁隆平院士也是一位颇具艺术才华的科学家，小提琴与音乐构成了他生活的一部分，他闲暇时会饶有兴致地拉上一首《梦幻曲》《蓝色多瑙河》或者《小夜曲》来自娱，除了音乐，袁隆平还经常阅读一些世界名著，如《呼啸山庄》等。核物理科学家李政道亦非常重视科学与艺术并重，他曾明确提出：科学和艺术是不能分割的。它们的关系是与智慧和情感的二元性密切关联的。伟大艺术的美学鉴赏和伟大科学观念的理解都需要智慧。艺术和科学事实上是一个硬币的两面。它们源于人类活动最高尚的部分，都追求着深刻性、普遍性，它们是永恒的且富有意义。李政道还说：科学和艺术是不可分割的，就像一枚硬币的两面。它们共同的基础是人类的创造力，它们追求的目标都是真理的普遍性。从这些科学家身上我们可以看到科学与艺术，科学精神与人文精神的完美结合，从这些科学家的观点和看法中我们可以看到他们对科学与艺术同样重视。

资料来源：顾迈男《华罗庚传》，39页，贵阳，贵州人民出版社，2004；李政道：《科学与技术》，载《新世纪文学选刊》(上半月)，2009年10月。

二、我国工程教育中对人文社会科学教育不足

高等工程教育的专业化和职业化倾向造成了文理分割。我国在20世纪沿袭苏联的高等教育模式，并且在实行"赶超战略"中急需实现国家工业化的科学技术人才，以及在社会主义现代化建设过程中，对自然科学极度需求，因此自然科学上升到一个前所未有的高度，受到国民的极度追捧，而人文社会科学却日益被忽视，"人文学术之邦"日渐衰落。1952—1954年全国性院系调整造成工科与文理科分割的格局，这一影响延续到现在。随着社会经济的进一步发展，高等工程教育的专业化和职业化倾向更加明显，这种倾向进一步发展则导致片面的教育思想和教育行为，认为理工科教育只以自然科学为基础，而文科教育只以人文社会科学为基础，由此造成人文与理工的截然分割，将人文教育与科学教育的联系完全切断，[①]从而造成我国的高等工科院

① 文辅相：《高等工程教育目标与人文社会科学》，载《高等教育研究》，1990年第4期(总第42期)，24页。

校和工程院校一直以来只重视专业性理论知识与技术技能的教学和学习，并不重视学生的在人文社会科学方面的普通学习以及人文素质的培养，这会严重影响学生的全面发展。

高等工程教育中人文社会科学体系建设缺乏系统设计。首先，对于在大学进行人文教育、构建人文社会科学体系的终极目标，高等工程院校并没有深刻了解，“工程师首先是人和公民，假如他们成为充实生活的合法参与者，其教育务必不能只限于某种技术工作之细节的训练[①]”，要培养优秀的工程师，首先要将工程师培养为“大写的人”和“优秀的公民”。其次，高等工程院校的人文科学体系建设流于形式居多；近几年来，高等工程院校尤其是其中的重点大学对人文教育日益重视，在学科建设上向综合化的方向努力，设置了一些人文社会科学领域的专业，增开了一些人文社会科学方面的选修课，这相对于以前的文理分割是一个很大的进步。但是，目前的人文与理工学科的交叉与融合只是停留在表面，整个人文社会科学体系的构建缺乏综合考虑与系统设计；并且与美国、德国、法国、英国等高等教育发达国家相比，中国的人文社会科学教育在高等工程教育中相对薄弱，人文社会科学课程在高等教育中的课时比重、内容比重均极低。

三、 建立工程教育的人文社会科学体系

（一）重视人文社会科学，融合科学精神与人文精神

科学分为自然科学和社会科学，诚然，自然科学在促进物质性生产实践活动和人类社会发展方面具有卓越贡献，我们需要积极探索自然科学。与此同时，社会科学在人类社会发展的过程中亦具有其不可或缺的重要作用。因为社会科学本身就是研究人与人类社会的科学，是关于人类社会历史、发展和未来的科学；因此，我们需要重视、学习、认识、探索社会科学。作为个体的人是组成人类社会的基本单元，同时人也是一切实践活动、社会活动的主体，人的素质结构直接影响到国家和人类的现代化进程。因此培养具有现代科学人才素质结构即科学精神与人文精神相融合的复合型人才，尤其要重视国家人文社会科学的发展，这是时代发展的必然要求。这对当前的教育尤其是工程教育提出了一系列的要求和挑战，工程教育应当开展人文社会科学学科体系的构建从而实现人文教育与科学教育的统一，形成有利于人文精神与科学精神融合的社会导向，不断提高社会大众的素养，发挥最具代表人文精神与科学精神融合的社会群体——知识分子的独特社会功能。

---

① ［美］J. H. 施奥布：《人文、工程和教育》，载《工程师的形成——挑战与对策》，98页，杭州，浙江大学出版社，1989。

（二）高校要进行改革，平衡科学教育与人文教育

为使学生兼具科学知识与人文精神，学校在办学理念上应当坚持“以人为本”，在育人思想上要坚持“促进人的全面发展”，促进学生德、智、体、美、劳的全面发展。为培养当代大学生、为国家培养合格的公民、为社会主义现代化事业培养优秀的接班人，高等院校需要做一些努力。在理念和价值观方面，高等教育应当确立人文教育与科学教育相融合的高等教育理念，具体包括：树立促进社会全面发展与促进人的全面发展相统一的高等教育价值观，树立新的全面发展的人才观与高等教育的质量观，树立科学精神与人文精神相统一的高等教育办学理念。在办学和教学方面，高等教育要构建有利于人文教育与科学教育相融合的学科专业结构和课程体系，并创建与之相应的人才培养模式，要找准切入点，改革公共基础课的教学，在专业教育中渗透人文教育，转变学科建设目标，实现人文社会科学课程与自然科学课程的紧密结合，设置交叉综合性学科专业。在体制机制方面，高等教育要建立有助于人文教育和科学教育相融合的高等教育管理体制与运行机制，具体包括：通过高等院校组织机构的创新，推动人文教育与科学教育的融合，建立有利于人文教育与科学教育相融合的保障体系与评价机制，加强高校校园文化建设，形成促进人文教育与科学教育相融合的学术文化氛围，塑造科学与人文并重的大学精神。大学精神是一所大学传统的高度浓缩和历史文化的深厚积累，集中反映了大学的办学理念、治学态度和育人氛围，是衡量一所大学水平的标尺，更是大学发展的宝贵财富和精神源泉。①

（三）借鉴发达国家先进经验

在国外，美、德等国的高等院校的综合化教育非常发达，学生不仅要进行专业性的学习，还要进行文学、艺术方面的普通性学习。美国大学的人文与社会科学体系非常完整，人文社会科学类的课程设置非常广泛，在人类学、美学、法学、东西方哲学、心理学、语言学、文学、写作、经济学、社会学、世界史、科技史等诸多领域均有涉及。美国的高等工程教育及其理工科课程目标中都对人文社会科学提出了明确的要求，主要目的就是要让学生了解历史，了解社会，开阔视野，增强适应能力。比如，麻省理工学院关于本科教育的若干个目标就包括：理解具有不同性质和历史的人类社会，学习文化、哲学和艺术传统，要有继续学习的技能和动力，提高口头方面的沟通技能，思考围绕技术发展的经济、管理、政治、社会、环境问题。② 我国在构建人文社会科学体系过程中可以适度借鉴发达国家的先进实践经验，我们要转变观念、提高认识，调整工程教育目标，增加人文社会科学课程的比重，丰富、充实课程内容，打破原有课程建

---

① 刘吉臻：《秉承华电精神　办好负责任大学》，载《中国高等教育》，2008(18)。

② 江丕权：《MIT 航空航天系 1991—2010 年发展规划》，载大连理工大学《国外高等教育》，1994(4)。

设、注重文理学科的交叉和融合，改革教育途径和教育实践模式，促进人文社会科学教育与工程教育的结合。(参见专栏 13-5)

专栏 13-5　美、英、德等国高等工程教育中的人文社会科学教育

20 世纪 80 年代，美国本科生工程教育的三个目标就包括“提供终身学习和专业发展的基础，以助于实现其所从事的职业目标，其中包括在工程和社会中成为学识渊博、富有效益、有责任感的参与者。”并在上述框架内提出了本科生课程的具体任务，其中包括：了解社会和经济力量以及它们和工程系统之间的关系、专业责任感、思维的组织和表达能力等。美国教育部长卡瓦佐斯在 20 世纪 90 年代美国高等教育的六个目标中明确提出：“确保所有本科毕业生能够逻辑清晰、语法正确地撰写论文，并且掌握世界历史、地理和文化基础知识”；“确保所有高等学校学生对国家经济和政治生活中的现象具有分析批判和解决实际问题的能力”。

英国 1987 年发布的高等教育白皮书《高等教育——应对新的挑战》中，提出了高等教育目标方面的改革要点，其中之一就是“进行基础科学研究与增进人文学科的学术成就”。在专业、课程设置上强调培养学生具有较高文化程度并能以此为基础适应新情况，对各种社会活动有较高理解能力和认识能力、多种社会活动技能等。

德国 1985 年通过的《联邦德国高等学校总法》规定，高等学校要“通过研究、教学、学习传播和发展科学艺术，并为应用科学知识和方法或艺术创造能力的职业活动作准备。”“教与学应为学生今后职业活动做准备，使学生能够在一个自由民主和社会法治的国家胜任科学或艺术工作，并具有负责的态度。”

资料来源：蒋建湘，庞青山：《发达国家高等工程教育中的人文社会科学教育》，载《江苏高教报》，1997(1)。

（四）利用新型大学智库建设带动人文社会科学体系建设

教育部颁发的《中国特色新型高校智库建设推进计划》中提出“高校要发挥人才培养的优势，努力培养复合型智库人才，为中国特色新型智库建设提供有力的人才保障”。人才的培养要重视人文精神的塑造和专业知识的修炼。大学智库依托大学而建，在新时代被赋予了服务国家发展战略、提供政策支持的使命，同时，大学智库最基本的责任还是通过引领和示范，对青年一代进行精神的引领，为社会塑造基础价值，培养将知识转化为巨大生产力的高素质人才。华北电力大学积极执行相关政策，不断加强软科学研究和智库建设，在能源电力管理、技术经济、法律法规以及电力改革等领域发挥智囊作用，研究成果为政策制定和企业决策提供智力支持。[①]

大学智库在促进大学人文社会科学体系建设方面具有自身独特的作用与贡献。大学智库研究的内容多需要解决复杂的现实问题，每一个学科的知识都已经不能单独地用来解决所面临的问题，而是需要各学科的交叉融合来综合性地探索。因此大学智库需要多领域、多方位的专业知识，既需要自然科学知识，也需要社会科学知识，通过在高等工程院校建立新型大学智库并使其有效进行研究工作，可以在很大程度上促进多种学科之间的深度融合，各学科之间可以进行很好的交流与沟通，从而促进大学学科建设，促进人文社会科学的繁荣发展，带动大学人文教育，塑造学生的人文精神。同时，大学智库以问题为导向，它关注的是当前国内国际所面临的热点问题和难点问题，并提出有效应对的政策建议和意见措施。这将促使大学智库研究人员以及带动整个大学的师生关注国情世情，关注国家在经济建设、政治建设、文化建设、社会建设、生态文明建设、执政党建设中遇到的问题以及国际热点问题，思考问题的解决方案，培养学生“为天地立心，为生民立命，为往圣继绝学，为万世开太平”的崇高精神。（参见专栏 13-6）

专栏 13-6　大学智库的功能

当今世界已经进入全球化时代，全球化时代经济特征主要表现为知识经济，其主要特征是多学科知识的融合创新及更多实用型人才的培养。大学智库不但肩负着生产知识的责任，也承担着培养可以生产知识并且创新应用知识的人才的责任。大学智库的使命决定了不仅要为社会提供可以直接解决各种相关问题的方案，更要将这种能力传授给学生，还要教育学生们自觉地掌握社会发展规律，可以创新性地运用知识，以实现知识的增值。教育学生将自己所掌握的知识资源转化为知识资本，根据社会活动的需要，积极进行知识的管理和应用，为社会进步做实用性的贡献。

资料来源：胡光宇：《大学智库》，147 页，北京，清华大学出版社，2015。

第四节　大学如何发展在于如何开展教育实践

一、教育实践的哲学观

哲学家用不同的方式解释世界，而问题的关键在于改造世界。我们认识世界的最终目的是进行实践，改造世界为人类自身服务，因此实践是人类社会永恒的课题。

① 刘吉臻：《深化改革　依法治校　全面推进高水平大学建设》，载华北电力大学 2015 年《关于印发六届三次教代会校长工作报告和教代会决议的通知》。

马克思主义的实践观强调一切社会活动和社会生活本质上是实践的，强调物质性生产实践活动是基础性的实践活动，是其他实践活动的基础，强调实践在检验和发展理论知识方面的重要作用。马克思主义的实践观对中国影响深远，表现在教育领域就是要在教育改革和发展的层面上不断深化实践观，并逐渐取得了良好成绩。教育是促进人的全面发展、社会全面进步的实践活动，在全部的社会生活和社会活动中具有重要地位。教育实践是将教育理论付诸实践的载体，是对公民进入社会实践之前进行培养的中转站，教育实践的重要性和关键性由此可见，大学如何发展关键就在于如何开展教育实践。教育实践是与教育理论相对的，教育实践构建对教育理论之反省功能。教育实践是人类有意识地培养人的活动，教育主体与教育客体之间是能动而现实的双向化，教育实践是人们以一定教育观念为基础展开的以人的培养为核心的各种行为和活动方式。①

二、 教育实践与教育理论的关系

在当下的教育改革和教育研究中，注重实践的观念日益深入人心。因为教育本身是一种面向人的实践活动，因此实践是一个热点，是一个重点，“回归实践”“强化实践”日益得到社会各界积极的肯定；教育实践上升到一个突出的地位，引起了教育界的广泛重视。

在认识层面上，教育要处理好理论与实践的关系，即教育理论与教育实践的关系。教育实践是学校教育中与理论教学、理论学习相对应的实践教学、实践学习的环节，是作为与“书本知识”相对应的“实践能力”来看待的。在高校中，教育实践已经拓展到科学实验、工程施工、田野考察、社会调查、专业实习、社会实践等领域，强化实践教学环节，培养学生实践创新能力成为高校教育的重中之重，很多高校在人才培养计划的修正完善、实验室和校内外实习培训基地的建设、教师到国外进修以提升教学实践能力和借鉴吸收国外实践教学的先进经验等方面做了大量工作并取得了良好的成绩。这些教育改革措施将推动教育实践的发展，有利于提高人才质量、增强学生实践创新能力。

三、 如何推动教育实践

为推动教育实践的发展，增强学生的实践能力，需要丰富教育实践形式和教育活动形式，教育是一种社会实践活动，要丰富各种具体教育实践活动形式。首先，要加强对教育实践的研究以便更好地开展教育实践；教育实践不同于教育理论，它所涉及的内容更多、更复杂，在实际工作过程中实行起来更加困难，因此要加强研究，为开展具体的教育实践活动铺平道路。要办好学校、加强学校管理，为教育实践提供良好的

---

① 石中英：《论教育实践的逻辑》，载《教育研究》，2006 年第 1 期(总第 312 期)，第 3 页。

环境和条件；在办校上要重视“重实践，强能力”的理念；协调好学校各部门的分工与合作，为师生提供良好的实践教学和实践学习的环境和条件。在专业设置和课程教学方面，在设立理论课程的同时要设立相应的实践课程，将实践课程教学放在突出地位。要加强教师在实践教学方面的培训，定期组织进修，学习国外先进的实践教学经验。要丰富学生的课外实验和课外实践活动，在学校设立一定数量的实验室、科研机构和实训基地，并配备相应老师进行科研实践的指导以便学生定期进行实践学习。

四、教育实践要注重改造主观世界

马克思主义认识论告诉我们，改造客观世界与改造主观世界是相辅相成、相互促进的，人的主观世界得到改造就可以使人更好地改造客观世界。因此，人类在改造客观世界的同时要注重改造自己的主观世界，这也是为了更好地开展实践活动进而改造客观世界以服务于人类自身，使人类拥有更美好的未来。开展教育实践不能忽视改造学生的主观世界，要注重学生世界观、人生观、价值观的塑造和培养，要丰富学生的精神世界，使学生形成健全的人格、成熟的心智、充分的公民责任感，以期更好地发挥学生自身的主观能动性。在学校的学生不是接受知识理论和技术技能“灌输”的“机器”；学生是活生生的“人”，学生的身心健康、公民意识、法律意识、道德责任、悲悯情怀等作为人的基本属性都应该被予以充分关注和培养，要想使学生成为一名优秀的电力工程师，首先要使学生成为一个“大写的人”。

五、矫正教育实践的价值追求

以往的中国教育价值追求知识本位，将学生当作“容器”，认为往这个“容器”里不断“灌输”没有穷尽的知识才是教育的终极目标。在很多学校看来，学生就是机器，学校要努力使他们具备所谓的各种解题能力，参加各种知识竞赛然后获取各种奖项。时至今日，许许多多的案例使得我们发现这个价值追求错了。学校原本就是一个小社会，学生来到学校相当于进入了一个小型社会进行生活进而逐渐完成从自然人向社会人的转变。如果教育和学校的唯一目标只是教给学生知识，那么教育和学校存在的必要性就要大打折扣。因此，我们教育的价值目标要在教授理论知识技能和塑造学生价值体系之间做一个适当的平衡，在教授学生理论知识、技术技能的同时，我们要努力形成科学的教育价值体系——加强学生的生命教育、生活教育、职业教育和公民教育。科学的教育价值体系并不是由技术统治主义（从纯粹技术的角度出发来决定教育实践应该如何进行）占据主导地位，设立专业、设置课程、内容教学并不是最难的，最难的是将正确积极的价值体系融入具体的教育实践、普通的体制机制以及平时的教学工作中，使得学校、教师要持一种平等、尊重、博爱的情怀，将学生作为一个主体去培养；使学生潜移默化地受到感染，并且内化于心、外化于行，自觉地接受这种价值体系并且付诸日常生活的行动中，这样才能培养出“大写的人”与合格的公民；这样的教育实践也才是真正成功的教育实践。

六、 教育实践要坚持以人为本

教育要以人为本,促进人的全面发展。作为践行马克思主义中国化路线的中国教育,在办学过程中要坚持以人为本,要坚持把促进和实现人的全面发展作为终极目标,为国家培养有理想、有道德、有文化、有纪律的合格公民。高等院校一定要秉承办校以“人才为本”、教育以“育人为本”的理念,培养德才兼备的高素质人才,促进学生德、智、体、美、劳全面发展。《管子·上篇·权修》云:“一年之计,莫如树谷;十年之计,莫如树木;终身之计,莫如树人。”21 世纪最宝贵的资源是人才资源,是优质的创新型人才;学校和教育的职能就是教书育人,高校在办学方向上,一定要以人才培养为中心任务,本着为国家、为社会、为学生高度负责的精神,办一所负责任的大学。为加快实现高水平大学的建设目标,我们更要以人为本,把人才队伍建设摆在高校工作重中之重的突出地位,积极实施“大人才”发展战略,以大视野、大气魄、大举措来统筹规划和推动学校人才队伍的建设和可持续发展。[①] 要实现“人口大国”向“人才强国”的转变,一定要在人才培养质量上下功夫,扎扎实实地在专业规划、课程设置、教学内容、教学方法上钻研和创新,加强师资队伍的建设,抓好学生知识、能力、品德的养成,开辟多种途径,动用多方力量,提高人才培养质量,为国家和社会输送更多更好的创新型人才。同时,高校要积极进行教风、学风、校风建设,帮助学生形成积极的世界观、人生观和价值观,以大学精神为指引,促进学生全面发展,为国家培养合格的公民。

① 刘吉臻:《坚定信心 真抓实干 全面推进高水平大学建设》,载华北电力大学 2013 年《关于印发 2013 年教代会校长工作报告、工会工作报告及双代会决议的通知》。

第十四章　成为科学家

第一节　在科学中体现马克思主义中国化的科学家

一、 哲学与科学的关系

笛卡尔曾经说过：知识好比是大树，哲学是树根，科学则是树枝。海德格尔则认为科学的基础是哲学。哲学是对具体科学的抽象和总结，是从特殊科学中抽象出来的一般性和普遍性的东西，哲学是科学的历史前提和逻辑前提，并且哲学对科学具有指导作用。马克思在肯定了科学实验对历史变革的推动作用的同时指出只有哲学是批判现实世界的"思想武器"，哲学对于科学的发展具有世界观和方法论的意义。科学只有在正确的世界观和方法论的指导下才能健康发展。

马克思主义哲学是科学的世界观和方法论，是科学理论，对实践具有重大指导作用。俄国革命一声炮响，为中国送来了马克思主义。中国在新民主主义革命、社会主义革命时期，以马克思主义为指导思想，并将马克思主义普遍原理同中国实际情况相结合；先后产生了符合中国国情的马克思主义中国化成果，具体包括毛泽东思想、邓小平理论、"三个代表"重要思想、科学发展观、习近平新时代中国特色社会主义思想，这些科学理论是集体智慧，是民族财富，对于中国的革命、改革、建设具有极为重要的指导意义和战略意义。新时期，在科学研究、探索领域，中国同样需要马克思主义中国化的科学家来推动中国科学现代化事业的发展，增强国家的科技实力与创新能力。

二、 马克思主义中国化的科学家要有政治上的坚定性

中国的当代科学家要"又红又专"。"专"即要在自身所处的专业领域进行科学研究，推陈出新，出更多的研究成果并且运用到生产实践中去，推动物质性生产实践活动的发展；"红"则是要具有政治上的坚定性，要坚持共产主义理想信念，坚持社会主义共同理想，拥护社会主义，拥护祖国统一，拥护中国共产党的领导。中国当代科学家要将个人的理想同社会共同理想、共产主义理想结合起来。共产主义理想是多数人的理想和为着多数人的理想，中国当代的科学家要同广大人民群众联系在一起，树立全心全意为人民服务的思想，牢固树立共产主义的世界观，并坚持到底。坚持共产主义理想信念，才会具有政治上的坚定性。在过去，不计其数的共产主义战士在艰难困苦的条件下前赴后继，战胜千难万险，终于取得了革命的胜利。究其原因就是因为

我们有理想，有马克思主义的信念，有共产主义的信念。中国的科学家只有坚定共产主义理想信念，才能在根本上具有政治上的坚定性，才能在根本上拥护社会主义，拥护祖国统一，并自觉接受党的领导，在党的领导下开展科研工作。伟大科学家钱学森就是众多科学家中极具政治坚定性和政治觉悟性的代表。1989 年，时任中共中央总书记江泽民同志在中南海紫光阁会见钱学森时说："我们不仅应当学习钱学森同志在科学上的成就，还应学习他的政治觉悟，后者更加重要。"①

三、马克思主义中国化的科学家要密切联系群众

中国的科学家要坚持马克思主义关于人民群众是历史的创造者和实践的主体的思想。习近平总书记在十八大闭幕后的常委见面会上的讲话中提到：人民是历史的创造者，群众是真正的英雄。人民群众是我们力量的源泉。我们深深知道：每个人的力量是有限的，但只要我们万众一心，众志成城，就没有克服不了的困难；每个人的工作时间是有限的，但全心全意为人民服务是无限的。马克思主义中国化的科学家在从事科研工作过程中要和广大人民群众紧密联系在一起，树立全心全意为人民服务的宗旨和理念，不能有官僚主义的做派，不能走形式主义路线，不能脱离群众，而要与广大人民群众一道进行生产实践和科学实验；我们每一个人都是渺小的，只有将自己这一滴水融入人民群众这个大海中，才不会干涸，我们只有紧紧依靠人民群众才能不断获得力量的源泉，我们只有为了人民群众而不懈努力，我们的工作才是有价值的、有意义的。我们的科学家要遵循"从群众中来，到群众中去"的工作方法，扎实开展和积极参与党的群众路线实践教育活动②，妥善解决人民群众在实际生产实践中遇到的各种困难和难题，并以此为导向进行科学研究，解决人民群众的生产实践问题。

四、马克思主义中国化的科学家要遵循马克思主义认识规律

中国的当代科学家要以马克思主义哲学为指导思想。坚持以马克思主义哲学为自己的科研工作的指导思想，要学习马克思主义的辩证唯物主义和历史唯物主义，并将这些思想的精髓融入个人的科学研究过程中，指导自己的科学实验。辩证唯物主义中包含许多科学的严谨的思考方式，如物质与意识辩证关系原理，绝对运动与相对静止的辩证关系原理，普遍联系、永恒发展、对立统一之矛盾的观点，实践与认识的辩证关系原理等，都可以帮助科研工作者形成严谨的思维方式以及观察世界的正确视角。在科研工作中，马克思主义中国化的科学家应当坚持做唯物主义者、无神论者，

---

① ［美］张纯如：《蚕丝——钱学森传》，鲁伊译，北京，中信出版社，2011。

② 刘吉臻：《全面构建现代大学制度　持续推进高水平大学建设》，载华北电力大学 2014 年《关于印发 2014 年教代会校长工作报告和教代会决议的通知》。

坚持物质第一的一元论，“不唯书，不唯上，只唯实”，只有这样，科学家们在做科学研究时才能廓清思想、端正方向；科学家们还应当坚持认识与实践相统一、实践出真知、实践是检验真理的唯一标准等认识论的世界观与方法论，在具体的科学实践中去探索科学，并将得来的研究成果运用到具体的实践活动中进行检验，才能不断取得真知。（参见专栏 14-1）

专栏 14-1 科学与马克思主义科学

中国工程院院士、杂交水稻之父袁隆平在科研工作中就非常善于运用马克思主义辩证唯物主义哲学指导自己的科研实践工作，他说：“在我的科学研究方面，辩证唯物主义思想起了很大的引导作用，提高了我的思想认识。内部矛盾是推动一切事物发展的动力，杂种优势就是两个遗传上有差异的品种杂交，有差异才会有矛盾，有矛盾才出现优势。”姚昆仑在《袁隆平传》中写道：“在实践中，他坚持自觉运用辩证分析法作指导。如坚持实践—认识—再实践—再认识的方法，解决了水稻杂种优势利用问题；运用对立统一的观点，扩大、加剧杂交亲本核质矛盾获取不育系和保持系，缩小、缓和亲本的核质矛盾获得恢复系，实现三系配套；运用抓主要矛盾的方法，突破制种关；坚持事物总是不断发展的观点，提出杂交水稻不断发展论和三阶段发展战略。”袁隆平院士可以称为科学家中娴熟运用辩证唯物主义世界观和方法论并取得巨大成就的典范，值得中国当代科学家认真学习，并运用到具体科学实践中。

资料来源：姚昆仑：《袁隆平传》，北京，中国地图出版社、科学普及出版社，2015。

马克思主义中国化的科学家，唯有树立科学的个人理想，坚定共产主义理想信念，将自己的个人理想与社会的共同理想相结合，将自己的个人理想与共产主义理想相结合，个人的理想才是有价值的、有意义的、值得奋斗的，也才能实现。马克思主义中国化的科学家唯有以马克思主义哲学作为科研工作的指导思想，以辩证唯物论、唯物辩证法、辩证唯物主义认识论的科学世界观和方法论为指导，才能在科学研究中不断理清思想上的障碍。马克思主义中国化的科学家唯有以人民群众为依靠，才能不断获得力量的源泉，才能在人民群众的支持下进行科学实验，才能更好地促进人民群众的物质性生产实践活动。

第二节 中国的院士要做出系统的科学贡献、创造科学的氛围

一、中国的院士及院士制度

院士是某些国家所设立的科学技术方面的最高学术称号，一般为终身荣誉。“院

士”一词，英文译作“academician”，源于“academy”①，实际上是指“academy 的成员”，据说将“academician”译作“院士”的人是傅斯年，他将西方的“学院”(academy)与东方的“士”结合起来②；那么在中国，院士就具有两方面的特征，一方面是在科学与技术领域拥有巨大创造和重大贡献，另一方面则要具有士的精神风貌——热爱国家，热爱人民，作风正派。

在中国，院士通常是指中国科学院院士或中国工程院院士。当选为院士的人均为在科学技术领域做出系统的、创造性的成就和重大贡献、热爱祖国、热爱人民，学风正派，具有中国国籍的研究员、教授或同等职称的学者、专家。中国的院士制度也经历由新中国成立初期的中国科学院学部及中国科学院学部委员制度到 20 世纪 90 年代的中国科学院学部委员改称中国科学院院士，同时成立中国工程院，以及两院各自进行院士选举的制度变迁。(参见专栏 14-2)

专栏 14-2　中国院士制度的演变

发端和引入

“院士”来自英文“academician”，它实际是指“academy 的成员”，或“从事学术(或艺术)工作的人”。由于任何一个学术团体都可以称自己为 academy，所以“academician”这个称呼本身没有很高地位，它可以用来称呼任何一个地方性的或任何一个专业性的“academy”成员，据说把“academician”翻译成“院士”的人是傅斯年，他将西方的“学院”(academy)与东方的“士”结合起来。

世界上成立最早的国家科学院是建立于 1660 年的英国皇家学会，最初只有 12 名成员。由于获得了英王查尔斯二世颁发的宪章而成为了“皇家学会”，亦称为“伦敦皇家学会”。美国国家科学院成立于 1863 年。

中国的国家级科学院于 1928 年由国民政府建立，称为“中央研究院”，蔡元培出任第一任院长。20 年后，中央研究院经过评议和选举，产生了中国的第一批共 81 名院士。这些院士分为数理、生物、人文 3 个组。

从院士到学部委员

新中国于 1954 年成立了中国科学院，设数理及化学学部、生物学地学学部、技术科学学部、哲学社会科学学部等 4 个学部，并评定了“学部委员”。

1980 年，国家恢复学部委员制度，有 283 人在这一年成为新学部委员。由于中国科学院的哲学社会科学学部在 1997 年成为“中国社会科学院”，而后者不选

① Academy 是古希腊传说中的一位为拯救雅典免遭劫难而牺牲的英雄。希腊人为了纪念这位智慧勇敢的英雄，建立了一个以 Academy 命名的幽静园林。在建园后的 916 年的时间内，受到 Academy 智慧勇敢感动的学者，纷纷在园内讲学，进行自发的学术活动，因此，其后的许多学术团体都自称为“Academy”。

② 钰晓：《中国院士制度的演变》，载《人民日报》(海外版)，2013 年 6 月 1 日，第 8 版。

举学部委员。这相当于在中国取消了文科院士。学部委员新增加的283人全部是自然科学家。再加上前两届尚存的117名老学部委员(不包括哲学社会科学学部委员),在1980年,中国共有学部委员400名。

1990年11月,国务院决定从第二年起,每两年进行一次增选学部委员工作。次年,中国科学院选举出了210名学部委员,除去自然减员和其他原因减员,1991年中科院学部委员总数为528人。

从学部委员到院士

1993年10月,中国科学院学部委员改称中国科学院院士,同时宣布成立中国工程院。一个月后,中科院选举出59名院士,院士总人数为545人。1994年中国科学院第七次学部委员大会通过了《中国科学院院士章程》,规定每届增选不超过60名。

中国工程院在1994年产生第一批96名院士,其中30人本来就是中国科学院的院士,其余为新成员。第二年,中国工程院增选216名新院士,一年左右时间,人数增长了220%,总数达到309人。1996年,中国工程院第三次院士大会通过决议,每届增选不超过120名。1997年,中国工程院增选116名新院士,院士总数达到439人。1999年,中国工程院进行第三次院士增选,院士总数达547人。截至2011年中科院院士已增至727人,工程院院士增到783人,共计1510人。

资料来源:钰晓整理:《中国院士制度的演变》,载《人民日报》(海外版),2013年6月1日,第8版。

由于刘吉臻教授在发电厂自动化控制领域取得了创造性的研究成果,①并为中国电力科学现代化事业、中国电力工业经济、华北电力大学教育事业做出了卓越的贡献②,以及热爱祖国、热爱人民、作风正派的良好精神风貌,2015年当选为中国工程院能源与矿业工程学部院士。(参见专栏14-3)

---

① 刘吉臻教授在2004年研发成功我国第一套火电厂厂级监控信息系统(SIS);在2011年研发成功我国最大容量的1000MW超超临界机组自动化成套控制系统;在2013年研发成功世界首台600MW超临界CFB机组控制系统,研究成果得到广泛的工程应用,取得了显著的社会经济效益。

② 作为华北电力大学(北京校部,亦是总部)的创建者,刘吉臻教授曾参与组建七大电力央企与教育部共建的教育部直属重点大学——华北电力大学,并促成了由这些电力企业所组成的理事会支持学校发展的模式。华北电力大学秉承"自强不息、团结奋进,爱校敬业、追求卓越"的华电精神以及"团结、勤奋、求实、创新"的华电校训,秉承"办一所负责任大学"的办学理念,对国家负责,对学生负责,对社会负责;学校树立了"多科性、研究型、国际化高水平大学"的办学方针,逐渐形成了包括"大电力"学科专业体系、"四模块"实践教学体系、"产学研"一体化的校企合作之路在内的办学特色。学校一直以来秉承教育以"育人为本"、办校以"人才为本"的理念,确定了"学科立校,人才强校,科研兴校,特色发展"的发展道路,形成了"重实践,强能力"的育人特色;学校办学实力不断提高,社会声誉不断上升,逐渐成为国内电力领域一流的"电力黄埔大学",为电力行业培养了一批又一批的优秀人才。

专栏 14-3　中国工程院及其院士简介

中国工程院是以我国工程技术专家为主的独立的最高荣誉性、咨询性学术机构，中国工程院院士，是国家设立的工程技术方面的最高学术称号，将从做出重大的、创造性贡献的工程技术专家中选举产生。几十年来，我国广大工程技术人员发扬爱国主义的艰苦奋斗、自力更生精神，在各自的岗位上为祖国的现代化事业做出了卓越贡献，期间成长起一大批既有理论造诣，又有丰富实践经验的工程技术专家。他们的奋斗精神和光辉业绩，受到党、国家和社会的尊重。

（资料来源：《国家决定设立中国工程院并设立院士制度》，载《法律经纬》，第 51 页）

二、 中国的院士谱写了当代中国的科学精神

科学精神最早起源于古希腊文明[①]，古希腊的思想家一直将“什么是认识”作为自己思考的问题。亚里士多德在《形而上学》中提到求知是所有人的本性，将认识问题摆在了一个非常突出的位置，并且他还将经验、技艺和科学区分开来，认为经验是关于个别事物的知识，技艺是关于普遍事物的知识，而科学则是最高级的知识，他还指出：“在各门科学中，那为着自身，为知识而求取的科学比那为后果而求取的科学，更加是智慧。”[②]这种对科学本身表现出极大兴趣，并着眼于科学的确定性问题，超越了功利、为科学而科学的科学精神就是希腊版本的科学精神。这是对人类科学和人类文明的独特贡献。在新文化运动和五四运动中，这种科学精神传入中国，当时的仁人志士高举“民主”和“科学”两面大旗，认为只有德先生和赛先生才能救中国，其中的“赛先生”就是指近代自然科学法则与科学精神。将近一个世纪以来，中国的科学精神历久弥新，逐渐形成了自己的独特内涵。当代中国的科学精神把追求真理、造福人类作为价值追求，致力于促进人的自由而全面的发展，促进人与自然的和谐相处，注重体现科学的人文关怀和社会关怀。

当代中国的科学精神体现在对科学与真理的不懈追求。科学是一个永恒的课题，什么是科学？科学是人类对一切事物运动、变化、发展之客观规律的正确的理性的认识，它来源于人类的生产实践同时又反过来服务于人类的生产实践，可以说，科学让人类的明天更美好。科学是国家向前发展的助推器，科学是时代进步的催化剂，科学是为人类美好生活服务的，科学是人类文明的组成部分，这正是科学的魅力所

---

① 古希腊文明是西方文明的主要源头之一，古希腊文明持续了约 650 年（公元前 800—公元前 146 年），是西方文明最重要和直接的渊源。西方有记载的文学、艺术也是从希腊开始的。公元前五六世纪，特别是希波战争以后，经济生活高度繁荣，产生了光辉灿烂的希腊文化，对后世有深远的影响。古希腊人在哲学思想、诗歌、建筑、科学、文学、戏剧、神话等诸多方面有很深的造诣。这一文明遗产在古希腊灭亡后，被古罗马人破坏性地延续下去，从而成为整个西方文明的精神源泉。

② 亚里士多德：《亚里士多德全集》（第 7 卷），苗力田译，30～31 页，北京，中国人民大学出版社，1993。

在。同时，科学是无限的，没有边界，而人类亦具有认知的无限性，因此人类始终行走在孜孜不倦地追求科学与真理的道路上。而不懈追求真理和捍卫真理是科学的本质，中国的院士身上所体现的科学精神首先表现为对真理的追求。在追求科学和真理的过程中，当代中国科学精神要求我们必须坚持以科学的实事求是的精神去认识世界和改造世界，在认识和实践活动中，必须如实地、准确地按照客观事物的本来面目去揭示其本质和规律。当代中国科学精神要求我们把追求真实、反对虚假作为进行科学认识和实践活动的基本品格；要求我们必须崇尚理性思维，以清醒的、严谨的、合乎逻辑的思想从事科学认识和理论创新从而进一步指导实践活动。[①] 对科学和真理不懈追求的中国科学精神在发展中衍生出了求真精神、理性精神、实证精神、质疑精神、开拓精神、创新精神等崇高精神。

当代中国的科学精神坚持真理尺度和价值尺度的统一。为了满足人类生存和发展的需要，人们必须认识世界、改造世界、进行实践从而创造出能够满足人类生存和发展各类需要的事物。在这一认识和实践过程中，既存在如何实现主观符合客观的真理问题，同时也存在如何按照人作为改造客观世界的主体的生存和发展的需要以正确与合理的方式进行认识和实践的价值问题，当代中国科学精神很好地回答了这一问题。当代中国科学精神要求我们在进行科学实践、追求科学真理的过程中要把人民的利益和人的发展看作一切科学认识和科学实践活动的出发点，在这一过程中要坚持“以人为本”的理念，从人民群众的利益和发展要求出发，把美好的追求作为认识和实践活动的主要目标。同时，当代中国科学精神要求我们坚持既崇尚理性，又调动情感、意志等非理性因素和精神体验来展示和表现人的本质和追求。当代中国科学精神还要求中国的科学家们时刻以符合人民的利益和发展要求的价值标准审视一切思想和行动的合理性。坚持真理尺度和价值尺度相统一、坚持科学精神和人文精神相统一的当代中国科学精神在发展中自然地衍生出了进取精神，合作精神，包容精神，民主精神，奉献精神，开放精神等崇高精神。（参见专栏 14-4）

专栏 14-4 科学的精神

科学是物质与精神的统一，科学因其精神而更加强大，科学精神是人类文明中最宝贵的部分之一，源于人类的求知、求真精神和理性、实证的传统，并随着科学实践不断发展，内涵也更加丰富。历史上，科学精神曾引导人类摆脱愚昧、迷信和教条。在科学的物质成就充分彰显的今天，科学精神更具有广泛的社会文化价值，并已成为全社会的共同精神财富，照耀着人类前行的道路，因此，倡导和弘扬科学精神更显重要。

① 《马克思恩格斯选集》第 1 卷，85 页，北京，人民出版社，1995。

科学精神是对真理的追求。不懈追求真理和捍卫真理是科学的本质，科学精神体现为继承与怀疑批判的态度，科学尊重已有认识，同时崇尚理性质疑，要求随时准备否定那些看似天经地义实则囿于认识局限的断言，接受那些看似离经叛道实则蕴含科学内涵的观点，不承认有任何亘古不变的教条，认为科学有永无止境的前沿。

科学精神是对创新的尊重。创新是科学的灵魂。科学尊重首创和优先权，鼓励发现和创造新的知识，鼓励知识的创造性运用。创新需要学术自由，需要宽容失败，需要坚持在真理面前人人平等，需要有创新的勇气和自信心。

科学精神体现为严谨缜密的方法，每一个论断都必须经过严密的逻辑论证和客观验证才能被科学共同体最终承认。任何人的研究工作都应无一例外地接受严密的审查，直至对它所有的异议和抗辩得以澄清，并继续接受检验。

科学精神体现为一种普遍性原则。科学作为一个知识体系具有普遍性。科学的大门应对任何人开放，而不分种族、性别、国籍和信仰。科学研究遵循普遍适用的检验标准，要求对任何人所做出的研究、陈述、见解进行实证和逻辑的衡量。

资料来源：中国科学院，中国科学院学部主席团：《中国科学院关于科学理念的宣言》。

三、 中国的院士所做出的是系统的科学贡献

中国的院士做出的是系统的科学贡献。当选为中国科学院或中国工程院的院士以及两院的院士都要在科学技术方面、工程科学技术方面做出了系统的、具有创造性的重大成就和科学贡献。这些科学贡献构成了科学知识、工程技术方面的系统科学体系。比如，两院院士钱学森，他在空气动力学、火箭航空、近程中程远程导弹、导弹与原子弹两弹结合、人造卫星、工程控制论、系统论等诸多领域取得了巨大建树，他所做出的系统的科学贡献极大地促进了中国国防工业体系和国防科学体系的发展。钱学森院士因此被誉为“中国航天之父”“中国导弹之父”“中国自动化控制之父”和“火箭之王”。“杂交水稻之父”袁隆平院士在杂交水稻种植技术、杂交水稻育种、两系杂交水稻、超级杂交水稻育种技术、中国及世界粮食安全等方面均做出了系统的科学贡献。中国工程院院士、华北电力大学校长刘吉臻教授在发电厂自动化控制领域、高等电力工程教育事业方面亦做出了自己的一系列贡献。（表 14-1、表 14-2、表 14-3）

中国的院士所取得的成就极大地推动了中国科学现代化事业的快速发展，中国的院士所做的贡献在人们的物质性生产实践活动中不断转化为社会生产力，这些系统的科学贡献使人们不断取得显著的经济社会效益，促进了社会、时代、文明的发展与进步。同时，中国的院士具有创造科学氛围的价值。中国的院士在带领团队进行科研攻关过程中、在高校讲学传业授道过程中、在与政府部门沟通过程中具有极为重

要的创造、营造、促进科学氛围的价值，这将调动一代又一代的处于科学技术界的青年科学家们、青年学子们以及政府相关部门的科学热情，促使他们为追求科学、造福人类而不懈努力。

表 14-1 钱学森院士的系统科学贡献①

姓　名	头衔与贡献
钱学森（中国科学院及中国工程院院士）	**世界著名科学家，空气动力学家** 提出了跨声速流动相似律；并与卡门一起，最早提出高超声速流的概念，为飞机在早期克服热障、声障等方面提供了理论依据，为空气动力学的发展奠定了重要的理论基础；高亚声速飞机设计中采用的公式是以卡门和钱学森名字命名的卡门—钱学森公式；与卡门在 20 世纪 30 年代末还共同提出了球壳和圆柱壳的新的非线性失稳理论 在应用力学的空气动力学方面和固体力学方面都做过开拓性工作；与冯·卡门合作进行的可压缩边界层的研究，揭示了这一领域的一些温度变化情况，创立了“卡门—钱学森”公式；与郭永怀合作最早在跨声速流动问题中引入上下临界马赫数的概念 在 1946 年将稀薄气体的物理、化学和力学特性结合起来的研究，是先驱性的工作；1953 年，正式提出物理力学概念，大大节约了人力物力，并开拓了高温高压的新领域；1961 年编著的《物理力学讲义》正式出版；1984 年钱学森向苟清泉建议，把物理力学扩展到原子分子设计的工程技术上
	“中国自动化控制之父”和“火箭之王” **中国两弹一星功勋奖章获得者** **中国载人航天奠基人，“中国航天之父”** 1956 年年初，向中共中央、国务院提出《建立我国国防航空工业的意见书》；组建中国第一个火箭、导弹研究所——国防部第五研究院并担任首任院长；主持完成了“喷气和火箭技术的建立”规划；参与了近程导弹、中近程导弹和中国第一颗人造地球卫星的研制；直接领导了用中近程导弹运载原子弹“两弹结合”试验；参与制定了中国近程导弹运载原子弹“两弹结合”试验；参与制定了中国第一个星际航空的发展规划
	工程控制、系统论的先驱者与开拓者 工程控制论在其形成过程中，把设计稳定与制导系统这类工程技术实践作为主要研究对象；对系统科学最重要的贡献，是发展了系统学和开放的复杂巨系统的方法论；对系统工程、人体科学、思维科学等方面也有一定的研究 **学术著作** 《工程控制论》《物理力学讲义》《星际航行概论》《论系统工程》《关于思维科学》《论地理科学》《科学的艺术与艺术的科学》《论人体科学与现代科技》《创建系统学》《论宏观建筑与微观建筑》《钱学森论火箭导弹和航空航天》等

① 资料来源：[美]张纯如：《蚕丝——钱学森传》，鲁伊译，北京，中信出版社，2011。

表 14-2 袁隆平院士的系统科学贡献[①]

姓　名	头衔与贡献
袁隆平（中国工程院农学部院士）	**“杂交水稻之父”** 1964 年开始研究杂交水稻技术；1973 年实现三系配套；1974 年育成第一个杂交水稻强优组合南优 2 号；1975 年研制成功杂交水稻种植技术，从而为全国大面积推广杂交水稻奠定了基础；1985 年提出杂交水稻育种的战略设想，为杂交水稻的进一步发展指明了方向；1987 年任 863 计划两系杂交水稻专题的责任专家。1995 年研制成功两系杂交水稻；1997 年提出超级杂交稻育种技术路线
	中国及世界粮食安全 目前，中国的水稻种植面积大约为 3000 万公顷，平均的单产量是 6.4 吨/公顷，种植杂交稻的土地面积现已达到 1700 万公顷，其平均单产量是 7.5 吨/公顷，比起传统的稻种，杂交水稻有超过 20%的产量优势，这样的优势，可以让 1700 万人每年能够获得充分的粮食供应 现已实现了超级稻亩产 700 公斤、800 公斤、900 公斤、1000 公斤的第一期目标、第二期目标、第三期目标、第四期目标 中国、印度、孟加拉国、印度尼西亚、越南、菲律宾、美国、巴基斯坦、巴西、埃及、马达加斯加、利比亚都在应用推广杂交水稻，如果世界上 50%的水稻田都种上超级水稻，全球的稻米产量能够再增加 1.5 亿吨，还能够满足 4 亿—5 亿人的需求
	学术著作 《水稻的雄性不孕性》《利用“野败”选育三系的进展》《杂交水稻培育的实践和理论》《杂交水稻制种与高产的关键技术》《杂交水稻超高产育种探讨》《杂交水稻研究与发展现状》《对大面积推广玉米稻要持慎重态度》《中国杂交水稻育种》《从杂交稻育种领域看粮食增产潜力，中国有能力解决吃饭问题》《农作物两系法杂种优势利用的现状与前景》《杂交水稻超高产育种》《发展杂交水稻，造福世界人民》

表 14-3 刘吉臻院士的系统科学贡献

姓　名	头衔与贡献
刘吉臻（中国工程院能源与矿业工程学部院士）	**卓越的电力工程师、出色的电力工匠** 长期从事发电厂自动化领域研究攻关、工程应用和人才培养，承担了国家“863”“973”、自然科学基金重点、国际合作基金以及国家新技术示范工程等项目；曾担任国家“863 计划”“973 计划”项目首席科学家，国家基础研究发展计划首席科学家；长期从事大机组建模、检测、控制理论与技术研究，带领团队攻克了电力行业发展面临的多项关键技术难题；在 2004 年研发成功我国第一套火电厂厂级监控信息系统（SIS）；在 2011 年研发成功我国最大容量的 1000MW 超超临界机组自动化成套控制系统；在 2013 年研发成功世界首台 600MW 超临界 CFB 机组控制系统，研究成果得到广泛的工程应用，取得了显著的社会经济效益，促进了我国电力科学事业和电力工业经济的快速发展

① 资料来源：姚昆仑：《袁隆平传》，北京，中国地图出版社、科学普及出版社，2015。

续表

姓　名	头衔与贡献
刘吉臻（中国工程院能源与矿业工程学部院士）	**富有远见的科学家** 新时期，“新能源时代”已经到来，在绿色低碳发展的大潮流下刘吉臻教授把火力发电控制与新能源电力开发利用相结合，主持国家“973 计划”项目，开展规模化新能源电力安全高效利用基础研究并创建了华北电力大学“新能源电力系统”国家重点实验室 针对国内产能过剩、能源革命、能源转型的挑战，刘教授积极倡导构建全球能源互联网，认为中国的“智能电网＋特高压技术＋新能源”电力发展模式将大有所为，并倡导与其他国家进行产能合作，优化能源资源在全球的配置
	多产的学者，和蔼的老师 出版学术著作 5 部；发表 SCI 论文 32 篇，EI 论文 118 篇，涉及电力行业控制系统创新、高等教育事业改革等诸多领域；比如《1000MW 超超临界机组的建模与仿真分析》《大规模新能源电力安全高效利用基础问题》《基于数据挖掘的电站运行优化应用研究》《用于控制系统研究的 300MW 机组锅炉动态模型》《走强校之路　圆强校之梦》《从行业需要看高等工程教育人才培养》《构建大电力学科体系　服务国家低碳能源发展战略》《高等工程教育实验和工程实践教学模式的探讨》《构建特色学科体系提升学校办学水平》等。获得授权发明专利 17 项，在火电控制领域、高等工程教育领域研究成果丰硕；培养的博士研究生有 36 名，硕士研究生 68 名
	称职的大学校长 华北电力大学(北京校部，亦是总部)的创建者，曾参与组建七大电力央企与教育部共建的教育部直属重点大学——华北电力大学，并促成了由这些电力企业所组成的理事会支持学校发展的模式，在全国重点高校当中属于首例；华北电力大学秉承“办一所负责任大学”的办学理念，坚持走具有电力特色的发展道路，近年来办学实力不断增强，社会声誉不断上升，逐渐成为国内电力领域一流的“电力黄埔大学”，为电力行业培养了一批又一批的优秀人才

第三节　用行动去定义当代中国的科学家

一、当代中国科学家的楷模

自 21 世纪以来，中国涌现出了许许多多的科学家，钱学森、钱三强、苏步青、邓稼先、李四光、华罗庚、陈景润、李政道、袁隆平……在长期的科研生涯中，他们始终坚定为祖国和人民贡献力量和智慧的远大理想信念，在科学研究过程中历经磨砺和艰辛而矢志不移，始终为科学的进步、祖国的强盛和人民的幸福而奋斗不息。他们的工作历程，集中体现了我国知识分子的爱国主义高尚情操和中华民族自强不息的优良传统，集中体现了我国科技工作者敢于创新、锐意进取、顽强拼搏的宏大抱负，集中体现了我国科技工作者严谨治学、为人师表、平易近人、甘为人梯的崇高精神。他们用自己的行动为我国的科学事业发展写下了美好的篇章，用自己的勤奋和智慧做出了无愧于祖国和时代的贡献。

二、 当代中国科学家最大的特点是爱国

当代科学家最大的特点是爱国。从近代开始，中国的科学一直以来都与中华民族的复兴之路紧密联系在一起，中国科学家的命运与前途始终与国家的命运和前途紧密联系在一起。在20世纪，包括钱学森、钱三强、苏步青、邓稼先、李四光、华罗庚等人在内的许许多多的科学家冲破国外的重重枷锁与无理阻挠，毅然放弃国外的优厚待遇与良好工作环境，回到祖国的怀抱并将自己的毕生智慧与时光奉献给了祖国的科学事业。他们热爱祖国，热爱人民，祖国的新生让他们异常兴奋和激动，他们志愿成为祖国的科学现代化事业这个大机器上的一颗螺丝钉。正如伟大的科学家钱学森所说："我将竭尽全力，帮助中国人民建设一个能令他们活得快乐而有尊严的国家。"[①]正如华罗庚在归国途中的《公开信》中所说："梁园虽好，非久居之乡，归去来兮！未来抉择真理，我们应当回去；为了国家民族，我们应当回去；为了为人民服务，我们也应当回去；就是为了个人出路，也应当早日回去，建立我们的工作基础，为我们伟大祖国的建设和发展而奋斗！"[②]这些科学家的无私奉献换来的是国家的强盛、民族的尊严、人民的幸福。

三、 当代中国科学家最亮的标签是敬业

当代科学家最亮的标签是敬业。"原子弹之父"邓稼先是中国核武器研制与发展的主要组织者、领导者，邓稼先始终在中国武器制造的第一线，领导学者和技术人员，成功地设计了中国原子弹和氢弹，把中国国防自卫武器引领到了世界先进水平。邓稼先为取得原子试爆的第一手资料，亲身前往爆炸现场勘查、采样，在试验场度过了整整8年时光，有15次在现场领导核试验，从而掌握了大量的第一手材料；自己却因为在一次试验中受到核辐射而身患直肠癌。作为中国"导弹之父"的钱学森回国后在一穷二白、工具短缺、技术落后、人才短缺、缺乏外援的艰苦条件下，想方设法补齐短板，人才短缺就优先进行教学，给技术人员上课培训；用工程控制系统进行科研管理，极大地提高了工作效率；与苏联在技术、人员、装备方面进行广泛合作。正是在钱学森和广大科技工作者的不懈努力下，中国的导弹项目、人造卫星事业迅速发展，名列世界前茅。"杂交水稻之父"袁隆平在"文化大革命"的艰难时期仍然坚持水稻研究，历经重重失败而不气馁，继续在田间地头挥洒汗水，从事杂交水稻研究近50年，不断取得新的突破。目前，杂交水稻种植面积约占我国稻田面积的50%，并推广到50多

---

① [美]张纯如：《蚕丝——钱学森传》，鲁伊译，北京，中信出版社，2011。

② 顾迈男：《华罗庚传》，51页，贵阳，贵州人民出版社，2004。

个国家和地区，为中国以及世界的粮食安全做出了巨大的贡献。

四、当代中国科学家最好的品质是谦逊

当代中国科学家具有朴实谦逊的高尚品质。在科学技术、工程技术方面取得巨大成就、做出重大贡献的科学家们从不骄傲自满，而是经常保持着朴实谦虚的科学态度和工作作风。诺贝尔医学奖获得者屠呦呦在她的获奖感言中，感谢了从“呦呦鹿鸣，食野之蒿……”“蒿草青青，报之春晖”中为她取名的父亲，感谢了重视民族文化遗产、重视中医并指示成立中医研究院的毛泽东同志，感谢了在预防医学方面有突出贡献的东晋人士葛洪先生，感谢了信任中国中医和青蒿素的非洲同胞，感谢了全国523项目参与单位和从事523抗疟研究的中医科学院团队全体成员，最后感谢了生长在中国大地上的草本植物——青蒿，如此朴实谦逊的态度让人为之动容。在漫长的科研工作中她埋头苦干，不计个人回报，乐于奉献，她唯一的追求便是抗疟和治病。屠呦呦女士高度赞扬了青蒿——一岁一枯荣的青蒿，生，就生出希望；死，就死出价值。以及那些奉献了自己，推动中国科学事业发展的一代又一代前赴后继的“青蒿”。同时，屠呦呦女士指出青蒿素的科研攻关是团队协作的结果，而对于她自己，她却说：“我唯一不感谢的，就是我自己。”屠呦呦发明的新型抗疟药青蒿素和双氢青蒿素填补了世界医学的空白，挽救了全球特别是发展中国家数百万人的生命。但她从没有居功自傲，她说：我喜欢宁静。蒿叶一样的宁静。我追求淡泊。蒿花一样的淡泊。我向往正直，蒿茎一样的正直。[①]

五、当代中国科学家最高的目标是超越

当代科学家最高的目标是超越。科学知识像海洋一样广阔，是具有无限性的，需要人类永无止境地去探索，去追寻。中国当代的科学家之所以伟大还因为他们从来没有因为取得了一项研究成果，实现了一项科学计划而骄傲自满，而是面对科学永远保持着谦虚谨慎的态度。钱学森在航空领域极有远见，从不故步自封，他在导弹研发过程中曾提议设计拥有躲过反弹道导弹防御系统的弹头，曾担任海军舰载导弹追踪控制系统研发小组组长，从而建立起对导弹进行追踪和遥控的遥测网络。在钱学森的建议下，中国进行人造卫星的研发并在1966年将中国的第一颗人造卫星“东方红1号”成功发射上天。正是由于钱学森不断追求卓越，不断锐意进取，才使中国更早地在核武器、航空事业领域取得瞩目成就。华罗庚作为世界一流的数学家却从来没有骄傲自满过，他在回复问他在国外访问情况的人的信中写道：“现在伊利诺伊大学，做较长时间的逗留。没有什么旁的，主要是想多学一点，实际上我学还学不过来

---

① 《屠呦呦发表获奖感言》，第3页。

呢，有什么值得称道的呢！"[①]华罗庚常说：努力不计年，自强永不息。他在年近古稀的时候恨不得自己和二三十年前一样地有工作效率，他抱着建设社会主义祖国的目的去国外访问和讲学，学习别国先进的科学知识。大师的谦逊低调、追求卓越的态度让我们肃然起敬。袁隆平院士在杂交水稻获得巨大成功时并没有满足眼前的成绩，而是继续进行研究以期更好地完善杂交水稻。在这之后，他不断实现了超级稻亩产700公斤、800公斤、900公斤、1000公斤的第一期目标、第二期目标、第三期目标、第四期目标。袁隆平院士有两大梦想，其一是"禾下乘凉梦"；其二是"杂交水稻覆盖全球梦"。当代中国科学家只有不断为自己设立新的目标，只有不断寻求科学研究上的突破，只有不断追求卓越，只有不断超越，才能实现自己的科研梦想。

六、 向当代中国科学家致敬

从这些伟大的科学家们几十年的科研生涯和工作历程来看，当代中国科学家，唯有急国家之所急、想国家之所想、想国家之未想，不断响应群众、行业、国家在生产实践上的需求，才能使自己的科学研究与生产实践、实际情况相结合，以科学的理论指导具体实践，进而推动物质性生产实践活动的发展。当代中国科学家，唯有站在最广大人民的立场上，从最广大人民的根本利益出发，做一名坚定的马克思主义者，坚定共产主义理想信念，与人民群众一道进行广泛的生产实践，才能使自己的科学研究拥有坚固的群众基础。当代中国科学家，唯有夯实基础、精益求精、追求卓越才能使自己成为学界的标杆与行业的权威，才能带动相关行业不断创新、蓬勃发展。因为科学是严谨的、理性的，是容不得半点马虎的，是不能投机取巧的。当代中国科学家，唯有刻苦钻研、孜孜不倦、锐意进取、不断创新，才能取得科学上的突破与研究上的创造。正如马克思所言："在科学上面是没有平坦的大路可走的，只有那在崎岖小路的攀登上不畏劳苦的人，才有希望到达光辉的顶点。"[②]

① 顾迈男：《华罗庚传》，129页，贵阳，贵州人民出版社，2004。
② 马克思：《资本论》第一卷，中共中央编译局译，北京，人民出版社，2004。

后记　朴实的科学道路

一、 中国的科学

科学是一个永恒的课题，什么是科学？科学是人类对一切事物运动、变化、发展之客观规律的正确的理性的认识，它来源于人类的生产实践同时又反过来服务于人类的生产实践，可以说，科学让人类的明天更美好。科学是为人类美好生活服务的，科学是人类文明的组成部分，科学是国家向前发展的助推器，科学是时代进步的催化剂，这正是科学的魅力所在。同时科学是无限的，没有边界的，而人类亦具有认知的无限性，因此人类始终行走在孜孜不倦地追求科学知识的道路上。中国的科学亦是如此。

中国的科学是为民族复兴所需要的。从近代以来，中国的科学都与中华民族的复兴之路紧密联系在一起，中国科学家的命运与前途始终与国家的命运和前途紧密联系在一起。在21世纪，许许多多的科学家冲破国外的重重枷锁与无理阻挠回到新中国并将自己的一生奉献给了祖国的科学事业，正如伟大的科学家钱学森所说："我将竭尽全力，帮助中国人民建设一个能令他们活得快乐而有尊严的国家。"这些科学家的无私奉献换来的是国家的强盛、人民的幸福。六十多年来，崇尚科学、追求科学、发展科学的种子在国人心中生根发芽，成千上万的青年投入祖国的科学事业中。在老一辈科学导师的引领下，落后、贫穷的新中国在极其艰难的环境中建立了相当完整的工业体系和国防体系，以不断增强的科学实力捍卫了来之不易的革命果实，为中国在改革、建设过程中科学事业的蓬勃发展奠定了基础。六十多年来，中国坚持科教兴国的战略方针，科学事业不断发展，科技实力不断增强，为国家的工业现代化、国防现代化、农业现代化提供了有力的支撑。目前，中国比以往任何时刻都接近实现中华民族伟大复兴，比任何时候都具有能力实现中华民族伟大复兴，要实现中华民族的伟大复兴，中国的科学任重道远，中国的科学责无旁贷。在中华民族实现伟大复兴的历史进程中，必须充分发挥科学的力量。

中国的科学是为国家发展所需要的。一国的科技实力、科学创新能力是这个国家综合实力的重要组成部分，也是目前国与国之间综合国力竞争的重要项目；许多国家不遗余力地投入巨额费用来促进本国科学事业的发展。中国的经济总量已跃居世界第二位，为使中国成为真正的大国和强国，必须要首先使中国成为科技大国和科技强国，要在教育事业和科学事业投入更多的资源，进行人力资本投资。目前，中国作为世界上最大的发展中国家，不仅面临国内很多棘手的问题，也面临国外相当复杂的形势。面对这些问题，发展是硬道理，是解决我国所有问题的关键，我们要在不断发展壮大的过程中逐步解决这些问题；从科学层面来看，我们要推动发展更多地转向人才资源、科学创新和科技创新。李克强总理在2016年的政府工作报告中提出了一系列旨在促进科技创新与进步的政策和措施，如对高新技术企业、科技企业孵化器提供税收优惠政策，鼓励“互联网＋”发展新模式，构建大中小企业、高校、科研机构、创客等多方协同的新型创业创新机制，加强知识产权保护和运用，扩大高校和科研院所的自主权，实施更积极、更开放、更有效的人才引进政策等，这些政策和措施都将极大地促进我国科学事业和产学研用事业的发展。

中国的科学是为人民群众服务的。科学是如实反映客观事物固有规律的系统知识，它来源于人民群众的持续的广泛的社会实践，同时要服务于人民群众的社会实践，这样科学才能发挥其应有的价值，创造出新的价值，并且在社会实践中才能不断得到检验、修正、升华和发展。历史上，因为科学事业非常落后，中国的民众缺乏足够的科学知识来为自身服务，人民普遍被“无知的面纱”遮蔽了双眼，无法实现从必然王国到自由王国的飞跃；人民群众从衣食住行、疾病防控到工程建设要耗费巨大的时间和精力。自科学产生以来，科学的纯洁光辉逐渐照亮了人类身处的愚昧无知的黑暗背景：从第一次工业革命以来，世界发生了翻天覆地的变化，中国亦是如此。自引进先进科学技术、大力发展科学技术并为民众服务以来，中国的面貌焕然一新，人民的衣食住行普遍得到改善，人均寿命普遍得到提高，大型基础设施不断完善，这很大程度上要归功于中国科学事业的发展及其外溢效应。“天若有情天亦老，人间正道是沧桑”，中国科学只有始终坚持为人民群众服务的正确方向，才能不断进步，不断创新，才能发挥其应有的价值，才能创造出新的价值，才能使人类的明天更美好。

中国的科学是为时代进步、人类文明所需要的。中国古代的四大发明——造纸术、指南针、火药、印刷术，不仅对中国古代的政治、经济、文化的发展起了巨大的推动作用，并且这些发明经过各种途径传到西方后，对世界发展也产生了深远的影响。新时期，中国科学仍然在为促进时代进步和人类文明而不懈努力，诺贝尔医学奖获得者屠呦呦的事迹就是这方面的一个典型例子。她所发明的新型抗疟药青蒿素和双氢青蒿素填补了世界医学的空白，挽救了全球特别是发展中国家的数百万人的生命。人类从诞生、崛起到迅速主导蓝色星球的历程，从另一个角度看，也是一部人类不断探索客观事物固有规律并不断运用于社会实践从而使人类的明天变得更加美好的历史。世界是普遍联系的，中国的发展离不开世界，世界的发展离不开中国，需要中国和其他国家一起合作。世界是永恒发展的，只有在不断的发展中才能解决经常面临的问题。中国作为蓝色星球上的居民，中国科学作为人类科学的一部分，要与世界其他国家、地区及其科学一道为促进时代进步和人类文明贡献自身的一份力，做出中国知识贡献、中国智力贡献、中国科学贡献。

二、从电力科学到国家电力科学

电力科学是浩瀚的科学海洋中一朵璀璨浪花，正是电力科学的不断创新和发展，才推动了电力工业的发展，保证了国家工业现代化顺利进行，促进了经济社会的全面进步，人类才由此进入了“电气时代”。几十年来，中国的电力科学得到长足发展，智能电网、特高压技术、新能源发展以及电力安全性和电力可靠性发展等处于世界领先地位。目前，绿色低碳发展成为国际社会共识，中国亦积极顺应这一潮流，在新能源和电力科学领域不断探索，在风电、太阳能发电、核电、水电、生物质能发电、互联网＋新能源等方面的科学研究不断取得进展和突破。未来，电力科学仍是经济社会发展的先锋，需对电力行业、电力经济、电力工业、电力技术等继续研究、攻关，电力科学必须不断创新、追求卓越，才能为行业、为经济、为国家做出更大的贡献。

电力科学不仅与民众的日常生活息息相关，而且更与国家的政治安全、国防军事、国际关系、民生工程、生态环境紧密相关，直接成为国家能源战略的重要组成部分。电力工业关系国计民生，是世界各国经济发展战略中的优先发展重点；而电力科学则是推动电力工业发展的先行官，是基础能源产业与第一基础产业的基础科学，是“基础的基础”。这决定了电力科学的重要性、严肃性、朴实性，在电力科学领域绝对不允许有投机取巧的行为，电力科学需要的是电力科技工作者与电力工程师过硬的技术，严谨的态度、奉献的精神。

电力工业是国民经济发展中最重要的基础能源产业，是国民经济的第一基础产业，是诸多矛盾当中的主要矛盾，所以要优先解决；电力的基础性、主导性、重要性、关键性要求整个电力行业和国家战略要对电力科学高度重视起来，实现从电力科学到国家电力科学的转变，从国家安全层面、国家能源战略的高度与角度来审视电力科学的发展，集中包括人力、物力、财力等方面的优势资源大力支持电力科学的发展，培养卓越的电力工程师以保证电厂的良好运转与电网的健康运营，促进电力工业的良好发展，进而确保整个国家的电力持续安全的供应，确保国家经济安全、政治安全、社会安全。

三、 全球的能源与电力治理：现代科学精神、方向

现代科学的科学精神和社会价值集中体现在科学的终极目标是要服务于人民，服务于人类，使人与自然和谐相处，使人民的生活更加美好，使人类的未来更加美好。中国的科学始终坚持这一崇高的科学精神和社会价值，中国的电力科学也是如此。人类社会发展到今天，化石能源的大量开发和使用，已经造成环境污染、气候变暖等全球性的问题，人类正日益陷入发展困境之中，面对这些棘手的问题，中国电力科学锐意创新、积极进取，大力发展清洁能源技术和智能电网技术，目前，中国已成为全球风电、太阳能发电规模最大的国家。此外，全球污染问题三分之二是由能源的使用带

来的，中国推出的全球能源互联网理念为人类可持续发展提供了新思路。[①]

减缓全球气候变暖，共同应对气候变化是一种典型的“全球公共品”[②]，不可能单单依靠一个国家一个地区来提供，而需要国际社会的共同努力。中国作为一个负责任的大国，目前积极参与全球治理，倡导建立公正的国际政治经济新秩序，不断为解决全球问题提出中国方案、发出中国声音。在能源电力方面，中国积极倡导构建全球能源互联网，以绿色方式满足全球的电力需求以应对全球电力供需不均衡、气候变化、全球变暖等全球性问题。

于 2016 年 3 月在北京召开的全球能源互联网大会[③]上，国家电网董事长刘振亚提出：化石能源的大量开发和使用，已经造成环境污染、全球变暖等问题，不改变以化石能源为主的能源生产和消费方式，巴黎气候大会提出的目标将无法实现！全球能源互联网，是能源的载体、创新的载体、和平的载体，也是人类命运共同体建设的载体。中国国家电网公司愿与大家一道，锐意创新，携手共进，共同推动全球能源互联网发展，开启人类可持续发展的新篇章。国际能源署署长毕罗尔高度评价了中国在全球能源电力治理领域的领导力与影响力，他指出：中国在风电、水电、太阳能发电方面都走在了世界前列，全球能源界都应学习中国的经验，加强与中国的合作。目前，世界上还有占人口 20％的人群没有用上电，中国在解决无电人口用电方面更有成熟经验。同时，全球污染问题三分之二来自能源的使用，中国推出的全球能源互联网理念，给人类可持续发展提供了新思路。巴西驻华大使代表江豹则表示巴西有着丰富的水电资源，需要建立一套输电系统。中国在巴西输电体系扩张当中有着重要的作用，巴西欢迎中国企业多多地到巴西参加建设电力体系建设。这些都说明中国在世界能源电力圈正在产生重大影响，并将在未来产生深刻影响。

随着我国与世界更多国家开展投资合作，发现很多国家都面临基础设施缺口的

---

① 当前，世界能源发展面临资源紧张、环境污染、气候变化等重大挑战。中国政府积极行动，2015 年 9 月 26 日，习近平主席在联合国发展峰会上发表重要讲话，倡议探讨构建全球能源互联网，推动以清洁和绿色方式满足全球电力需求。挑战也引起了世界各国的重视，12 月 12 日巴黎气候变化大会通过的《巴黎协定》提出把全球平均气温较工业化前水平升高控制在 2 摄氏度之内，并为把温升控制在 1.5 摄氏度之内而努力。习近平主席的中国倡议为实现《巴黎协定》的目标提供了根本出路，就是加快清洁能源利用，形成以电为中心、清洁能源占主导的能源新格局，构建创新、活力、联动、包容的世界能源经济体系。

② “全球公共品”是最棘手的市场失灵，它指的是其影响不可分割地蔓延到整个地球的一种外部性。重要的例子包括减缓全球变暖、防止臭氧的消耗、为防止禽流感进行的研发等。全球公共品之所以特别难处理，是因为缺乏有效的市场或政治机制进行有效配置。市场失灵是因为个人没有适当的积极性进行生产，而各个国家又无法独享全球公共品投资的收益。

③ 2016 全球能源互联网大会于 2016 年 3 月 30 至 31 日在中国北京召开。本次大会由中国国家电网公司、联合国关注气候变化行动、国际能源署、美国爱迪生电气协会联合主办。此次会议是首届以构建全球能源互联网为主题，面向全球，具有广泛国际影响的盛会，邀请了相关国际组织、政府部门、行业企业、科研机构和媒体代表，围绕全球能源发展、特高压与电网互联和电能替代等议题，深入交流，凝聚力量，共同推动全球能源互联网发展，从根本上解决世界能源安全、环境污染和气候变化等问题，让人们生活更加美好，让世界成为能源充足、天蓝地绿、和平和谐的地球村。

问题，存在很大的能源基础设施投资需求。李克强总理在2016年的政府工作报告中指出要扩大国际产能合作，推动技术、装备、标准、服务走出去，打造中国制造金字招牌。如果我国积极对外进行能源基础设施投资建设并构建起区域之间、国与国之间、洲际之间以至全球的能源互联网，实现我国与其他国家和地区之间能源电力的互联互通，我国的产能可以和对方的需求对接起来，从而实现我国与其他国家的国际产能合作，那么在这一合作过程中，中国在能源电力基础设施建设方面的技术、装备、服务的投资出口，光伏、风电等产能的国际合作，核电的整套出口投资以及新能源电力系统应用——“智能电网＋特高压电网＋清洁能源”将发挥不可替代的作用。

由中国倡导建立的旨在促进亚洲地区建设互联互通化和经济一体化进程以及加强中国与亚洲其他国家、地区合作的亚洲基础设施投资银行的主要业务就是对亚洲各国包括能源在内的基础设施项目提供融资支持——包括贷款、股权投资以及提供担保等，构建全球能源互联网这一重大倡议必将得到亚洲基础设施投资银行的融资支持；而丝绸之路经济带与21世纪海上丝绸之路的“一带一路”倡议的实施中，中国与亚洲其他国家之间的能源电力合作是重要抓手，构建全球能源互联网是对“一带一路”倡议的提升和体现。全球能源互联网一旦构建起来必将促进全球能源电力资源的优化配置，可以解决很多国家和地区能源电力供给与需求不平衡的问题，同时也实现了绿色低碳发展，有效应对全球气候变化这一难题。

四、如何成为当代科学家？感悟高等工程教育家

华北电力大学高等工程教育家在电力工程领域取得了创造性研究成果，并为中国电力科学现代化事业、中国电力工业经济、华北电力大学教育事业做出了卓越贡献。

响应国家需要，一切从实际出发，坚持实事求是。改革开放以来，中国的经济迅速发展，各行各业的繁荣发展对电力的需求不断攀升，电力供应不足的“电荒”问题，电力安全性和可靠性不足的问题时有发生，电力作为涉及国家经济命脉的行业，作为国民经济的基础性先导行业必须进行改进和创新，在此背景下，高等工程教育家进行技术攻关，取得了电厂控制领域的巨大突破，使得电力控制系统和电力安全供应得到了保障。为实现向电力行业和电力经济培养优秀的电力工程师的目标，他们参与创立和建设国内一流的电力高校——华北电力大学。在新能源时代，国家倡导绿色低碳发展，他们创建了华北电力大学新能源电力系统国家重点实验室，研究推广“智能电网＋特高压技术＋新能源”的电力新模式。作为当代科学家，唯有急国家之所急、想国家之所想、想国家之未想，不断响应群众、行业、国家在物质性生产实践活动上的需求，才能使自己的科学研究与生产实践、实际情况相结合，在科研领域实现突破并

以取得的科学理论指导具体实践。

密切联系群众。作为当代马克思主义中国化的科学家，作为一名优秀的共产党员，高等工程教育家始终具有政治上的坚定性，他们始终坚定共产主义的理想信念，始终将自己的个人理想与社会的共同理想结合起来，将自己的命运同国家的命运结合起来，将个人的发展融入国家发展过程中。他们深知：人民是历史的创造者，群众是真正的英雄，人民群众是我们的力量源泉。在从事科研工作过程中他们密切联系人民群众，努力夯实群众基础，遵循“从群众中来，到群众中去”的工作方法，同人民群众一道进行生产实践，积极解决人民群众在生产实践中遇到的电力难题和电力困难，努力进行电力科学实验，促进了物质性生产实践活动的发展。作为当代科学家，唯有站在最广大人民的立场上，从最广大人民的根本利益出发，做坚定的马克思主义者，坚定共产主义理想信念，才能使自己的科学研究拥有坚实的群众基础，与人民群众一道进行广泛的生产实践。

树立行业威信。华北电力大学高等工程教育家是出色的电力工匠，卓越的电力工程师，他们在火电控制方面先后取得了巨大的科研成果，这些成果随即被广泛应用到电力工程领域，取得了显著的社会经济效益；新时期，新能源兴起，他们以当代科学家的敏锐直觉和深远眼光开展规模化新能源电力安全高效利用基础研究，创建华北电力大学新能源电力系统国家重点实验室，顺应绿色低碳发展的潮流，倡导“智能电网＋特高压电网＋清洁能源”的电力发展新模式，致力于推动国家的能源转型和绿色发展。这些研究成果使得他们独树一帜，并且逐渐在能源电力行业树立了权威，对电力工业产生日益巨大而深刻的影响。作为当代科学家，唯有坚持不懈、夯实基础、精益求精、追求卓越才能使自己成为学界的标杆与行业的权威，才能带动相关行业不断创新、蓬勃发展。因为科学是严谨的、理性的，是容不得半点马虎的，是不能投机取巧的。

始终坚持不懈。量变达到一定程度可以引起质变。华北电力大学高等工程教育家投身于中国的电力事业，几十年如一日，始终坚持不懈，在自己的岗位上默默耕耘、刻苦钻研，正是由于这种锲而不舍、坚持不懈的韧性与不计回报、无私奉献的精神，他们才逐步成长为精益求精的电力工匠。几十年来，华北电力大学培养的电力人继承发扬了吃苦耐劳的优良传统；正是由于一代又一代的电力工程师们在自己的岗位上坚持不懈，正是由于一代又一代的电力科技工作者在电力工程技术上刻苦钻研，才有了电力科学事业的蓬勃发展和电力工业经济的欣欣向荣。作为当代科学家，唯有刻苦钻研、孜孜不倦、锐意进取、不断创新才能取得科学上的突破与研究上的创造，正如马克思所言：“在科学上面是没有平坦的大路可走的，只有那在崎岖小路的攀登上不畏劳苦的人，才有希望到达光辉的顶点。”

在几十年的电力生涯中，华北电力大学高等工程教育家始终坚定为祖国和人民贡献力量和智慧的信念，在电力科学研究过程中历经磨砺和艰辛而矢志不移，始终为科学的进步、祖国的强盛和人民的幸福而奋斗不息。他们的工作历程，集中体现了我国知识分子的爱国主义高尚情操和中华民族自强不息的优良传统，集中体现了我国科技工作者敢于创新、锐意进取、顽强拼搏的远大抱负，集中体现了我国教师严谨治学、甘为人梯的崇高精神。他们用自己的行动为我国的电力科学事业发展写下了美好的篇章，用自己的勤奋和智慧做出了无愧于祖国和时代的贡献。作为出色的电力工匠，卓越的电力工程师，睿智的电力科学家，受人尊敬的老师，优秀的共产党员，他们让我们感悟良多，让我们向华北电力大学高等工程教育家致敬！

五、总结

本书以“电力人”为明线，以“电”即中国电力为暗线，采用“以小见大”手法，通过对华北电力大学高等工程教育家的教育思想的阐述与总结，反映当前国内外能源电力的格局与形势，国家的能源电力战略布局，国家电力科学如何促进中国电力产业发展，国内高等电力工程教育如何服务国家电力战略，向读者解读能源电力布局与战略，介绍电力工程教育哲学与思想。本书是一部描述中国教育科研与能源电力以及当代中国电力工程教育的书，阐述了电力在国家的重要地位，中国电力服务国家战略和绿色发展的奋斗实践以及推动中国高等电力工程教育的教育思想。通过本书的梳理，我们可以进一步将华北电力大学高等工程教育家的教育思想总结为：教育要培育大国工匠精神，教育要适应行业和国家需求，构建“大电力”学科体系，注重高等工程教育，高等工程教育与人才培养要注重实践，教育要以人为本、促进人的全面发展。本书通过解读华北电力大学高等工程教育家的教育哲学，希望读者能够认识高等工程教育在科教兴国战略中的地位与作用；通过介绍华北电力大学高等工程教育家的科研实践，希望读者能够明确能源电力所应当承担的国家责任，通过认识华北电力大学高等工程教育家的高校治理思想，希望读者能够增强现代大学服务国家宏观战略的意识；通过了解华北电力大学高等工程教育家的科学家成长之路，希望读者能够找到将个人发展融入国家命运的答案。

目前在国内，中国积极推进能源与电力领域治理体系与治理能力的现代化，积极推进能源革命与能源转型，其中能源革命具体包括能源生产革命、能源消费革命、能源技术革命、能源体制革命；能源转型包括传统石化能源的清洁高效利用以及新能源逐步取代传统石化能源。除此之外，电力还与国家目前倡导的各项方针政策紧密相关，如能源电力行业的供给侧结构性改革、电力体制改革、组建全国碳排放权交易市场、对外能源电力基础设施投资建设、去产能与产业结构调整、能源革命与能源转型、构建全球能源互联网，等等。为实现上述目标，有序有效推进各项改革，高等院校将对此做出自身独特而不可或缺的贡献；作为国内一流的电力高校，作为国内电力工程教育的战略重地，作为世界上培养电力工程师最多的电力大校，华北电力大学将继续发挥自身的学科优势，利用自身的学科资源，大力培养新时期卓越电气工程师，为电力行业源源不断地输送优质电力人才，大力发展核电、风电、生物质能发电、太阳能发电等相关新能源电力学科，大力研发智能电网、互联网＋新能源、特高压、新能源电力控制系统等先进技术，为国家的能源革命和能源转型出自己的一份力，同时间接服务于国家的能源电力战略。

参考文献

书籍类：

世界银行：《2010 年世界发展报告：发展与气候变化》，北京，清华大学出版社，2010。

国家发展改革委员会能源研究所、国际能源署：《2050 中国风电发展路线图》，2011 年。

《中华人民共和国国民经济和社会发展第十一个五年（2006—2010 年）规划纲要》，《能源发展“十二五”规划》。

《中共中央关于一九五九年计划和第二个五年计划问题的决定》，《建国以来重要文献选编》第十一册，北京，中央文献出版社，1992。

毛泽东：《中国革命和中国共产党》（1939 年 12 月），《毛泽东选集》（第二卷），北京，人民出版社，1991。

毛泽东：《农村调查的序言和跋》，1941 年 3 月、4 月，《毛泽东选集》（第三卷），北京，人民出版社，1991。

毛泽东：《反对本本主义》，《毛泽东选集》（第一卷），北京，人民出版社，1991。

陈云：《做好商业工作》，1956 年 11 月 19 日，《陈云文选》（第三卷），北京，人民出版社，1995。

毛泽东：《关于正确处理人民内部矛盾的问题》（1957 年 2 月），《毛泽东文集》（第七卷），北京，人民出版社，1999。

赵紫阳：《沿着有中国特色的社会主义道路前进——在中国共产党第十二次全国代表大会上的报告》，北京，人民出版社，1987。

中共中央文献研究室编：《毛泽东传（1949—1976）（上）》，北京，中央文献出版社，2003。

黑格尔：《小逻辑》，北京，人民出版社，2009。

毛泽东：《论十大关系》，1956 年 4 月 25 日，《毛泽东文集》第七卷，北京，人民出版社，1999。

江泽民：《正确处理社会主义现代化建设中的若干重大关系》，1995 年 9 月 28 日，《江泽民文选》（第一卷），北京，人民出版社，2006。

《毛泽东选集》第一卷，北京，人民出版社，1991。

马克思：《经济学——哲学手稿》，北京，人民出版社，1979。

贺来：《现实生活世界》，长春，吉林教育出版社，1998。

胡鞍钢：《中国政治经济史论（1949—1976）》，北京，清华大学出版社，2008。

中国教育年鉴编委会：《中国教育年鉴（1949—1981）》，北京，中国大百科全书出版社，1984。

中央教育科学研究室：《周恩来教育文选》，北京，教育科学出版社，1984。

沈志华：《苏联专家在中国（1948—1960）》，北京，新华出版社，2009。

郝维谦等：《高等教育史》，海口，海南出版社，2000。

金一鸣主编：《中国社会主义教育的轨迹》，上海，华东师范大学出版社，2000。

胡绳主编：《中国共产党的七十年》，北京，中共党史出版社，1991。

刘光主编：《新中国高等教育大事记》，长春，东北师范大学出版社，1990。

国家教育委员会：《十一届三中全会以来重要教育文献选编》，北京，教育科学出版社，1992。

中国高等教育学会、清华大学编：《蒋南翔文集》（下卷），北京，清华大学出版社，1998。

中国教育年鉴编辑部:《中国教育年鉴》(1985—1986),长沙,湖南教育出版社,1988。

韩念龙主编:《当代中国外交》,北京,中国社会科学出版社,1987。

刘振亚:《中国电力与能源》,北京,中国电力出版社,2012。

中国能源发展战略研究组:《中国能源发展战略选择(上册)》,北京,清华大学出版社,2013。

中国能源发展战略研究组:《中国能源发展战略选择(下册)》,北京,清华大学出版社,2013。

叶泽,张新华:《推进电力市场改革的体制与政策研究》,北京,经济科学出版社,2013。

国网能源研究院:《2015 中国发电能源供析与电源发展分析报告》,北京,中国电力出版社,2015。

武建东主编:《深化中国电力体制改革绿皮书纲要》,北京,光明日报出版社,2013。

叶泽,张新华:《推进电力市场改革的体制与政策研究》,北京,经济科学出版社,2013。

钱学森:《关于思维科学》,上海,上海人民出版社,1986。

徐长福:《理论思维与工程思维——两种思维方式的僭越与划界》,上海,上海人民出版社,2002。

李伯聪:《工程哲学引论》,郑州,大象出版社,2002。

[古希腊]柏拉图著:《理想国》,郭斌和等译,北京,商务印书馆,1986。

[德]马克斯·韦伯著:《新教伦理与资本主义精神》,彭强等译,西安,陕西师范大学出版社,2002。

张维、王孙禺:《工程教育与工业竞争力》,北京,清华大学出版社,2003。

刘吉臻主编:《强校之路——华北电力大学办学理念与创新实践》,北京,高等教育出版社,2012。

Koestler A. The Act of Creation[M]. New York: MacMillan,1964.

47. Guilford J P. Creative Intelligence In Education[M]. Los Angeles: Los Angeles County Office of Superintendent of Schools. 1958.

爱因斯坦:《爱因斯坦文集》:第 1 卷,北京,商务印书馆,1977。

亚里士多德:《工具论》,广州,广东人民出版社,1984。

舒虹:《科学五千年(一)》,长春,吉林人民出版社,1991。

吴国盛:《科学的历程》(上册),北京,北京大学出版社,2002。

[英]G. E. R. 劳埃德(G. E. R. Lloyd)著:《早期希腊科学　从泰勒斯到亚里士多德》,孙小淳译,上海,上海科技教育出版社,2004。

吴国盛:《科学的历程(上册)》,北京,北京大学出版社,2002。

伍义生:《中国大百科全书》74 卷(第一版)力学 词条:阿基米德,北京,中国大百科全书出版社,1985 版。

《马克思主义基本原理概论》,北京,高等教育出版社,2013。

《马克思恩格斯选集》(第 1 卷),北京,人民出版社 1995。

[美]张纯如:《蚕丝——钱学森传》,鲁伊译,北京,中信出版社,2011。

顾迈男,《华罗庚传》,贵阳,贵州人民出版社,2004 版。

雅赫尔,《科学社会学——理论和方法论问题》,顾镜清译,北京,中国社会科学出版社,1981。

贝尔纳:《历史上的科学》,伍况甫译,北京,科学出版社,1959。

《马克思主义基本原理概论》,北京,高等教育出版社,2013。

亚里士多德,《亚里士多德全集》(第 7 卷),苗力田译,北京,中国人民大学出版社,1993。

马克思《资本论》(第一卷),中共中央编译局译,北京,人民出版社,2004。

姚昆仑:《袁隆平传》,北京,中国地图出版社、科学普及出版社,2015。

钱学森:《关于思维科学》,上海,上海人民出版社,1986。

期刊类:

刘吉臻:《走强校之路,圆强校之梦》,载《中国电力教育》,2013(30)。

刘吉臻:《构建特色学科体系,提升学校办学水平》,载《中国高校科技与产业化》,2011 年。

刘吉臻:《从行业需求看高等工程教育人才培养》,载《高等工程教育研究》,2008(3)。

刘吉臻:《工程教育课程改革的思维转向:工程化的视角》,载《高等工程教育研究》,2006(4)。

刘吉臻:《把握定位推进高等教育人才培养质量不断提升》,载《中国高等教育》,2012(21)。

刘吉臻:《高校如何实现跨越式发展》,载《光明日报》,2001 年 12 月 6 日。

刘吉臻:《对全面提高人才培养质量的再思考——标准、规律、机制》,载《中国电力教育》,2013(6)。

刘吉臻:《认真落实〈规划纲要〉 加快行业特色型大学的发展》,载《北京教育(高教版)》,2010(9)。

刘吉臻:《适应社会需求突出办学特色:走产学研合作兴校之路》,载《中国高校科技与产业化》,2009(9)。

刘吉臻:《秉承华电精神办好负责任大学》,载《中国高等教育》,2008(18)。

刘吉臻:《电力发展新趋势对人才提出新要求》,载《国家电网报》,2013 年 3 月 15 日。

刘吉臻:《服务国家能源战略需求构建大电力特色学科体系》,载《北京教育(高教版)》,2010(3)。

赵英臣、吴素华:《责任 特色 实践 创新——访华北电力大学校长刘吉臻》,载《北京教育·高教》,2007.01,第 23 页。

刘吉臻:《坚定信心 真抓实干 全面推进高水平大学建设》,华北电力大学 2013 年《关于印发 2013 年教代会校长工作报告、工会工作报告及双代会决议的通知》。

刘辉:《以科技和人才为支柱 携手应对能源危机——华北电力大学校长刘吉臻畅谈顺应能源革命之道》

杨叔子、吴昌林、张福润:《三论创新之根在实践》,载《高等工程教育研究》,2003 年(2)。

刘庆日文 :《第一个五年计划与 156 项建设工程》,载《文史精华》,1999(11)。

王孙禹、刘继青:《从历史走向未来:新中国工程教育 60 年》,载《高等工程教育研究》,2010(4)。

林正、林凤:《从工程的本质看工程教育的发展趋势》,载《高等工程教育研究》,2007(2)。

胡鞍钢,熊义志:《大国兴衰与人力资本变迁》,载《教育研究》,2003(4)。

胡鞍钢、熊义志:《事关全面建设小康社会成败应全面开发人力资源》,载《科学咨询(教育科研)》,2003(8)。

蔡昉、王德文:《中国经济增长的可持续性与劳动贡献》,载《经济研究》1999 年第 10 期。

俞可平：《论全球化与国家主权》，载《马克思主义与现实》，2004(1)。

门洪华：《中国国家战略体系的构建》，中国科学院—清华大学国情研究中心：《国情报告》，2008(4)。

李瑾、陈敏：《30 年来中国工程教育模式改革政策分析》，载《高等工程教育研究》，2013(5)。

P. E. Hodgson, Presuppositions and Limits of Science, G. Radnizky and G. Andersson ed. , The Structure and Development of Science, D. Reidel Publishing Co. , 1979, pp. 133～ 147

魏科科：《中国电力行业规制改革研究》，华中科技大学博士学位论文，2010 年。

史丹，王蕾：《能源革命及其对经济发展的作用》，载《产业经济研究》，2015(1)。

杨丽花，李捷理：《清洁能源经济：美国经验与中国发展》，载《市场经济纵横》，2013(1)。

杨光梅：《高瞻远瞩的美国能效经济》，载《环境保护》，2010(22)。

王雪峰，曹荣：《大工程观与高等工程教育改革》，载《高等工程教育研究》，2006(4)。

朱泓，李志义，刘志军：《高等工程教育改革与卓越工程师培养的探索与实践》，载《高等工程教育研究》，2013(6)。

竺彩华，杨媚：《中美清洁能源合作现状及发展前景》，载《国际经济合作》，2012(7)。

郭祥梅：《浅谈我国电力行业的金融风险管理》，载《低碳世界》，2013(7)。

李昀轩：《我国电力行业的金融风险管理》，载《产业经济》，2012(5)。

魏昭峰：《能源革命背景下电力发展应采取怎样的行动策略?》，载《能源与环境保护》。

李宏伟，别应龙：《工匠精神的历史传承与当代培育》，载《自然辩证法研究》，2015(8)。

蒋建湘，庞青山：《发达国家高等工程教育中的人文社会科学教育》，载《江苏高教》，1997(1)。

《中美能源合作主打“绿色”项目》，载《中国矿业报》，2013 年 4 月 23 日，第 A07 版，国际纵横。

张学洪，王文，徐建平：《新时期高等工程教育改革的对策》，载《高等工程教育研究》，2012(3)。

李正、林凤：《从工程的本质看工程教育的发展趋势》，载《高等工程教育研究》，2007(2)。

崔军：《我国高等工程教育课程改革研究》，南京大学博士论文，2011 年 12 月。

黄顺基：《〈工程哲学〉的开拓与创新》，载《自然辩证法研究》，2007(12)。

李永胜：《论工程思维的内涵、特征与要求》，载《洛阳师范学院学报》，2015(4)。

李喜先：《科学：定义、特性及科学系统观》，载《科学》(66 卷 4 期)，2014 年 7 月。

文辅相：《高等工程教育目标与人文社会科学》，载《高等教育研究》，1990 年第 4 期(总第 42 期)。

江丕权：《MIT 航空航天系 1991—2010 年发展规划》，载大连理工大学《国外高等教育》1994(4)。

石中英：《论教育实践的逻辑》，载《教育研究》，2006 年第 1 期(总第 312 期)。

胡鞍钢：《中国领导人如何研究国情》，中国科学院—清华大学国情研究中心《国情报告》，2012(3)。

肖炼：《中美能源合作前景及对策研究》，载《亚非纵横》，2008(4)。

佟桂芹：《从马克思主义认识论看科学实验》，载《昭乌达蒙族师专学报》(汉文哲学社会科学版)，第 18 卷第 3 期。

刘吉臻：《聚焦“双一流” 开启“十三五”推动高水平大学建设再上新台阶》，2016 年《关于印发第六届第四次教代会校长工作报告和大会决议的通知》

赵英臣、吴素华：《责任　特色　实践　创新——访华北电力大学校长刘吉臻》，载《北京教育(高教版)》。

刘吉臻：《深化改革　强化管理　努力开创高水平大学建设的新局面》，华北电力大学2012年《关于印发2012年教代会校长工作报告　吴志功书记讲话及教代会决议的通知》

蒋建湘，庞青山：《发达国家高等工程教育中的人文社会科学教育》，载《江苏高教》。

纪宝成：《新世纪要更加重视人文社会科学》，载《中国人民大学学报》。

文辅相：《高等工程教育目标与人文社会科学》，载《高等教育研究》。

江丕权：《MIT航空航天系1991—2010年发展规划》，载大连理工大学《国外高等教育》1994(4)。

刘吉臻：《构建大电力学科体系　服务国家低碳能源发展战略》，载《中国高等教育》，2010(2)。

刘吉臻：《深化改革　依法治校　全面推进高水平大学建设》，载华北电力大学2015年《关于印发六届三次教代会校长工作报告和教代会决议的通知》。

石中英：《论教育实践的逻辑》，载《教育研究》，2006年第1期(总第312期)。

《刘吉臻校长在全球能源互联网大会上作主旨演讲》。

《国家决定设立中国工程院并设立院士制度》，载《法律经纬》。

李正、林凤：《从工程的本质看工程教育的发展趋势》，载《高等工程教育研究》，2007(2)。

《屠呦呦发表获奖感言》。

黄顺基：《〈工程哲学〉的开拓与创新》，载《自然辩证法研究》，2007(12)。

李永胜：《论工程思维的内涵、特征与要求》，载《洛阳师范学院学报》，2015(4)。

李宏伟、别应龙：《工匠精神的历史传承与当代培育》，载《自然辩证法研究》，2015(8)。

关西普、沈龙祥：《同科学、技术、工程概念相关联的几点思考》，载《科学学与科学技术管理》1992年第8期。

钰晓：《中国院士制度的演变》，载《人民日报海外版》，2013年6月1日，第8版。

赵婀娜、陈影：《中国1047所高校开设工科专业规模世界第一》，载《人民日报》，2013年8月26日。

倪军：《好的工程教育是教学生解决问题》，载《中国教育报》，2012年2月6日。

赫然：《以电力为中心树立大能源观——关于〈中国电力与能源〉著作的探析》，载《中国电力报》，2012年4月11日。

《实践是检验真理的唯一标准》，载《光明日报》，1978年5月11日。

《合同能源管理模式中国与美国的对比研究分析》，http://www.zhgrsv.com/zh-CN/news.html?newsID=267193。

《我国能源结构调整成效初显　清洁能源成调结构主力》，新华网，2014年7月27日，http://news.xinhuanet.com/energy/2014-07/27/c_126801258.htm。

《美国新能源政策及其启示，中国住宅产业网》，http://www.chinahouse.gov.cn/gjhz7/7097.htm。

《2010国际能源十大热点，人民网》，2010年12月27日，http://paper.people.com.cn/zgnyb/html/2010-12/27/content_709304.htm6284.中国居清洁能源投资大国"第一位"，经济观察网，2011年3月30日，http://www.eeo.com.cn/2011/0330/197682.shtml。

《CMEN：2011年中国清洁能源投资排名下滑　美国重回首位》，国能网，2012年6月8日，http://www.iguoneng.com/ranking/2012_06_18_874.shtml。

汪巍：《中美电力、煤炭领域合作前景光明》，中国经济时报，2007年9月10日，http://finance.stockstar.com/JL2007091000157123.shtml。

《清洁能源合作成为中美合作新亮点 涉及核电风电》，2011年01月21日，http://hudong.wlstock.com/300129/c8603528.html。

《中美可再生能源合作机制和进展》，http://www.cnrec.info/qy/zmhz/。

《千亿中美智能电网盛宴启动　15股面临重大机遇》，2014年7月12日，http://stock.jrj.com.cn/hotstock/2014/07/12095317588716.shtml。

《智能电网成为中美双方气候合作重点》，2014年7月24日，http://www.chinairn.com/news/20140724/174516868.shtml。

钰晓：《中国院士制度的演变》，载《人民日报海外版》，2013年6月1日，第8版。

胡锦涛：《高举中国特色社会主义伟大旗帜，为夺取全面建设小康社会新胜利而奋斗——在中国共产党第十七次全国代表大会上的报告》。

世界气象组织：《2008温室气体公报》，2009年11月23日。

U.S. Energy Information Administration, International Energy Outlook 2012.

IEA：World Energy Outlook 2010.

《BP 2035世界能源展望 国家和地区专题——中国专题》

中国绿色科技：《中国绿色科技报告2009》，曼高公司，2009年。

2013年"华北电力大学文件"教代会校长工作报告。

2014年"华北电力大学文件"教代会校长工作报告。

2015年"华北电力大学文件"教代会校长工作报告。

《世界自然基金会：2020年清洁能源将成第三大产业》，2009年12月14日，新华网 http://news.xinhuanet.com/world/2009-12/14/content_12644835.htm。